Mascha Kaléko
Die paar leuchtenden Jahre

AF197693

»Sie weiß auf alles eine Antwort, Laufmaschen, Halsweh, Eifersucht und billige Cafés – nichts ist ihr fremd. Sie reimt. Und das klug und mit Verstand! Sie ist eine Philosophin der kleinen Leute, vergaloppiert sich nie. Trotz Sentimentalität! Nie ist sie süßlich verlogen, nein, eher herb und sehr gescheit ... Ich hätte sie gerne gekannt«, schrieb Anna Rheinsberg in der ›Welt‹.

Mascha Kalékos lange vergriffene Bücher ›Das himmelgraue Poesie-Album‹, ›Der Gott der kleinen Webefehler‹, ›Heute ist morgen schon gestern‹, ›Der Papagei, die Mamagei und andere komische Tiere‹, ›Wie's auf dem Mond zugeht‹, ›Ich bin von anno dazumal‹ und ›Feine Pflänzchen‹ sind in diesem Band versammelt. Wundervoll ergänzt werden die Texte durch Gisela Zoch-Westphals Biographie ›Aus den sechs Leben der Mascha Kaléko‹, die berührende und intime Einblicke in das Leben und Wirken der Dichterin gewährt.

Mascha Kaléko, am 7. Juni 1907 als Tochter jüdischer Eltern in Galizien geboren, fand in den zwanziger Jahren in Berlin Anschluß an die intellektuellen Kreise des »Romanischen Cafés« und wurde sehr schnell erfolgreich. 1938 mußte sie in die USA emigrieren, 1959 übersiedelte sie von dort nach Israel. Sie starb am 21. Januar 1975 nach einem längeren Krankenhausaufenthalt in Zürich. Weitere Informationen unter: www.maschakaléko.com

Gisela Zoch-Westphal (1930–2023) war Erbin und Verwalterin des Nachlasses der Dichterin Mascha Kaléko und hat bei dtv einige ihrer Gedichtbände herausgegeben.

Mascha Kaléko

Die paar leuchtenden Jahre

Mit einem Essay von Horst Krüger

Herausgegeben, eingeleitet
und mit der Biographie
›Aus den sechs Leben der
Mascha Kaléko‹
von Gisela Zoch-Westphal

dtv

Von Mascha Kaléko
sind bei dtv außerdem lieferbar:
Mein Lied geht weiter
Sei klug und halte dich an Wunder
»Liebst du mich eigentlich?«
Liebesgedichte
Das lyrische Stenogrammheft
Verse für Zeitgenossen
In meinen Träumen läutet es Sturm
Sämtliche Werke und Briefe in vier Bänden
Ich tat die Augen auf und sah das Helle

Zu Mascha Kaléko ist erschienen:
Jutta Rosenkranz: Mascha Kaléko

Originalausgabe 2003
12., durchgesehene Auflage 2014
22. Auflage 2025
© 2003 dtv Verlagsgesellschaft mbH & Co. KG
Tumblingerstraße 21, 80337 München
produktsicherheit@dtv.de
(Siehe auch Quellenhinweise S. 353 ff.)
Umschlagkonzept: Balk & Brumshagen
Umschlaggestaltung: Kirstin Schäfer unter Verwendung
einer Porträtaufnahme von Mascha Kaléko im Jahre 1938
(© Deutsches Literaturarchiv)
Gesetzt aus der Garamond 9,5/12,25·
Satz: Greiner & Reichel, Köln
Druck und Bindung: Druckerei C.H.Beck, Nördlingen
Printed in Germany · ISBN 978-3-423-13149-0

Inhalt

Vorwort von Gisela Zoch-Westphal
7

Das himmelgraue Poesie-Album
9

Der Gott der kleinen Webefehler
55

Heute ist morgen schon gestern
85

Der Papagei, die Mamagei
und andere komische Tiere
125

Wie's auf dem Mond zugeht
153

Ich bin von anno dazumal.
Chansons und Lieder
181

Feine Pflänzchen
195

GISELA ZOCH-WESTPHAL
Aus den sechs Leben der Mascha Kaléko
Biographische Skizzen, ein Tagebuch und Briefe
mit Fotografien und Dokumenten
209

Essay von HORST KRÜGER
Meine Tage mit Mascha Kaléko
339

Nachwort
von Gisela Zoch-Westphal
345

Zeittafel
348

Bibliographie
350

Textnachweise
353

Alphabetisches Verzeichnis der Gedichte und
Prosatexte von Mascha Kaléko
357

Vorwort

Das vorliegende Buch vereinigt Texte von Mascha Kaléko, die seit Jahren vergriffen waren. Das Geheimnis und die Qualität ihrer Dichtung liegt in der Einfachheit. Es ist jene seltene, ja riskante Einfachheit, die Walter Benjamin und Franz Kafka bei Johann Peter Hebel bewundert haben und um derentwillen Hebel in die Lesebücher der Unterstufe verbannt wurde.

»Weiß Gott, ich bin ganz unmodern«, schreibt Mascha Kaléko in ihrem Gedicht ›Kein Neutöner‹. Und weiter heißt es: »Zwar liest man meine Verse gern, doch werden sie – verstanden!«

Mit einer Zeile vermag sie schwierigste Dinge zu sagen. Man liest vielleicht darüber hinweg; die Augen eilen schon zum nächsten Vers. Und wenn man nochmals liest, trifft einen der Pfeil mitten ins Herz. Eine Zeile entstanden aus dem Vertrauen in die Sprache, in jedes einzelne Wort.

»Gebrauchslyrik.« Als solche wurden Mascha Kalékos Gedichte hier und da etwas von oben herab abgestempelt.

Gebrauchslyrik – einverstanden. Ich brauche sie – zum Leben.

Zürich 2003 und 2014   *Gisela Zoch-Westphal*

Das himmelgraue Poesie-Album

»Eines läßt sich nicht bestreiten, jede Sache hat zwei Seiten. Die der andern, das ist eine, und die richtige Seite: deine.« Solche selbstironischen Verse sind charakteristisch für diese Dichterin vom Orden der »lustig hüpfenden Träne«, den Paul Klee einst gerne gegründet hätte und dessen jüngste Repräsentantin in jenen Jahren des Kurt Tucholsky, Walter Mehring und vieler anderer Mascha Kaléko war. »Sie weiß auf alles eine Antwort, Laufmaschen, Halsweh, Eifersucht und billige Cafés – nichts ist ihr fremd. Sie reimt. Und das klug und mit Verstand! Sie ist eine Philosophin der kleinen Leute, vergaloppiert sich nie. Trotz Sentimentalität! Nie ist sie süßlich verlogen, nein, eher herb und sehr gescheit ... Ich hätte sie gerne gekannt«, schrieb Anna Rheinsberg in der ›Welt‹. Die folgenden Verse und Gedichte sind eine gute Gelegenheit, sie kennen- und liebenzulernen – wenn man das nicht schon längst tut.

Kein Neutöner

Ich singe, wie der Vogel singt
Beziehungsweise sänge,
Lebt er wie ich, vom Lärm umringt,
Ein Fremder in der Menge.

Gehöre keiner Schule an
Und keiner neuen Richtung,
Bin nur ein armer Großstadtspatz
Im Wald der deutschen Dichtung.

Weiß Gott, ich bin ganz unmodern.
Ich schäme mich zuschanden:
Zwar liest man meine Verse gern,
Doch werden sie – verstanden!

Autobiographisches

Die sogenannte Goldne Kinderzeit,
Nach der so viele von uns Heimweh haben,
Hat mein Gedächtnis abgrundtief vergraben
Und so von manchem Alpdruck mich befreit.
Was ich noch weiß aus jenen trüben Tagen,
Ist nur Erinnerung an Hörensagen.

Ich war halb fünf, als ich zum erstenmal
Mich freiheitsuchend aus dem Hause stahl.

Schön wars allein im Walde, unter Sternen,
Bis man mich fand, mit Fackeln und Laternen.
Der schnell versammelte Familienteetisch
Fand diesen Ausflug keineswegs poetisch.

Die Pubertät, so hieß es, formt das Ich.
Wenn Mädchen diesen Wendepunkt erreichen,
Sind ihre Augen große Fragezeichen,
Ihr Mund ein schweigender Gedankenstrich.
Es scheint, ich stand in zartem Alter schon
Im Zeichen solcher »Interpunktion«.

Ein Schulkind noch, war ich latent verliebt
In jenen einen, den es gar nicht gibt.
Ob Dichterjüngling, Bühnenheld – bei Licht
Ergab sichs jedesmal: Dies war er nicht!
Und doch, mein Herz, das Werkzeug dunkler Triebe,
War stets verliebt. Wenn auch nur in die Liebe.

Mit siebzehn ein geschworner Pessimist,
Verschlang ich Weininger und Schopenhauer.
Sprach wie Kassandra. Schwieg wie ein Trappist.
Und fand das Dasein vorschriftsmäßig sauer.
Aus purem Trotz nahm ich mir nicht das Leben.
Denn seliger als Nehmen schien das Geben!
Wies weiterging, das mag wer will erfahren
Dereinst aus meines Kindes Memoiren.

Qualverwandtschaft

Neben mir geht eine feine Dame
Unsichtbar tagein, tagaus spazieren.
Hat die wohlerzogensten Manieren.
Fräulein *Alter ego* ist ihr Name.
Sie erfüllt, was ich bisher versäumte
Und was die Familie sich erträumte.

Während ich die Finger mir verbrenne,
Faßt sie alles nur mit Handschuhn an.
Klug und weise folgt sie einem Plan,
Wo ich Törin mir den Kopf einrenne.
Dem Als-ob konventioneller Sitten
Untertan, ist sie stets wohlgelitten.

Mein Daheim ist bei den Heimatlosen.
Stürme rütteln oft an meinem Zelt.
Aber dornenfrei ist ihre Welt –
Allerdings auch völlig frei von Rosen.
Und ich gönne meiner Qualverwandtschaft
Ihre sanitäre Lebenslandschaft.

Lieber noch mit dornzerkratzten Händen
Als mit manikürter Seele enden!

Ausgleichende Gerechtigkeit

Die Strafe, die ich oft verdient,
Gestehen wir es offen:
Ist sonderbarerweise nie
Ganz pünktlich eingetroffen.

Der Lohn, der mir so sicher war
Nach menschlichem Ermessen,
Der wurde leider offenbar
Vom Himmel auch vergessen.

Doch Unglück, das ich nie bedacht,
Glück, das ich nie erhofft –
Sie kamen beide über Nacht.
So irrt der Mensch sich oft.

Bericht aus einer Kindheit

Weil er die Geige spielte wie ein Engel,
Vorausgesetzt, daß Engel Geige spielen,
Gehörte ihm mein halb erwachtes Herz
Mit seinen höchst verwirrenden Gefühlen.

Vom Reich der Kindheit offiziell verbannt,
Das Tor zur Welt der Großen noch versperrt,
So schwebte ich in meinem Niemandsland
Und lebte für ein Violinkonzert.

Da saß ich denn in der Philharmonie
Und schämte mich der dummen fünfzehn Jahre.
Das Schottenröckchen reichte kaum ans Knie,
Und auf dem Podium stand der Wunderbare

Und musizierte sich stracks in mein Leben,
Trug seinen Namen in mein Schicksal ein.
Mama in schwarzem Taft saß dicht daneben
Und ahnte nichts. Und ich war so allein.

So einsam war die Welt in jenem Herbst.
Die Ahornbäume sandten ihren herben
Oktoberduft zum Abschied in den Park.
Ich lernte damals unauffällig sterben.

Heiligenscheinheilige

Ich setzte den Freunden
Einen Heiligenschein auf.
Mußte lieben.
Und manchmal verehren.

Hat mich allerhand gekostet,
Das Heiligenschein-Spiel.
Bis auf einen
Sind alle verrostet.
Aber einer ist viel.

Ich lernte spät.
Doch ich lernte es gut.
Nämlich, daß ein gewöhnlicher Hut
Es, meistens wenigstens, ebenso tut.

Das ist schon was:
Auf den Wellen zu wippen
Und nicht umzukippen
Im wackligen Kahn.

Irren ist menschlich.
Wenn auch nicht human.

Nachdenkliches Pfingstgedicht

Die Heckenrose greift nicht zum Kalender,
Um festzustellen, wann der Lenz beginnt.
Die Schwalben finden heim in ihre Länder.
Ihr »Reiseführer« ist der Maienwind.

Der kleinste Käfer rüstet sich im Grase
Und weiß auch ohne Weckeruhr Bescheid.
Die Frösche kommen pünktlich in Ekstase.
Und auch die Schmetterlinge sind bereit.
Im Stalle blöken neugeborne Schafe,
Und junge Entlein tummeln sich im Bach.
Der Wald erwacht aus seinem Winterschlafe
Ganz ohne Kompaß oder Almanach.

Ein Badehöschen flattert von der Stange.
Es riecht nach Maitrank, Bohnerwachs und Zimt.
Die Kaffeegärten rüsten zum Empfange.
Der Lenz beginnt. Es dauert ziemlich lange,
Bis ihn das Menschenherz zur Kenntnis nimmt.
Und Blüten treibt. (Sofern das Datum stimmt.)

Damen unter sich

Ist Ihnen schon einmal aufgefallen,
Was geschieht,
Wenn eine alternde Hyäne
Eine jugendliche Schöne sieht?

Ein Schlangenbiß ist ein Kinderkuß
Gegen diesen Blick!
Meine Damen, das stimmt Sie verdrießlich?
Anwesende ausgenommen. Ich meine ausschließlich
Jene neidischen alten Scharteken.

Doch kommen wir zurück
Auf besagten Blick.
Der Blick spricht Bibliotheken.

Werte Hyänen! Gönnet dem Kind
Die flüchtigen Jahre. Vergänglich sind
Schönheit und Jugend. Und, wie ihr wißt,
Schwindet die karg bemessene Frist.
Achtzehn und dreißig.
Am Schluß, mit Verlaub,
Bleibt von uns allen
Ein Döschen voll Staub.

Auch ohne den Dolchblick
Und ohne das Gift,
Wenn eine Hyäne die andere trifft.

Einmal sollte man

Einmal sollte man seine Siebensachen
Fortrollen aus diesen glatten Geleisen.
Man müßte sich aus dem Staube machen
Und früh am Morgen unbekannt verreisen.

Man sollte nicht mehr pünktlich wie bisher
Um acht Uhr zehn den Omnibus besteigen.
Man müßte sich zu Baum und Gräsern neigen,
Als ob das immer so gewesen wär.

Man sollte sich nie mehr mit Konferenzen,
Prozenten oder Aktenstaub befassen.
Man müßte Konfession und Stand verlassen
Und eines schönen Tags das Leben schwänzen.

Es gibt beinahe überall Natur
(Man darf sich nur nicht sehr um sie bemühen)
Und so viel Wiesen, die trotz Sonntagstour
Auch werktags unbekümmert weiterblühen.

Man trabt so traurig mit in diesem Trott.
Die andern aber finden, daß man müßte.
Es ist fast, als stünd man beim lieben Gott
Allein auf der schwarzen Liste.

Man zog einst ein Lebenslos zweiter Wahl.
Die Weckeruhr rasselt. Der Plan wird verschoben.
Behutsam verpackt man sein kleines Ideal.
Einmal aber sollte man … (Siehe oben!)

Das Ende vom Lied

Ich säh dich gern noch einmal wie vor Jahren
Zum erstenmal. Jetzt kann ich es nicht mehr.
Ich säh dich gern noch einmal wie vorher,
Als wir uns herrlich fremd und sonst nichts waren.

Ich hört dich gern noch einmal wieder fragen,
Wie jung ich sei, was ich des Abends tu.
Und später dann im kaum gebornen Du
Mir jene tausend Worte Liebe sagen.

Ich würde mich so gerne wieder sehnen,
Dich lange ansehn stumm und so verliebt.
Und wieder weinen, wenn du mich betrübt,
Die viel zu oft geweinten dummen Tränen.

Das alles ist vorbei. Es ist zum Lachen!
Bist du ein andrer, oder liegts an mir?
Vielleicht kann keiner von uns zwein dafür.
Man glaubt oft nicht, was ein paar Jahre machen.

Ich möchte wieder deine Briefe lesen,
Die Worte, die man liebend nur versteht.
Jedoch mir scheint, heut ist es schon zu spät.
Wie unbarmherzig ist das Wort: Gewesen!

Verspätetes Mailied

Was sehe ich? Da wären Sie ja wieder,
Monsieur Printemps, Sir Spring, Gevatter Lenz!
Den Arm voll Primelgold und lila Flieder
In siegestrunkener Impertinenz.

Herr, setzen Sie sich doch nicht so in Szene,
Mit Zephyrluft und Lindenduft und so!
Selbst Ihr Geseufze à la Romeo
Entlockt mir leider, leider, keine Träne.

Kein Liebesschwur, kein Ständchen, keine Ode
Bringt mich je wieder auf die schiefe Bahn.
Mon vieux, ich kenne Ihren Feldzugsplan
Und die bewährte Offensivmethode.

Spät kam es, doch es kam: Ich ward vernünftig.
Wie praktisch ist doch so ein Herz aus Holz!
Man spürt es kaum. Und man gelobt sich stolz:
Kein Maienzauber bricht dies Herz mir künftig.

Auf einmal tönen himmelblaue Lieder.
Die ganze Welt riecht nach Geburtstagskuchen.
Die jungen Birken strecken ihre Glieder,
Die Amsel ruft. Da ist der Kerl schon wieder!

Ob wir es noch einmal mit ihm versuchen?

Abermals ein Jubiläum

Laßt uns, ihr Freunde, ohne viel Geschrei
Dem nächsten Jubeltag entgegengehen!
Die Hälfte unsres Lebens ist vorbei.
Nun gilt es noch, den Rest zu überstehen.

Nichts gleicht dem vielgeschmähten Jugendrausch!
Und Lob des Alters – nichts wie saure Trauben.
Vernunft und Reife? Brüder, welch ein Tausch,
Wenn man bedenkt, was uns die Jahre rauben.

Der Adler, er verlor die kühnen Schwingen.
Der Schmetterling, er wurde korpulent.
Die Nachtigall, sie hörte auf zu singen.
Der Löwe? Macht nun brav sein Testament.

Die Jahre ziehn, ein müdes graues Heer.
Und damals, das ist lange, lange her …

Weil alles so vergeht, was dich einst freute
Und was dir wehgetan: Trink deinen Wein!
Was gestern morgen war, ist heute heute.
Was heute heute ist, wird morgen gestern sein.
Prägt euch das ein.

Rezept

Jage die Ängste fort
Und die Angst vor den Ängsten.
Für die paar Jahre
Wird wohl alles noch reichen.
Das Brot im Kasten
Und der Anzug im Schrank.

Sage nicht mein.
Es ist dir alles geliehen.
Lebe auf Zeit und sieh,
Wie wenig du brauchst.
Richte dich ein.
Und halte den Koffer bereit.

Es ist wahr, was sie sagen:
Was kommen muß, kommt.
Geh dem Leid nicht entgegen.
Und ist es da,
Sieh ihm still ins Gesicht.
Es ist vergänglich wie Glück.

Erwarte nichts.
Und hüte besorgt dein Geheimnis.
Auch der Bruder verrät,
Geht es um dich oder ihn.
Den eignen Schatten nimm
Zum Weggefährten.

Feg deine Stube wohl.
Und tausche den Gruß mit dem Nachbarn.
Flicke heiter den Zaun
Und auch die Glocke am Tor.
Die Wunde in dir halte wach
Unter dem Dach im Einstweilen.

Zerreiß deine Pläne. Sei klug
Und halte dich an Wunder.
Sie sind lang schon verzeichnet
Im großen Plan.
Jage die Ängste fort
Und die Angst vor den Ängsten.

Das war damals

1

Der kleine Affe auf der Orgel hüpfte,
Sooft der Alte seinen Schlapphut lüpfte,
Wenn aus dem Fenster Kupfermünzen fielen.
Und wieder fing der Kasten an zu spielen.
Leis fiel der Schnee. Der Hof war menschenleer:
»Es war einmal, einmaaal. Es kommt nicht mehr …«

Die Emma, die Luise und die Minne,
Die hielten jetzt im Tellerspülen inne.
Sie dachten an ihr Dorf und ihre Gassen
Und an den Egon, der sie jüngst verlassen,
Und an den nächsten Sonntag, der war frei:
»O holde Blum der seltnen Männertreu …«

2

Es roch nach Anfang Mai und erstem Flieder.
Vorm Fenster blühte der Kastanienbaum.
Wir schwangen durch die Straßen wie im Traum.
Und wieder
Sangen die Kinder ihre Frühlingslieder:
»Der Lenz, der Lenz. Der Lenz ist angeko-hom-men …«

3

So ratterte der Schnellzug in die Fremde:
Ein Haus. Ein Pferd. Ein Stückchen Wiesenpfad.
Ein Kind, das winkt. Ein grünes Wald-Quadrat.
Und hoch im Blau der Spatzen Notenköpfe
Auf feinliniertem Telegrafendraht.

Und Baum an Baum entschwindet die dämmernde Allee –
»Lieb Heimatland, lieb Heimatland, lieb Heimatland,
ade …«

Von den Jahreszeiten

Der Frühling fand diesmal im Saale statt.
Der Sommer war lang und gesegnet.
Ja, sonst gab es Winter in dieser Stadt.
Und sonntags hats meistens geregnet.

Eigenbrötlers Feriensolo

Warum,
Wenn ich reise,
Zu Wasser oder zu Lande –
Regnet es meistens?
Aber wenn ande-
re reisen, regnet es
Offenbar nie?

Warum begegnet
Herr Redaktionsassistent Kahlegg
Auf Reisen egalweg
Den sogenannten Repräsen-Tanten
Des Fülms, der Gesöllschaft
Und Düplomatie?
– Ich aber nie!

Kaum ist der an Bord,
Bewinkt ihn sofort
Mindestens 1 Nobelpreisträger,
Zwo Herren vom Funk und der neuste Sopran.
Und – Kuchen von gestern, doch immerhin –
Die jüngst verfloßne Modekönigin.

Ich hingegen renne
Bestenfalls
Frau Doktor Haferschleim
Übern dunklen Weg,
Die ich doch schon von daheim
Vorwiegend vom Wegsehn kenne.

Bei meinem Wirte wundermild
Ist auch nicht ein halber Minister
Oder gar Mister I. P. Brockenteller
Zu Gaste! Noch Mady, die Lady von Wanderkilt.
Kein Mysti-, kein Musi-, kein Physiker.
Weder ein fremder noch hiesiker.

Fährt unsereins in die Welt hinaus,
Bleibt das gesamte *Who's who* zu Haus!

Nicht einem der munteren Mit-Passagiere
Käme es in den – sagen wir – Sinn,
Beispielsweise von mir fotografiert zu werden.
Schon weil ich von Natur aus nicht fotografiere.
Und auch sonst nicht für derlei Geselligkeit bin.

Ich wäre so gerne mal Hinz oder Kunz!
Doch schaffe ichs nie. Denn ganz unter uns:
Ich brötle gern eigen.
Im eigenen Stall.
Und tanz ich schon mal,
Dann nur aus dem Reigen.

Des Menschen ganzer Jammer hängt daran,
Daß er nicht still in seiner Kammer
Bleiben kann.
So oder ähnlich sagt es Pascal.

Krankgeschrieben

Man liegt im Bett mit einer Halskompresse,
Erschöpft und blaß ist man heraufgeschwankt.
Man ist des ganzen Hauses Interesse,
Und jemand sorgt, daß man das Fieber messe.
Man fehlt heut im Büro. – Man ist erkrankt.

Man fühlt sich wohl auf weichen, weißen Kissen.
Von Zeit zu Zeit tut irgendwo was weh.
Und diese Schmerzen streicheln das Gewissen,
Heut einmal seine Pflicht nicht tun zu müssen.
Dies sühnt man außerdem mit Fliedertee.

Man sieht die Möbel an und die Gardinen.
Man kennt sein Zimmer nur vom Abend her.
Am Tage, wenn es hell und lichtbeschienen,
Da ist man irgendwo, um zu verdienen.
Und abends gibt es keine Sonne mehr.

Durchs Fenster dringen Stimmen von Passanten
Und der Vormittagslärm von Groß-Berlin.
Man wird besucht von Freunden und Bekannten.
Zweimal am Tage kommen die Verwandten,
Und dreimal täglich kommt die Medizin.

So gegen elf hört man die Bolle-Glocken,
Zuweilen läutets an der Eingangstür.
Ein Reisender empfiehlt uns Mako-Socken.
Vom Hof her klingt des Scherenschleifers Locken,
Und auch der Leiermann ist wieder hier.

Man liegt im Bett. Und draußen pulst das Leben,
Wie es so herrlich in Romanen heißt.
Man hat sich diesem Zwange gern ergeben
Und wird gesund mit leisem Widerstreben.
Als wär man in die Kindheit heimgereist.

Mister Chamäleon

Wenn unsereins »se längvitsch« spricht,
So geht er wie auf Eiern.
Der Satzbau wackelt, und die »grammar« hinkt.
Und wenn uns etwa ein »ti-ehtsch« gelingt,
Das ist ein Grund zum Feiern.

Nicht so der Herr, den ich im Auge habe.
Oder besser gesagt: uffm Kieker.
Dem ist alles Emigrantische fremd.
Er ist der geborene Inglisch-Spieker.
Der Forrenlängvitsch-Göttin Auserkorner.
Kommt es drauf an, so spricht der Mann
Selbst Esperanto wie ein Eingeborner.

Befreit vom Zwang, gebüldet zu parlieren,
Im engen Kreis, wo man einander kennt,
Fährt diese Ausgeburt von Sprachtalent
Des »Königs Englisch« hoch zu Roß spazieren,
In seinem Oxford-(second hand)Akzent.

Se pörfekt Lord. Ich kenn ihn noch aus Sachsen.
Da sprach er auch des »Geenigs« ABC.
Wie war das heimatliche weiche B
In Leibzich ihm zurzeit ans Herz gewachsen!

Den Untertanenstolz aus königstreuen Tagen
Hat er auf achtundvierzig Staaten übertragen.
Der kroch in Preußen schon auf allen vieren.
Hier sinds die angelsächsischen Manieren.

Wer mit den Wölfen heult, der heult mit allen Tieren.

Im Exil

Ich hatte einst ein schönes Vaterland –
So sang schon der Flüchtling Heine.
Das seine stand am Rheine,
Das meine auf märkischem Sand.

Wir alle hatten einst ein (siehe oben!).
Das fraß die Pest, das ist im Sturz zerstoben.
O Röslein auf der Heide,
Dich brach die Kraftdurchfreude.

Die Nachtigallen wurden stumm,
Sahn sich nach sicherm Wohnsitz um,
Und nur die Geier schreien
Hoch über Gräberreihen.

Das wird nie wieder, wie es war,
Wenn es auch anders wird.
Auch, wenn das liebe Glöcklein tönt,
Auch wenn kein Schwert mehr klirrt.

Mir ist zuweilen so, als ob
Das Herz in mir zerbrach.
Ich habe manchmal Heimweh.
Ich weiß nur nicht, wonach.

Kein Kinderlied

Wohin ich immer reise,
Ich fahr nach Nirgendland.
Die Koffer voll von Sehnsucht,
Die Hände voll von Tand.
So einsam wie der Wüstenwind.
So heimatlos wie Sand:
Wohin ich immer reise,
Ich komm nach Nirgendland.

Die Wälder sind verschwunden,
Die Häuser sind verbrannt.
Hab keinen mehr gefunden.
Hat keiner mich erkannt.
Und als der fremde Vogel schrie,
Bin ich davongerannt.
Wohin ich immer reise,
Ich komm nach Nirgendland.

Sehnsucht nach einer kleinen Stadt

Jetzt müßte man in einer Kleinstadt sein
Mit einem alten Marktplatz in der Mitte,
Wo selbst das Echo nächtlich leiser Schritte
Weithin streut jeder hohle Pflasterstein,

Wo vor dem Rathaus rostge Brunnen stehen
In einem toten, längst vergeßnen Stil,
Wo selbst aus Erz die Statuen mit Gefühl
Des Abends Liebespaare wandeln sehen,

Wo alte Höfe unentdeckt noch träumen,
Als wären sie von einer andern Welt,
Nur ab und zu ein Dackel leise bellt,
Und blonde Kinder spielen unter Bäumen.

Da blühn Geranien, Tulpen und Narzissen
Vor Fenstern winzig wie im Puppenhaus.
Zum ziegelroten Giebeldach heraus
Hängt buntkariert ein bäurisch Federkissen.

Hier haben alle Menschen immer Zeit,
Als machte das Jahrhundert eine Pause.
Hier sitzt man noch auf Bänken vor dem Hause.
Und etwas abseits gibts noch Einsamkeit.

Nichts stört die klare Stille in der Nacht.
Wie unbegreiflich nah sind hier die Sterne.
Gespenstergleich verlischt die Gaslaterne,
Wenn familiär der Mond herunterlacht.

Da scheint uns – fern von allem – vieles glatt,
Was man zuvor mit anderm Maß gemessen.
Man könnte wohl so mancherlei vergessen
In einer solchen braven kleinen Stadt.

Die Zeit steht still

Die Zeit steht still. Wir sind es, die vergehen.
Und doch, wenn wir im Zug vorüberwehen,
Scheint Haus und Feld und Herden, die da grasen,
Wie ein Phantom an uns vorbeizurasen.
Da winkt uns wer und schwindet wie im Traum,
Mit Haus und Feld, Laternenpfahl und Baum.

So weht wohl auch die Landschaft unsres Lebens
An uns vorbei zu einem andern Stern
Und ist im Nahekommen uns schon fern.
Sie anzuhalten suchen wir vergebens
Und wissen wohl, dies alles ist nur Trug.

Die Landschaft bleibt, indessen unser Zug
Zurücklegt die ihm zugemeßnen Meilen.

Die Zeit steht still. Wir sind es, die enteilen.

Betrifft: Erster Schnee

Eines Morgens leuchtet es ins Zimmer,
Und du merkst: 's ist wieder mal soweit.
Schnee und Barometer sind gefallen.
Und nun kommt die liebe Halswehzeit.

Kalte Blumen blühn auf Fensterscheiben.
Fröstelnd seufzt der Morgenblattpoet:
»Winter läßt sich besser nicht beschreiben,
Als es schon im Lesebuche steht.«

Blüten kann man noch mit Schnee vergleichen,
Doch den Schnee … Man wird zu leicht banal.
Denn im Sommer ist man manchmal glücklich,
Doch im Winter nur sentimental.

Und man muß an Grimmsche Märchen denken
Und an einen winterweißen Wald
Und an eine Bergtour um Silvester.
Und dabei an sein Tarifgehalt.

Und man möchte wieder vierzehn Jahr sein:
Weihnachtsferien … Mit dem Schlitten raus!
Und man müßte keinen Schnupfen haben,
Sondern irgendwo ein kleines Haus,

Und davor ein paar verschneite Tannen,
Ziemlich viele Stunden vor der Stadt.
Wo es kein Büro, kein Telefon gibt.
Wo man beinah keine Pflichten hat.

Ein paar Tage lang soll nichts passieren!
Ein paar Stunden, da man nichts erfährt.
Denn was hat wohl einer zu verlieren,
Dem ja doch so gut wie nichts gehört.

An mein Kind

Dir will ich meines Liebsten Augen geben
Und seiner Seele flammenreines Glühn.
Ein Träumer wirst du sein und dennoch kühn,
Verschloßne Tore aus den Angeln heben.

Wirst ausziehn, das gelobte Glück zu schmieden.
Dein Weg sei frei. Denn aller Weisheit Schluß
Bleibt doch zuletzt, daß jedermann hienieden
All seine Fehler selbst begehen muß.

Ich kann vor keinem Abgrund dich bewahren,
Hoch in die Wolken hängte Gott den Kranz.
Nur eines nimm von dem, was ich erfahren:
Wer du auch seist, nur eines – sei es ganz!

Du bist, vergiß es nicht, von jenem Baume,
Der ewig zweigte und nie Wurzel schlug.
Der Freiheit Fackel leuchtet uns im Traume –
Bewahr den Tropfen Öl im alten Krug!

Zu Gast bei feinen Leuten

Liebe Leute, ladet mich nicht ein!
Glaubt es nur: Man wird mich nicht vermissen.
Eure Absicht ehrt mich ungemein.
Doch wie soll ich Sonntagmorgen wissen:
Werd ich Donnerstag in Stimmung sein?

Feuerfeste Daten sind entsetzlich,
Wenn man halbwegs von Zigeunern stammt.
Sehnsucht funktioniert bei mir nur plötzlich.
Und mein einziger Grundsatz ist: grundsätzlich
Bin ich nie »auf lange Sicht« entflammt.

Wie gesagt, ich hasse alle Ketten!
Auch die Eti-Kette, die befiehlt,
Daß man bessere Gesellschaft spielt
Und sich gegenseitig in honetten
Pflichtbesuchen seinen Abend stiehlt.
Noch dazu in »Evening«-Toiletten.

Insbesondre bitte ich die Damen,
Die auf Jagd nach »Prominenten« gehn
Und die Tafel dekoriern mit Namen,
So gedruckt im Wochenblättchen stehn:
Wollet mich gefälligst übersehn!
Denn ich falle ganz aus diesem Rahmen.

Zahlt man doch für freien Kaviar
Viel zu hoch. Zu teuer kommt der Wein
Mit dem Katzenjammer hinterdrein.
Stets wenn ich bei feinen Leuten war,
War ich beim Nachhausgehn weniger fein.

Zärtliche Epistel

Der blaue Himmel ist nur halb so blau,
Weil du nicht da bist, Liebster. Deine Nähe
Macht, daß ich alles Schöne schöner sehe.
Ich bin doch eine unmoderne Frau!

Ich liebe dich trotz Ehering und Sorgen,
Und Heimat ist nur, wo mit dir ich bin.
Fühl ich mich heimlich doch noch Königin,
Auch wenn uns Wirt und Bäcker nicht mehr borgen.

Musik ist wo du bist. Dein Stirb und Werde.
Ja, selbst der Kummer trägt ein schönes Kleid.
Viel lieber noch ist mir der Träumer Leid
Als sattes Glück der wohlversorgten Herde.

Der Wald hier, mein Lieb, ist ein richtiger Wald.
Und die Bäume … die Bäume, sie rauschen.
Und *le lac* ist ein See, ein richtiger See,
Und die steigenden Hügel – kein Traum.
O wie gut ists, dem Schweigen zu lauschen
Und dem Vogelgezwitscher im Baum.

Du wirst bestimmt zum Wochenende kommen?
Gesegnet sei das gute Telefon!
Es gibt hier Rehe … Unser kleiner Sohn
Und meine Sehnsucht haben zugenommen.

Kein Wiedersehen ohne Abschiedsschmerz,
Dies gilt noch immer. Aber, liebes Herz,
Man muß sich nicht so schrecklich weit entfernen,
Um diese alte Weisheit neu zu lernen.

Der Fettnäpfchentreter

Von Zeit zu Unzeit –
O Freunde, lasset uns beten! –
Muß ich, ob ich nun will oder nicht,
In irgendein Fettnäpfchen treten.

Ha, wie das spritzt!
Und wie das sitzt.

Der gnädige Herr sind pikiert,
Und die gnädige Frau sind betreten.
Sogar Leonhard, mein zweitbester Freund,
Schwitzt.

Eben noch
Luden sie dich ein
In ihre Villa bei Mailand,
Begossen dich mit Weihwasser,
Komplimenten und Sekt,
Reichten dich herum
Wie ein erlesenes Konfekt ...

Nun aber
Hockst du allein
Auf deinem festgefrorenen Eiland.
Wie ein von der Pest befallener
Robinson,
Mit nichts bekleidet als einem erbärmlichen
Dashastdunundavon!
Ein Schädling, ein Ketzer, ein Soundso
Im Tempel des heiligen
Status quo.

So ist das nun mal in den besseren Kreisen
Dieser nicht sonderlich besseren Welt.
Da sind überall, daheim und auf Reisen,
Fettnäpfchen unsichtbar aufgestellt.
Das eine heißt: Davonsprichtmannicht
Und das andere: Achtung, Tabu!
Und der ganze Verein kennt die
Stillschweigepflicht.
Bloß du, du gehörst nicht dazu.

Und preist man die Kleider des Kaisers
Voll Takt,
Dann trittst du ins Näpfchen:
»Der Kaiser ist nackt!«
Du Schädling, du Ketzer, du Soundso
Im Tempel des heiligen
Status quo.

Von Zeit zu Unzeit –
O Freunde, lasset uns loben! –
Muß ich, ob ich nun will oder nicht
(Fortsetzung: – wird verschoben).

Ein welkes Blatt …

Ein welkes Blatt – und jedermann weiß: Herbst.
Fröstelnd klirren die Fenster zur Nacht.
O grüne Welt, wie grell du dich verfärbst!

Schon raschelt der Winter im Laube.
Und die Vögel haben, husch, sich aus dem Staube
Gemacht.

Wie letzte Früchte fielen ihre Lieder vom Baum.
Nun haust der Wind in den Zweigen.

Die Alten im Park, sie neigen
Das Haupt noch tiefer. Und auch die Liebenden
Schweigen.

Bald sind alle Boote im Hafen.
Die Schwäne am Weiher schlafen
Im Nebellicht.

Sommer – entflogener Traum!
Und Frühling – welch sagenhaft fernes Gerücht!

Ein welkes Blatt treibt still im weiten Raum,
Und alle wissen: Herbst.

Wiedersehen mit Berlin

Berlin, im März. Die erste Deutschlandreise,
Seit man vor tausend Jahren mich verbannt.
Ich seh die Stadt auf eine neue Weise,
So mit dem Fremdenführer in der Hand.
Der Himmel blaut. Die Föhren rauschen leise.
In Steglitz sprach mich gestern eine Meise
Im Schloßpark an. Die hatte mich erkannt.

Und wieder wecken mich Berliner Spatzen!
Ich liebe diesen märkisch-kessen Ton.
Hör ich sie morgens an mein Fenster kratzen,
Am Ku-Damm in der Gartenhauspension,
Komm ich beglückt, nach alter Tradition,
Ganz so wie damals mit besagten Spatzen
Mein kleines Tagespensum durchzuschwatzen.

Es ostert schon. Grün treibt die Zimmerlinde.
Wies heut im Grunewald nach Frühjahr roch!
Ein erster Specht beklopft die Birkenrinde.
Nun pfeift der Ostwind aus dem letzten Loch.
Und alles fragt, wie ich Berlin denn finde?
– Wie ich es finde? Ach, ich such es noch!

Ich such es heftig unter den Ruinen
Der Menschheit und der Stuckarchitektur.
Berlinert einer: »Ick bejrüße Ihnen!«,
Glaub ich mich fast dem Damals auf der Spur.
Doch diese neue Härte in den Mienen …
Berlin, wo bliebst du? Ja, wo bliebst du nur?

Auf meinem Herzen geh ich durch die Straßen,
Wo oft nichts steht als nur ein Straßenschild.
In mir, dem Fremdling, lebt das alte Bild
Der Stadt, die so viel Tausende vergaßen.
Ich wandle wie durch einen Traum
Durch dieser Landschaft Zeit und Raum.
Und mir wird so ich-weiß-nicht-wie
Vor Heimweh nach den Temps perdus …

Berlin im Frühling. Und Berlin im Schnee.
Mein erster Versband in den Bücherläden.
Die Freunde vom Romanischen Café.
Wie vieles seh ich, das ich nicht mehr seh!
Wie laut »Pompejis« Steine zu mir reden!

Wir schluckten beide unsre Medizin,
Pompeji ohne Pomp. Bonjour, Berlin!

Unerledigtes auf dem Kalender

Zum Beispiel, Indien sähe ich noch gern,
Bevor ich fort muß. Und den Fudschijama,
Wie er so plötzlich aufragt, wolkenfern,
Vom Dämmerlicht geheimnisvoll umhuscht,
Wie Gott und Hokusai ihn hingetuscht.

Was ich als nächstes wohl zu sehn begehrte?
Das Reich des Tu-Fu und des Yüang-Ming,
Des Meisters Laotse, der im »Taoteking«
Den Segen weisen Nichtstuns uns bescherte
Und Schweigen (in fünftausend Worten) lehrte.

Dann: Jene Stadt, in der ich einst so fleißig
Die Schule schwänzte kurz vorm Abitur,
Und den Studenten, dem ich anno Dreißig
So zuversichtlich ewige Treue schwur.

Auch Jim, der Franziskaner werden sollte
– Ein Ideal, das lang ihm vorgeschwebt –
Und sich, für mich, das Leben nehmen wollte;
Und jetzt in Rom mit einer andern lebt.

Ein einziges Mal, und wär es mein Verderben,
Spielt ich in Monte Carlo gern Roulette.
Neapel sehen möcht ich und nicht sterben!
Und dann Paris … Noch mal von A bis Zett.

Zum Schluß: Besuch auf einem andern Stern
Und ins Vergangne. (Letztres stellenweise.)
Unendlich vieles täte ich noch gern,
Eh ich auf immer unbekannt verreise.

Dies alles fiel mir bei den Worten ein:
»Der Herzbefund? – Er könnte besser sein.«

Temporäres Testament

Nach meinem Tode (Trauer streng verbeten)
Verlaß ich diesen elenden Planeten.
Wenn Plato recht hat – Plato ist mein Mann –:
Erst wenn man tot ist, fängt das Leben an.

Kapitel Eins beginnt mit dem Begräbnis,
Der Seele letztes irdisches Erlebnis.
Auf meines freue ich mich heute schon!
Da gibt es keine Trauerprozession.

Kein Lorbeerkranz vom Bund der Belletristen.
Kein Kunstvaein hat mich in seinen Listen,
Kein Dichtazirkel … Sagen wir es schlicht:
Gesellig war die sanft Entschlafne nicht.

Der Redakteur, den sie einst tödlich kränkte,
Als er sein Mäntlein nach dem Winde hängte,
Hat ihren Nachruf lange schon gesetzt.
Der schließt: »M. K. war reichlich überschätzt.«

Diverse Damen, deren Herren Gatten
Zuzeiten eine Schwäche für mich hatten,
Die werden selbst im Regen Schlange stehen,
Um mich auch wirklich mausetot zu sehen.

Die strengen Richter meiner wilden Jugend
Entdecken der Verstorbnen edle Tugend …
Und eingedenk der menschlichen Misere
Vergießt so mancher eine Anstandszähre.

Den wahren Freunden, ach, sie sind zu zählen!
Werd ich vielleicht zuweilen etwas fehlen.
Moral: Was euch im Leben zu mir zog,
Hebt es nicht auf für meinen Nekrolog!

Einem Naturtalent

Verachte mir nicht das Studieren,
Willst du auch »instinktiv« das Rechte.
Gar mancher weiß wohl, was er möchte.
Doch kann er es nicht buchstabieren.

Vorsicht – vor der Vorsicht!

Mich treibt ein dunkles Weißnichtwas,
Gefahren zu verneinen.
Ich sitz in einem Haus aus Glas –
Und werfe doch mit Steinen.

Der sogenannte Boden der Tatsachen

Heutzutage muß man fest entschlossen
Mit beiden Beinen auf dem Boden stehen.
Zumal die meisten unsrer Zeitgenossen
Mit allen vieren drauf spazierengehen.

Das Spiegelglas

Ein altes Gleichnis hörte ich vom Geld:
Schau durch ein Glas, und du erblickst die Welt.
Stopf es mit Silber voll – was wird geschehn?
Nichts als dich selbst kannst du darin noch sehn.

Lob des Nutzlosen

Am Sirius bemängeln die irdischen Kinder:
Er eigne sich nicht zum Zigarrenanzünder!
Und lobt man den Falter, so sagen sie gar:
»Den kannt ich noch, wie er ne Raupe war!«
Und dennoch (so träum ich am Hudson und Rhein):
Wie schön wärs, ein Stern oder Falter zu sein!

Philo(un)logisches

Wer etwas faltet, ist noch längst kein Falter,
Wer einen schmettert, längst kein Schmetterling.
Ein ältrer Herr ist jünger als ein alter.
Gut gings ihm nicht, wenns ihm auch besser ging.
Die Leistung war nicht schwach. Nur, eben schwächer.
Die Sprache ist so logisch wie ihr Sprecher.

Saure Trauben

Vor allem blieb dir unvergessen
Ersehntes, das du nie besessen.
Die schönste Frau und die
Lieblichste Landschaft
Verlieren bei allzunaher Bekanntschaft.

Unbescheidene Bescheidenheit

»Das ist ein so bescheidner Mensch!
Den mag ein jeder leiden.«

Wenn dies sein einziger Vorzug ist,
Worauf ist er bescheiden?

Den Snobisten

Genial zu sein mag dem Genie gelingen,
Zum Snob jedoch kann es der Dümmste bringen.
Der eine tut. Der andre tut als ob.
So unterscheidet sich der Mann vom Snob.

Sprichwörter und Redensunarten …

1

Wer andern Leuten eine gräbt,
Fällt selber in die Grube.
Was schützt gegen fremde Unmanier?
Die eigne Kinderstube.

2

»Bescheidenheit ist eine Zier.«
Wem anderer Gaben Segen
Versagt geblieben ist, tut gut,
Dies eine Talent zu pflegen.

3

Was du nicht willst, daß man dir tu,
Das schieb dem Nächsten in die Schuh.

4

Wie man in den Wald hineinruft,
So schallt es auch heraus.

Das kommt drauf an (ich habs probiert!),
Wer grad im Walde präsidiert:
Singt man ein Schubertlied vor Eulen,
Kommt aus dem Wald nur Uhu-Heulen.
Weil Eulen, klinge es noch so schön,
Nur selten was von Schubert verstehn.

5

Was ihr morgen könnt besorgen,
Tut nicht heute, liebe Leute.
Neuen Rat laßt euch erteilen:
Sachte, nur nicht übereilen!

6

Wer einmal lügt, dem glaubt man nicht,
Und wenn er auch die Wahrheit spricht.

Ists da nicht gleich gescheiter,
Man schwindelt ruhig weiter?

7

Lache! Alles stimmt mit ein.
Weine – und du weinst allein.

8

Ein Lieblingssport der neuen Zeit
Ist das Im-trüben-Fischen.
Drum: Übst du Treu und Redlichkeit,
So laß dich nicht erwischen.

– Und angelst du im fremden Teich,
Greif nie nach kleinen Fischen!

Die lob ich mir, die leise tun und beten.
Doch viel zu laut sind mir, die leise treten.

Ich bin von Natur inkonsequent
Und ohne Prinzipienreitertalent.
Schließt das in letzter Konsequenz nicht ein
Die Möglichkeit, auch konsequent zu sein?

Lerne wollen, was du mußt,
Und das Leid wird dir zur Lust.

Eines läßt sich nicht bestreiten:
Jede Sache hat zwei Seiten.
– Die der andern, das ist eine,
Und die richtige Seite: deine.

Sinn- und Unsinngedichte

Hat alles seine zwei Schattenseiten

Ans Werk herangehn kann man von zwei Seiten.
Das siehst du früher oder später ein.
Die eine: Man beauftragt einen zweiten.
Die andere: Man tut es gleich allein.

Glück und Unglück

Das Glück ist arm an Phantasie.
Sein Repertoire ist ziemlich klein;
Das Unglück aber – ein Genie!
Ihm fällt stets etwas Neues ein.

Die vielgerühmte Einsamkeit

Wie schön ist es, allein zu sein!
Vorausgesetzt natürlich, man
Hat *einen*, dem man sagen kann:
»Wie schön ist es, allein zu sein!«

La condition humaine

Ein kluger Franzose hat einmal gesagt,
Man sei niemals glücklich auf Erden,
Man erinnre sich nur, es gewesen zu sein,
Und hoffe, es wieder zu werden.

Wenn dumme Leute

Wenn dumme Leute überlegen schweigen,
Dann sollen kluge schweigend überlegen.

Im Telegrammstil

Langschweifig lamentieren Philosophen.
Ein Lyriker stirbt oft schon in drei Strophen.

Neid der Besitzlosen

Getrost, du mein minderbemitteltes Kind:
Die einen haben. Die andern sind.

Den sagenwirmal »Liebespärchen«

Nur weil ihr die Triebe dazu habt,
Glaubt ihr euch schon zur Liebe begabt.

Schecks-Appeal

Es reitet, naht ein Millionär,
Die Glorie des Goldes vor ihm her.
So sieht die Welt dem armen Mann
Das Elend schon von weitem an.

Die Ich-Brille

Wie sehr sich der Mensch auch bezwinge:
Er liebt sich, und Liebe macht blind.
Mir scheint oft, wir sehen die Dinge,
Ganz ehrlich gesagt: wie wir sind.

Heimweh, statistisch erfaßt

Jene Sehnsucht nach der alten Heimat
Ist (wer hätte das nicht schon erfahren!)
Nur ein Drittel Heimweh nach dem Lande
Und zwo Drittel nach vergangnen Jahren.

Den Utopisten

Noch, Freunde, ist es nicht soweit!
Wir leben in der »Zwischenzeit«,
Da uns als höchste aller Freuden
Genügen muß, nicht immer Schmerz zu leiden.

Einer Lady mit Krallen

Bedroht von der Sintflut, ersöffe ich lieber,
Als mit Ihnen, Madame, in der Arche zu weilen.
Und mit Lebewesen von solchem Kaliber
Muß unsereins seinen Kosmos teilen!

… den Großen seiner Zeit genug getan

Es ist nicht schwer, den Großen zu genügen,
Und auch den Kleinen macht man oft Vergnügen.
Doch was dazwischenliegt: Das Mittelmaß
Ist tierisch ernst und duldet keinen Spaß.

Den stolzen Besitzern eines Minderwertigkeitskomplexes

Daß du am »MI-KO« leidest, klingt
Aus deinem Mund hoffärtig.
– Du redest dir das gar nicht ein:
Du bist halt minderwertig!

Berlinische Lebensbetrachtung

In Somma lebste.
In Winta strebste.
In Friehling werbste.
Un denn, in eenen herben Herbste – sterbste.

Mit manchen Leuten

Mit manchen Leuten lohnt es sich zu leben.
Mit andern wieder macht es keinen Spaß.
Aus lauter Angst, sich etwas zu vergeben,
Vergibt sich diese Sorte immer was.

Der goldene Mittelweg

Es ist durchaus nicht so, als wüßte ich nicht den Weg
Zu den güldenen Gärten.
Ich weiß sehr wohl, wie man reisen müßte.
Doch schrecken mich die Reisegefährten.

In der Marmorhalle eines Luxushotels

Freund, willst du wissen, was der Herr
Vom Wert des Geldes denkt:
Sich dir die Kreaturen an,
Die er damit beschenkt.

Wahre Freundschaft
Oder nur:
Eine schmutzige Hand wäscht die andere …?

Laßt uns das klar und sauber definieren:
Die einen – lieben.
Die andern – »investieren«.

Berliner Version

»Bescheidenheit ist eine Zier,
Doch weiter kommste ohne ihr.«
Und bist du gar ein Sprachgenie,
Kommst du auch weiter ohne sie.

Freunde in der Not

Zu einem Glase Wein
Laden mich viele ein.
Doch scheint mir bei den meisten:
Sie tun's mit größerem Pläsier,
Sind sie gewiß, ich könnt es mir
Wohl auch zu Hause leisten.

Altes Rezept

Nimm das Dasein als Bewährungsfrist
Ohne Klagen, ohne Fragen.
Schweigend steig hinauf die dunklen Treppen,
Weil es immerhin noch leichter ist,
Sein Kreuz zu tragen,
Als es zu schleppen.

Das bißchen Ruhm

Was ähnelt wohl dem bißchen Ruhme
So sehr wie eine Treibhausblume?
Soll dir das arme Pflänzchen sprießen,
Mußt du es täglich brav begießen.
Und Dünger streun. Und Unkraut jäten.
Aufs Wetter sehn. Und leise treten.
Doch pfeifst du drauf, so wirst du nie
Gekrönt von der A-ka-de-mie.

Mein Epitaph

MEIN EPITAPH:
VERGEBENS.
SIE STARB
AN DEN FOLGEN
DES LEBENS.

Der Gott der kleinen Webefehler

1935 wurden Mascha Kalékos Bücher verboten. Die Dichterin emigrierte mit ihrem Mann, dem Musiker Chemjo Vinaver, in die USA und lebte dort bis 1959 in Greenwich Village, dem Künstlerviertel von New York. Greenwich Village war für die Vinaver-Familie mehr als eine zufällige Adresse. Mascha Kaléko und ihr Mann hatten vor allem des Kindes wegen vermieden, in eins der typischen Emigrationsquartiere zu ziehen. »Schon vor Jahrzehnten war der Name *Greenwich Village* keineswegs nur eine geographische Bezeichnung. Selbst damals schon kennzeichneten diese beiden Worte eine bestimmte Geistesrichtung. Und zwar vorwiegend eine revolutionäre. Politisch auch. Aber vor allem in der Kunst.« Die Aufsätze ›Greenwich Village‹ und ›Lower Eastside‹ sind das einzige, was die Lyrikerin Mascha Kaléko seit den frühen Berliner Jahren in Prosa geschrieben hat. Versuche, eine Umwelt zu beschreiben, die Aufenthalt werden sollte innerhalb einer Heimatlosigkeit, der nur die Poesie entrann: »Zur Heimat erkor ich mir die Liebe« heißt eine ihrer schönsten Verszeilen. ›Greenwich Village‹ war eine Auftragsarbeit für den Norddeutschen Rundfunk und wurde 1963 in der Sammlung ›Beschreibung einer Stadt‹ im Christian Wegner Verlag, Hamburg, veröffentlicht. – ›Lower Eastside‹, die Schilderung des New Yorker Judenviertels, wurde im September 1963 in der Zeitschrift ›Der Monat‹ gedruckt.

Viele Leser von Mascha Kaléko lebten wie sie im Exil und begegneten in den verstreuten und unter Emigranten weitergereichten Blättern, vereinzelt auch in Zeitungen, neuen Versen der Dichterin. Diese fanden begeisterte Aufnahme, waren sie doch das lyrische und satirische Echo der Nöte und Sorgen, die ihnen allen gemeinsam waren.

Interview mit mir selbst

Anno Zwounddreißig

Ich bin als Emigrantenkind geboren
In einer kleinen, klatschbeflißnen Stadt,
Die eine Kirche, zwei bis drei Doktoren
Und eine große Irrenanstalt hat.

Mein meistgesprochnes Wort als Kind war »Nein«.
Ich war kein einwandfreies Mutterglück.
Und denke ich an jene Zeit zurück –
Ich möchte nicht mein Kind gewesen sein.

Im Ersten Weltkrieg kam ich in die achte
Gemeindeschule zu Herrn Rektor May.
Ich war schon sechs, als ich noch immer dachte,
Daß, wenn die Kriege aus sind, Frieden sei.

Zwei Oberlehrer fanden mich begabt,
Weshalb sie mich, zwecks Bildung, bald entfernten.
Doch was wir auf der Hohen Schule lernten,
Ein Volk »Die Arier« ham wir nicht gehabt.

Beim Abgang sprach der Lehrer von den Nöten
Der Jugend und vom ethischen Niveau.
Es hieß, wir sollten jetzt ins Leben treten.
Ich aber leider trat nur ins Büro.

Acht Stunden bin ich dienstlich angestellt
Und tue eine schlechtbezahlte Pflicht.
Am Abend schreib ich manchmal ein Gedicht.
Mein Vater meint, das habe noch gefehlt.

Bei schönem Wetter reise ich ein Stück
Per Bleistift auf der bunten Länderkarte.
An stillen Regentagen aber warte
Ich manchmal auf das sogenannte Glück.

Post Scriptum
Anno Fünfundvierzig

Inzwischen bin ich viel zu viel gereist,
Zu Bahn, zu Schiff, bis über den Atlantik.
Doch was mich trieb, war nicht Entdeckergeist,
Und was ich suchte, keineswegs Romantik.

Das war einmal. In einem andern Leben.
Doch unterdessen, wie die Zeit verrinnt,
Hat sich auch biographisch was ergeben:
Nun hab ich selbst ein Emigrantenkind.

Das lernt das Wörtchen »alien« buchstabieren
Und spricht zur Mutter: »Don't speak German, dear.«
Muß knapp acht Jahr alt Diskussionen führen,
Daß er »allright« ist, wenn auch nicht von hier.

Grad wie das Flüchtlingskind beim Rektor May!
Wenn ich mir dies Dacapo so betrachte ...
Er denkt, was ich in seinem Alter dachte:
Daß, wenn die Kriege aus sind, Frieden sei.

Sozusagen ein Mailied

Manchmal, mitten in jenen Nächten,
Die ein jeglicher von uns kennt,
Wartend auf den Schlaf des Gerechten,
Wie man ihn seltsamerweise nennt,
Denke ich an den Rhein und die Elbe,
Und kleiner, aber meiner, die Spree.
Und immer wieder ist es dasselbe:
Das Denken tut verteufelt weh.

Manchmal, mitten im freien Manhattan,
Unterwegs auf der Jagd nach dem Glück,
Hör ich auf einmal das Rasseln der Ketten.
Und das bringt mich wieder auf Preußen zurück.
Ob dort die Vögel zu singen wagen?
Gibt's das noch: Werder im Blütenschnee ...
Wie mag die Havel das alles ertragen,
Und was sagt der alte Grunewaldsee?

Manchmal, angesichts neuer Bekanntschaft
Mit üppiger Flora, – glad to see –
Sehnt sichs in mir nach magerer Landschaft,
Sandiger Kiefer, weißnichtwie.
Was wissen Primeln und Geranien
Von Rassenkunde und Medizin ...
Ob Ecke Uhland die Kastanien
Wohl blühn?

Auf einer Bank

In jenem Land, das ich einst Heimat nannte,
Wird es jetzt Frühling wie in jedem Jahr.
Die Tage weiß ich noch, so licht und klar,
Weiß noch den Duft, den all das Blühen sandte,
Doch von den Menschen, die ich einst dort kannte,
Ist auch nicht einer mehr so, wie er war.

Auch ich ward fremd und muß oft Danke sagen.
Weil ich der Kinder Spiel nicht hier gespielt,
Der Sprache tiefste Heimat nie gefühlt
In Worten, wie die Träumenden sie wagen.
Doch Dank der Welle, die mich hergetragen,
Und Dank dem Wind, der mich an Land gespült.

Sagst du auch *stars*, sind's doch die gleichen Sterne,
Und *moon*, der Mond, den du als Kind gekannt.
Und Gott hält seinen Himmel ausgespannt,
Als folgte er uns nach in fernste Ferne,
(Des Nachts im Traum nur droht die Mordkaserne)
Und du ruhst aus vom lieben Heimatland.

Einer Negerin im Harlem-Expreß

Dunkles Mädchen eines fremden Stammes,
Tief im Dschungel dieser fremden Stadt,
Deiner Augen schwarzverhangne Trauer
Sagt mir, was dein Herz gelitten hat.

Immer möchte ich dich leise fragen:
Weißt du, daß wir heimlich Schwestern sind?
Du, des Kongo dunkelbraune Tochter,
Ich, Europas blasses Judenkind.

Vor der Schmach, die Abkunft zu verstecken,
Schützt dich, allen sichtbar, deine Haut.
– Vor der andern Haß, da sie entdecken,
Daß sie dir »versehentlich« getraut.

New Yorker Sonntagskantate

Die Kinder spieln vorm Haustor, sonntagsreinlich.
Den »Daddy« führt spaziern sein Dackelhund.
Die ›Times‹ im Arm wiegt heute sieben Pfund.
– Vielleicht nur sechs. Doch seien wir nicht kleinlich!
Aus Küchenfenstern duften Roast und Pie.
Die Glocken melden, daß es Sunday sei.

Die Kirchen des Bezirks, in dem wir wohnen,
Bedienen zirka zwanzig Konfessionen
Wohlassortierter Christen und Buddhisten,
Presbyterianer, Hindus und Baptisten.
Und selig wird bei Chor und Orgelton
Ein jedermann nach seiner Konfession.

Es ziehn die italienischen Familien
Zur nächsten »Lieben Fraue von Sizilien«,
Und auch die Iren, gute Katholiken,
Und fleißige Besucher von Budiken,
Erweisen sich als brave Sonntagsbeter.
– Die Schenke öffnet ohnehin erst später.

So gegen Mittag legen sechs Millionen
– Vielleicht nur fünf – die »Comics« aus der Hand
Und kauen ihren Toast (leicht angebrannt),
Nebst Schinkeneiern, Vollmilch und Melonen;
Und Vater lauscht, getreu der Tradition,
Dem Gotteswort der Fernseh-Funkstation.

Miss »Teenage« harrt, geschniegelt und gebügelt;
Der Ausgehschmuck (echt Woolworth) glitzert toll:
Von Eros sowie Mister Ford beflügelt,
Kaugummiwiederkäuend, naht Apoll.
Wie diese Zwei den Abend absolvieren,
Läßt sich millionenfach multiplizieren:

Vom ersten »Martini« zum letzten Kaffee
Rollt alles sich ab nach bewährtem Klischee.
Denn was sich schickt und wann, wenn zwei sich lieben,
Ist gottseidank ausführlich vorgeschrieben
Und führt, sofern man diplomatisch war,
Zum »Happy End«. Das heißt, zum Traualtar.

»What's wrong with that? You sure are sentimental!«
– Gewiß: ich bin »hopelessly Continental«.
Ein Überbleibsel längstverschollner Art,
Leid ich am Klima dieser Gegenwart.
Verzeihen Sie den Ausflug ins Private …

Schluß der New Yorker Sonntagskantate.

Lower Eastside

New Yorks Eastside, wo sie am eastsidesten ist, das ist der
Bezirk um Delancey Street: Orchard und Rivington Street,
Clinton, Pike, Eldridge und der Rest. Delancey Street selbst
hat mittlerweile Karriere gemacht. Die Kleiderpuppen in ihren Konfektionsläden tragen bereits das gleiche standardi-
sierte Lächeln im Pappgesicht wie uptown. Und kein berufs-
mäßiger Schlepper versucht, dich ins Ladeninnere zu ziehen,
wie einst, in noch nicht allzu grauer Vorzeit. Es ist alles busi-
nesslike in Delancey Street, und beinahe tadellos.

Das macht die Armseligkeit der zurückgebliebenen
Kramlädchen nur noch armseliger. Ach, diese schäbigen kleinen Ramschbuden in Orchard Street: wacklige Holzstände
mit Armeleuteschätzen, Tisch an Tisch, bis tief in den side-
walk (Bürgersteig) hinein. Ewiger Jahrmarktzauber der Min-
derbemittelten: »angestaubte« Seidenhöschen und biedere
Flanellhemden mit »kleinen Webefehlern«. Kunstseidene
Strümpfe »dritter Wahl« und buntfarbige Wollsweater mit
»geringfügigen Schäden«. Letztmalig aussortiertes Zeug, das
für den geregelten Verkauf zu schlecht ist, zum Verschenken
aber immer noch zu gut. Zwischen Fabrik und Abfalleimer
erhebt sich allerorten noch so eine Zwischenstation, in London ist es der Flohmarkt oder die Petticoat Lane von White-
chapel, in New York ist es die Lower Eastside, die aus dieser
Not der Reichen eine Tugend für die Armen macht.

Der Gott der kleinen Webefehler

… denn hier beten die kleinen Schuljungen mit den ewig zer-
fetzten Hosenböden zum Gott der »kleinen Webefehler«.
Der fügt es, daß Mom zu den Feiertagen einen neuen Overall
kaufen kann für den kleinen Jack. Und die anmutigen kleinen

Shirleys tragen ihre Dollar-Kleidchen vom bargain-counter (Gelegenheitskaufstand) in Orchard Street, als wären es Modelle aus der Fifth Avenue. – In Orchard Street ist alle Tage »letztmaliger Ausverkauf«. Prüfenden Auges schiebt Mutter den Kinderwagen durch das Gewimmel von Leuten und Pappkartons. Das quillt nur so über von Samtresten und billiger Babywäsche, von bunten Wollstoffen »zum Vorzugspreis«. Gummischuhe und Regenschirme – Vorrat für die nächste Sintflut. Baumwolldecken, Wachstuchschürzen, und alles, alles »halb geschenkt«. Schnürsenkel und Bänderreste flattern von der Stange. Heftig ramponierte Damenkorsetts gemütlich neben Filzpantoffeln. Und hier wird einem Dreikäsehoch das erste Paar Hosen anprobiert, mitten im Gedränge. »Zugreifen!« schreit ein hausgemachtes Plakat über einem Korb voller Herrenschlipse, die so gut wie gar nichts kosten. Auch die négligée-sten der rosaseidenen Négligées scheuen das Tageslicht keineswegs.

Ein Verdächtiger in Lumpen vertrödelt sich zu lange; aus dem Dunkel schießt die Ladeninhaberin, wachsam und verfroren. Die roten Finger wärmt sie noch am Teeglas, es ist bitter kalt heute. Die besten Geschäfte macht der Sweet-Potato-Man. Das brutzelt munter im kleinen Ofen auf dem Schiebekarren. Ein Duft für Kindernasen.

»Juden ohne Geld«

Drinnen: Das internationale Parfüm von Armut und Elend, Enge und Trostlosigkeit. Heißt so eine Mietskaserne auch arroganterweise noch immer The Orchard – das tut nichts: Nackt und verrostet ragt das Wasserrohr aus der Mauer. Rissige Wände und wacklige Treppen. Wie ein räudiger Hund steht so ein Haus da und jammert: Reißt mich nieder, gute Leute. – Aber noch immer wohnen hier die »Juden ohne

Geld«. Im Eingang noch immer das jahrzehntealte Schild mit der Anweisung, »den Müll nicht auf die Straße zu werfen«. Und es spricht zu jedem der Slum-Bewohner in seiner Sprache: in Jiddisch, in Italienisch – und für etwaige Englischsprechende – in Englisch. Immer haben die Armen hier gewohnt, die Iren und die Deutschen, die Italiener und vor allem die Juden. In den ersten sweatshops hier haben die bleichen Schneider und Hosenbügler des jiddischen Proletendichters Morris Rosenfeld das letzte Restchen Gesundheit weggeschwitzt. Aber – hier wurde auch die erste Gewerkschaft geboren. Die Jewish Union of the United Hebrew Trades, von ein paar wackeren Schneidern ins Leben gerufen. Eine seltsame Zunft sollen sie gewesen sein, diese ersten New Yorker garment workers. Aus Rußland, Polen und Rumänien kamen sie. Mit unterernährtem Reisegepäck. Aber ein Band Gorki, Tolstoi oder auch Marx und Heine fiel beim Auspacken heraus. Zum Schrecken der »alteingesessenen« Verwandten. Auch die Kollegen in der Werkstatt staunten, wenn diese greenhorns in der Lunchpause »lauter so hohe Literatur« verschlangen. Sie waren aus anderem Material als das heutige Massenprodukt des cleaner and tailor an der Ecke.

Hier haben die Besitzlosen angefangen. Immer wieder träumten sie den gleichen Traum: einmal in saubere Straßen, luftige Räume zu ziehen, nach Brooklyn vielleicht – oder gar in die Bronx. Jahrzehntelang ging das so. Die Lower Eastside wurde zur traditionellen ersten Station des jüdischen Immigranten. – Und die Neuentdeckung der jüngsten Refugié-Gruppe: daß man seinen New Yorker Lebenslauf unbeschadet auch am oberen Broadway beginnen kann, erscheint alten Eastsidern ein bißchen hochmütig.

Mancherlei hat sich gewandelt im Verlauf der Jahre, aber noch immer flattern fadenscheinige Unterhosen von der fire escape, der New Yorker Feuertreppe, die zum Balkon der Armen wurde. Noch immer frieren die Kinder hier, wenn im Winter die Rechnung im Kohlenkeller nebenan nicht bezahlt ist. Und im Juli beginnt der grausige Sommernachtstraum des Armenbezirks, wo man nicht schlafen kann, ausgeliefert der alles verzehrenden Hitze und den nicht minder gefräßigen Wanzen. Noch immer wird den kleinen Abes und Goldies das schmierige Kike nachgerufen oder Yid, und noch immer antworten sie prompt mit dem entsprechenden Kosenamen für den Angreifer.

Aus Moishe wird »Milton«

Wie dazumal schuftet Pop und knausert Mom, damit aus den Kindern was »Orntliches« werde, so Gott will. Und Gott will ziemlich häufig. So steigt der Enkel eines notenunkundigen rumänischen Hochzeitsfiedlers zum berühmten Geigenvirtuosen auf, dem eines Tages alle Welt im Konzertsaal zujubelt. So bringen auch ein paar Generationen hungernder »Lustigmacher« aus dem galizischen »Städtel« mit einemmal den hochbezahlten »comedian of stage and radio« hervor, den volkstümlichen Witzbold der New Yorker Televisions-Ära. Und von der in Hollywood fabrizierten Leinwand blickt uns aus so manchem Augenpaar die Eastside sämtlicher Weltstädte an. Eddie Cantor, Danny Kaye, John Garfield, das sind nur drei von all den vielen, die »gut gemacht« haben, wie es auf New Yorkisch heißt. Über den Einfluß jüdischen Humors auf den New Yorker Volkswitz ließe sich ein kleiner Wälzer schreiben. Bis in die Broadway-Spalten der Tageszeitung ist der wisecrack (eine Art Blitz-Bonmot in Volksausgabe) gedrungen, und von der slanguage zur language ist's nur ein kleines »s«. Die Eastside-Jungen, die boy-tshiks, wie man in Delancey sagt, haben ihn nach uptown importiert. Im Zeitalter der Lichtreklame ist so mancher kleine Isi zum Irving avanciert. Und unzählige zum Milton, die einstmals Moishe hießen. Ja, es gab eine regelrechte Milton-Epidemie auf der Eastside. Die kleinen Rotznasen von vorgestern stehen heute im ›Who's who‹. Sie schreiben, malen, komponieren, sind Schauspieler, Regisseure, oder auch das, wovon jeder Eastside-Vater träumte: »a Doctor ...«

Die Bildhauer Joe Davidson und Jacob Epstein kamen von da unten her und auch die beiden Gershwin-Brüder, die Klassiker des Jazz. Hier wuchs Irving Berlin auf, der Schlagerkönig. Das netteste an der Sache ist, daß die meisten dieser Eastside-Stars sich gradheraus zu ihrer Herkunft bekennen, in diesem Land des Selfmademan.

»... Sure. I'm an Eastside-Kid«, sagen sie, und schon schwimmen sie im muntersten Delancey-Vokabular. Keinem fällt es auch nur ein, dir eine Park-Avenue-Kinderstube vorzuzaubern, wo es nur einen Schneiderkeller gab.

Besuchen sie den lieben Gott auch nur zu den höchsten der Feiertage, diese Zweitagejuden, so sind sie doch immer da, wo sie gebraucht werden. Inklusive Scheckbuch und Wohltätigkeitsprogramm. Und trotz des glitzernden Kitsches, trotz aller Schmachtfetzen, mit denen sie den Äther oft behängen – es kommt schon vor, daß da auf einmal die ganze Eastside-Kindheit in *einem* Tone steckt. Und hinter allem Talmi leuchtet dann so etwas wie eine echte Träne. Ohne Glyzerin. – So eine Eastside-Kindheit hat Michael Gold beschrieben in seinem traurig-schönen Buch ›Jews Without Money‹.

Paradies der »koscheren« Delikatessen

Hier, Fremdling, bist du mitten im Paradies der koscheren Delikatessen. – Jiddisches Schlaraffenland, wo sogar der Wein koscher ist und das Gänseschmalz 100 % pur, wie ein

Anschlag eigensinnig behauptet. Greifst du, des Watte-Weiß-brots müde, zu Moishe's Jewish Pumpernickel, so ist dasselbe nicht nur »ärztlich empfohlen«, sondern hat überdies den Michelangelo-Moses zum Markenzeichen – mitsamt den Zehn Geboten. Onion rolls duften aus dem Milchladen, wo man dir auch »buttermilk, fresh, by the glass« offeriert. Nun aber: – Knishes! – Das ist kein Fluch, Fremdling. Eher ein Segen. Besonders, wenn vom Pasteten-Experten zubereitet, und à la russe mit Kohl gefüllt, an Ort und Stelle dampfend-heiß genossen (Natron bereithalten). Spezialität der Rivington Street.

Rivington scheint überhaupt die Straße der Spezialitäten. Hier gibt es auch die Reliable Mushroom Company – einen todtraurigen Laden. Hinter halberblindeter Fensterscheibe baumelt einsam eine Schnur getrockneter Pilze. Nebenan, riesige Bibel-Buchstaben: Siddurim. Machsorim. Gebetbücher in sämtlichen Preislagen, und »Alles für den Sabbat-Tisch«; silberne Kiddush-Cups und handgedrehte Havdole-Candles. Auch Talessim in silk or wool, einer hängt sogar draußen auf rostigem Kleiderbügel, wie ein Zunft-Abzeichen von dazumal, und ist vom Ruß der Rivington Street nicht gerade weißer geworden. Auf Samtkissen funkelt auch der Davidstern, in Ausführungen für jeden Geschmack. Der Kitsch der Massenindustrie hat sich seiner ebenso bemächtigt wie der Symbole anderer Religionen.

Von Heiratsvermittlern, Schmaltz-Herring und ähnlichen Spezialitäten

Frischauf, mein Herz, und zage nicht; denn hier empfiehlt ein »shadchen« sich all denen, die ein holdes Weib noch nicht errungen. – Offensichtlich ein Heiratsvermittler »of quick results«: dicht daneben erfreut dich schon das Schild des Reverend Siegel, der gegen ein »modest fee« willens und befugt ist, den Segen des heiligen Ehestandes über euch auszusprechen. Mister Siegel ist ein Marriage Performer seines Zeichens. Oder, wie die englische Inschrift in ihrem Übereifer sich verhaspelt, ein Marriage Perforformer. (Wer das nicht glaubt, sehe selber nach: Rivington Street, Ecke Orchard.)

Wer jedoch Johannisbrot, Kürbiskerne und dergleichen vom täglichen Speisezettel nicht missen möchte, bemühe sich in den Keller, vor dessen Eingang die Hanfsäcke bersten von hunderterlei Erbsen und Bohnen, fremdländisch duftendem Gewürz, vom Mittelmeer und fernen Ozeanen. Auch Kasha gibt es hier, of course.

Pants matched ist eine andere Spezialität. Pants gematched wird in vielen Läden, und der Wissensdurstige erfährt, daß hier jede anständig gebliebene Jacke den schäbig gewordenen Partner eintauschen kann gegen ein Paar nagelneue Hosen. Nach Maß und zu mäßigen Preisen. Im Anglo-Jiddisch dieser Branche heißt das: Zupassen Pants. Neben der »süßen Ecke«, an der Little Benny für einen Nickel ein Paradies voll Zahnweh-Zuckerzeug einhandelt, die »saure«, die die Großen lustig macht. »Dillpickles & sour tomatoes, extra-special – dirt cheap«, und Tonnen voller Heringe, gepökelt und mariniert, die Massen anlockend mit ihrem Duft. Der jüdischen Nase ist dieses Aroma nicht unwillkommen, sondern appetitanregend, gerade wie den Russen und Skandinaviern. Nur die Nüstern minder heringophiler Völkerstämme sind allergisch gegen diesen Kaviar des Juden.

Kommt nach Rivington Street, Freunde, und entdeckt es selbst: Die angelsächsisch-fremde Aussprache des Wortes Schmaltz-Herring klingt ebenso komisch wie die traditionelle Delancey-pronunciation angelsächsischer Delikatessen. – Der Jude aus dem Osten weiß diesem gesalzenen Fisch besonderen Dank: In den strohgedeckten Chagall-Häuschen des Judenstädtels war der Hering die Krönung karger

Mahle. In den Studierstuben ward er zum Gönner hungriger Talmudschüler. Und auch auf der Lower Eastside hat er manch gutes Werk getan. Drum, Ehre, wem Ehre gebühret. Von diesen Tonnen aus hat der »herring« seinen Siegeszug über New York angetreten. »Pickled« oder »chopped« grüßt er euch täglich von tausend Speisekarten. Die Saloons (Kneipen) verschenken ihn zu Whisky und Bier, Delancey hat also den Hering quasi saloonfähig gemacht; selbst in »Lindy's«, nach Theaterschluß, serviert der feudale Kellner seinen Prominenten die würzigen Leckerbissen aus Mutters Küche rund um Delancey Street. Und wen im Pariser Ghetto-Restaurant die »Kreplach au fromage« ergötzten, dem wird so eine New Yorker Speisekarte zum gefundenen Fressen. »Chopped Liver« und »Marinierte Herring« in demokratischer Eintracht mit »Boston Beans« und überaus unkoscherem »Ham and Eggs«.

Die »fromme« Ecke, etwas Balkan und »Rooms for fifty cents« ...

Strictly kosher dagegen ist alles unten in Rivington Street, und schon gar am Freitag. Die Einkaufsnetze schaukeln überm Arm, hinunter in den Fischkeller, wo der Stammkunde seinen horse-radish bekommt, frisch gerieben und tränenweckend, als Zugabe zum Gefillter Fish. Fresh-killed Chickens today schreit ein Schild brutal, und ein anderes, in jiddischer Sprache, flüstert bescheiden: Do wet ibergesehn Tefillin. Das ist etwas für die ganz Frommen. Die noch über die vorschriftsmäßige Makellosigkeit ritueller Gebetkapseln wachen. Dies hier ist wahrlich eine fromme Ecke, voll von heiliger Schrift und Betstuben. Da offeriert die First Roumanian Congregation eine erstklassige religious education fürs jüdische Kind. Riesenplakate ergehen sich in jiddischen Superlativen über den Chasen Leibele, den diesjährigen Caruso unter den Kantoren. Und aus einem Fenster näselt das Grammophon: »Eli… Ej-lii…« Schrumpelweiblein, Wolltuch überm Scheitel, hocken auf Stufen, Katzen umschnuppern die Abfallkästen, und an allem vorüber schreitet der Eastside-Fotograf mit Kamera und Schaukelpferd. So arm sind die Leute hier. Wollen sie das Baby aufnehmen lassen, so müssen sie den »Hintergrund« dazu borgen. Denn ohne Schaukelpferd – das sähe doch so aus, als hätte man keines …

Den Bedlinen Market gab's einmal, jetzt stehen nur noch Ruinen da: Frau-Holle-Läden, wo überm Tor das Bettzeug bunt herunterhängt.

Hübsch rumänisch und unverfälscht ist eine Ecke der Allen Street mit ihren Weinkeller-Restaurants, der Maiskolben- und Paprika-Dekoration, den schmachtenden Geigen und dem süß-berauschenden Muscatel. Bis auf den Damm duftet die hot pastrami. Rote Lichter rufen »To Dine and Dance«. Doch dient man auch seriöseren Unternehmungen: »We cater to Barmitzvas & Weddings«. – Was aber ist Kaffal und was Lakerda? Die gab's bei Caldes, exotische Fischkonserven. Der ganze Balkan ist da mit Kisten voll von Harem Delight, Damascus Maid und anderem Bosporus-Konfekt. Doch heißt's auf jiddisch an der Eingangstür: Schabbes geschlossen. Traurig ist Forsythe Street, das mahnt schon sehr an Bowery-Verlassenheit und Alkoholiker-Ende. Hier macht das Ghetto eine Pause, wird griechisch, serbisch und »Bitte um 'ne kleine Gabe«-Bezirk. Hier gibt es auch die »Rooms for fifty cents«. Das schmierige Fenster geht hoch. Ein unwirscher Grieche steckt den Kopf heraus. Es riecht nach Karbol. Hier findet jeder Unterschlupf, für einen Vierteldollar, oder einen halben – für die Luxuriösen. Wie aber heißt so ein Loch, so eine wanzengespickte Elendsbude? *Parkview Hotel.* – Darunter tun sie's nicht.

In Brass Row, der Altmetall-Gegend, leuchten die Mes-

71

sing-Samoware, Gerümpel und Schätze. Die »Antique
Shops« voll von »Junk« (Abfall), die »Junk Shops« voll
von »Antiques«. Goldecht dagegen sind die Zigeuner vor
den Schenken. Wie sie im Buche stehn: rot das Samtmieder,
knallblauer Satin der weite Rock, die Haut blattbraun wie
Laub im Herbst. Und wenn sie gehn, klimpern die Münzen-
ketten. Aber sie gehn ja nicht, sie schreiten. Stolz und hoch,
als wäre noch der Böhmerwald um sie. Die Jungen, mit Prin-
zessinnen-Allüren, den Pelzmantel über nackten Beinen in
knallgrüner Sandale. Und Augen haben sie alle wie Wildkat-
zen; das schnurrt und hüpft und ist so unbändig vergnügt. –
Wie fallen einem danach die traurigen Judengesichter aufs
Herz, wieder in Orchard Street. Die Armut ist kein Beauty
Parlor (Schönheits-Salon), und auch der vielgerühmte Glanz
von innen bedarf der äußeren Politur. Hier fehlt die Hei-
terkeit des Italienerviertels, wo man im Kummer noch unbekümmert ist. Nichts von der edlen Schönheit des »ostjüdischen Antlitzes«, wie der Maler Struck es sah, in Polen
einst. Wo sind die Träumeraugen, wo die Messias-Sehnsucht
glühender Chassidim? – Zuweilen nur begegnest du einem
Typ aus dem ›Hiob‹ Joseph Roths. Drüben, an der Bus-Hal-
testelle, der Alte mit dem Prophetenbart, der hat noch etwas von jener Welt. Nicht nur den Velourshut und langen
Kaftan. – Um ihn ist Hasten und Gewirr, Gummikauen und
Zigarettenqualm. Allein, wie auf einer Insel, steht er da, in
sein hebräisches Blatt versunken. Seine Welt trägt er in sich,
wo sie die Alten getragen. Er wartet still und voller Zuversicht. Nichts kann ihm geschehen, wohin der Wind ihn auch
treiben mag.

Der Herr ist sein Hirt. Auch in Delancey Street …

Greenwich Village

»… Soso«, sagen die Leute bewundernd, »… in Greenwich Village also wohnen Sie?« Und ihr Blick wird träumerisch.

– Freunde es ist halb so wild. Quartier Latin von New York, amerikanisches Montmartre – man sachte. Na ja, etwa so echt pariserisch wie das French Perfume für 10 cents bei Woolworth – aber nicht minder reizvoll als Londons Soho ist dieser Boheme-Bezirk der Wolkenkratzerstadt. Und ein Besuch New Yorks ohne das Village – undenkbar heutzutage. Übrigens muß man lernen, daß es nicht *Grien-uitsch Villitsch* heißt. Sondern *Gryn-nitsch* (sprich »y« – nicht »i« und nicht ganz »e«) *Willydsch*. Was, im übrigen, nicht einmal jeder New Yorker richtig aussprechen kann.

So laßt uns denn mit Fleiß betrachten, was der amerikanische Brockhaus, alias Mister Webster, zu vermelden hat:

»*Greenwich Village*, ursprünglich ein Dorf auf der Insel Manhattan, nun ein Stadtteil von New York City, umgrenzt von West 14. Straße, Greenwich Avenue, und dem Hudson River … Um das Jahr 1900 herum war das Village ein Sammelbecken von Schriftstellern, Malern und Studenten …«

Gewiß. Aber Greenwich Village, das ist längst keine rein geographische Bezeichnung mehr. Greenwich Village, das ist schon so etwas wie ein Geisteszustand. War es zumindest anno dazumal, als der Radikalismus von vorgestern sich vorwiegend in der Langhaarigkeit der Kunstjünger und in der ach so rebellischen Kurzhaarigkeit ihrer Gefährtinnen dokumentierte. So um die Jahrhundertwende sind auch hier die künftigen Rembrandts à la Murger in Samtwams und Flatterschleife durch die Gefilde geschlendert. Damals, als zum Entsetzen puritanisch-konservativer Eltern ihre Kleinbürgerstöchter aus Smalltown das herkömmliche Kleinstadtgewand ablegten, um in die Uniform der damaligen Sittenverderbtheit, das Batik-Kleid des heiteren Künstlervölkchens, zu schlüpfen – um jene Zeit begann der große Zug in das Village.

Wer nicht gleich nach Paris konnte, dem wurde Greenwich Village zum Montparnasse. Auf die große historische Invasion der Herren von Amsterdam, die dem roten Mann – für etwa 24 Dollar netto – die Indianer-Insel *Mannahatta* abhandelten, folgte die etwas freundlichere Invasion der Bohemiens und Revoluzzer auf *Sapocaniccan*, so hieß das einstige Indianerdorf im Süden der Stadt New York, auf dem nun Greenwich Village steht.

Einzug der Revoluzzer

Dem philiströsen Krämergeist, der muffigen »guten Stube« entrinnend, kamen die Söhne und Töchter aus besserem amerikanischen Hause. Sie wollten es den Banausen und Geldsäcken zeigen. Bewaffnet mit Staffelei und Spirituskocher, handgewebtem Wandbehang und wackliger Matratze, überfielen sie Dachkammer und Keller, und beides ward zum »Atelier«. Die irischen Nachbarn und die ortsansässigen Italiener in den halbverfallenen rosa Backsteinhäuschen guckten und staunten. Aber, Mamma mia, diese verrückten Yankees brachten Trubel in die Gegend – und business dazu. Umgängliche Revoluzzer waren sie, trotz ihrer sonderbaren Sitten und Sandalen. Von überallher kam man, sie anzugaffen. Die Tea Shops schossen aus dem Pflaster wie Pilze, und die kleinen Pizzerias füllten sich mit Ravioli schmatzenden Künstlern und solchen, die es scheinen wollten. Dann kam der Krieg, und dann noch einer – und in der Zwischenzeit gab's die große Zeit der Alkohol-Prohibition, und das große Geldverdienen ging los.

Aus den kleinen Imbißstuben wurden illegale Speakeasies, aus denen wiederum berühmte Weinrestaurants, und eines Weekends war der erste Nightclub da. Und dann kam, of course, die Presse, die Publicity; der Rest war ebenso unvermeidlich wie willkommen, das Village ward Mode – und zuletzt kam Hollywood.

So wuchs das Village allmählich heran, aber ganz erwachsen ist es zum Glück auch jetzt noch nicht. Und das ist gut so. In dieser Stadt der allzu vielen Allzutüchtigen ist eine Handvoll von Träumern wohl angebracht.

Das war die Glanz- und Blütezeit von Greenwich Village, und die Oldtimers erzählen gern von ihr, des Sommers, auf den Parkbänken im Washington Square. Tja, damals ... als eine Kellerwohnung noch schlechthin basement hieß wie anderswo, und nicht Studio. Als die Kunstideale noch hoch, die Mieten aber niedrig waren. Als man noch malerisch gruppiert auf dem obligaten Diwan (Ahnherr unserer späteren Couch, in Berlin WW auch Armeleute-Lotterbett genannt) im Dämmerschein saß, zur Seite des dampfenden Samowars, und trank – ja was wohl? Den unvermeidlichen Tee. Weil ja der Alkohol noch nicht verboten war ...

Bei jenem Glas Tee mit gleichgestimmten Seelen wurden die Probleme der Welt reibungslos und endgültig gelöst.

Oder aber man hockte auf dem zerfransten Teppich, diesmal bei romantischem Kerzenschimmer, im Liliput-Haus der Dichterin – dessen etwa sieben Fuß schmale Zwergentür wohlbeleibten Bürgern den Eintritt verwehrte – und lauschte hingebungsvoll der jüngst entdeckten Sappho aus der Bedford Street:

> What lips my lips have kissed
> And where and why
> I have forgotten ...

Im Anschluß sprach man dann von der freien Liebe, vom Sozialismus und von der Kunst. Von Oscar Wilde, von Indien und von der Kunst. Oder von T. S. Eliot, D. H. Lawrence und von der Kunst. Und zuletzt vom neuen Rußland, von Charlie Chaplin und von der Kunst ... Es war eine große Zeit.

Brutstätte der Genies

... Nicht, als ob nun dabei gar nichts herausgekommen wäre! Die berühmte New Yorker *Theater Guild*-Bühne ist so entstanden, aus den Diskussionen der jungen Unzufriedenen, drunten im Village. Eugene O'Neills erste Versuchsbühne, das *Provincetown Theatre* steht noch jetzt in der MacDougal Street, und die 1956er Avantgarde-Truppen spielen hier Kafka und Wedekind, Ionesco und Äschylos mit großer Kühnheit und kleinen Eintrittspreisen. Und manches literarische Magazin, mancher Verlag empfing hier seine Taufe. Hier wankte der Dichter Maxwell Bodenheim im Rausch durch die Straßen, neugedichtete Strophen gegen einen Whisky in so mancher Kneipe eintauschend – und als er umkam vor einem Jahr, da hingen die Verse schwarzgerahmt im Schaufenster, neben seinem Porträt und seiner geliebten Flasche ... Hier sammelte sich einst, was gut und schön war in der amerikanischen Poesie und Prosa; hier wurde gemalt, gebildhauert, und eine Kunstschule nach der andern öffnete ihre Tore, eine Tanztruppe nach der anderen ihr Studio. Hier, in der Zwölften Straße, hatte Thomas Wolfe seine Bude – am Washington Square lehrte er, an der New York University, auf den Erfolg seines ersten Buches wartend, und hier im Village hatte er sein love nest für das heimliche Rendezvous mit seiner Geliebten, das er dann so ausführlich geschildert hat ... Die Zeichner und Redakteure des berühmten ›New Yorker‹ ließen ihren Witz und Esprit sprühen in den Künstlercafés des Village, der Dichter E. E. Cummings und so mancher Prominente haust noch heute in dem berühmten Patchin Place, dem baumbestandenen Künstler-Gartenhaus, und um die Ecke, in der Cornelia Street, hängt ein handgeschriebenes Namensschild über der Klingel: W. H. Auden. Für Sehenswürdigkeiten-Beflissene: Ja, das Liliput-Haus der Dichterin steht auch noch – Nummer 75½ Bedford Street, und wird oft aufgestöbert von ihren Verehrern, lange nachdem der Pegasus namens Bestseller sie in eine Villa entführte. Ihr berühmter Name ist Edna St. Vincent Millay. Die vielversprechende Siebzehnjährige von damals hat ihr Versprechen gehalten. Nun aber starb sie, von Hunderttausenden betrauert. Um ihren schmalen »Elfenbeinturm« aber, in der Bedford Street, gespenstern immer noch die unerlösten Seelen derer, die nur »vielversprechend« geblieben sind. Ihre längst vergeßnen Namen liest man hie und da auf vergilbten Karten, vom verrosteten Reißnagel gehalten, vorm ramponierten furnished room, dem armseligen Möblierten, amerikanische Fassung.

Aber auch das Ruhmesregister, das ersehnte ›Who's who‹, ist voll von den Namen einstiger Villagers, die es geschafft haben. House of Frustration (Haus der Enttäuschung) taufte der junge Eugene O'Neill seine Hungerbude in Third Street, bis im letzten Moment doch der Broadway kam und ihn auf den großen White Way – den lichtreklameerhellten Weg des New Yorker Erfolges – brachte. Nicht jedes Haus trägt eine Tafel, aber wohl an jeder Ecke hier ging einst die Kunst nach Brot. Hier trank und träumte Poe; John Masefield, poet laureate der Briten, scheuerte die Fußböden einer irischen Schnapsbudike für das warme Mittagsmahl. Hier fiel young John Barrymore den Nachbarn auf die Nerven mit seinem ewigen »To be or not to be« – *vor* Broadway und *vor* Hollywood. Und O. Henry, von Short Story's Gnaden, fand seinen Heimweg mühelos durch das verwirrende Hin und Her der ganz unnewyorkischen, krummwinkligen Gassen, als wären's die ihm wohlvertrauten Verschlingungen im Garnknäuel seiner Kurzgeschichten.

Freuden des Magens

... Denn die Straßen im Village haben es in sich. Selbst als Ortsfremder orientiert man sich in New York rasch nach Breitegraden und Nummern. Im Village aber verirrt sich jeder. Hier sind die Gassen – einstige Indianerpfade – oft voll labyrinthischer Tendenzen. Was eben noch als Waverly Place begann, heißt plötzlich ganz anders und endet als Sackgasse. Kein Wunder, daß der Unternehmungslustige, der den ›Führer durch Villagestraßen‹ erfand, ein gutes Geschäft machte. Hier kann man noch spazierengehen, durch diese buntbelebten Straßen, an deren Ecken zuweilen Europa grüßen läßt. Da gibt's ein »Little Italy« mit grünschimmernden Artischocken und anderen Mittelmeer-Leckerbissen; Tintenfische und Muscheln auf Eisblöcken am Seafood-Wagen, und es wird hier beim Austernschmatz genau so lebhaft geitalienert wie in Genua oder la bella Napoli.

Süß-herber Duft dringt aus dem dunklen Ladeninnern – Oregano, Thymian, Basil und anderes Gewürz. Die knoblauchduftenden Riesensalamis baumeln grünweißrotumbändert von der Decke, und im Schaufenster hängen goldgeräucherte Käsekolben wie die Orgelpfeifen. Noch immer gibt's die berühmten Connoli-Pastetchen, in der Pasticceria nebenan, jenes Ambrosia der Heidengötter Roms, nach antikem Rezept gebacken, und mandelgespicktes Torrone aus Perugia. In Hemdsärmeln erwartet uns der Fischhändler Toni, der schon wieder Opernkarten zur staggione-Aufführung von Aida anzubieten hat, »für einen wohltätigen Zweck, Signora«. Und die Schuhe putzt uns rasch Giovanni Battista, der gerade noch seinen Lunch beendet, auf dem Trottoir sitzend – und es ist nicht das übliche Yankee-Sandwich aus blaß-wattigem Fabrikbrot, sondern eine armlange Goldsemmel, belegt mit rosigem Prosciutto, daß man so recht hungrig wird bei dem Anblick, dazu trinkt er seinen roten Barbera. Und ringsum die kleinen Espresso-Stuben, voller Touristen und Studenten, und der Vorhang, hinter dem, wenn die Luft nicht dick ist, die verbotenen Kartenspiele gespielt werden. Und in Carmine Street, Luigi, bei dem wir das gute Sizilianische Schrotbrot kaufen und bei dem das Radio immer auf Verdi eingestellt ist. Vor seiner Ladentür schmunzelnd steht Signor Longobardi, bereit, dir ein Pfund grüne Spinatnudeln abzuwiegen oder kaperngespickte Sardellen aus der Kiste »frisch eingetroffen aus Trieste« – und welch ein Jubel, das fahrbare Karussell ist wieder da, und der Mann mit den Luftballons in unserer neuerdings so berühmt gewordenen Bleecker Street, dem Schauplatz von Menottis nagelneuer Oper.

… Und die Spanier nicht zu vergessen, mit ihren glasierten Tontöpfen und den Binsenstühlen, gelb und rot bemalt, die Läden voll von Silber- und Türkisschmuck, die lockend schreien: Mexico. Oder die Freiluft-Bilder-Ausstellung, zu der sich alles drängt, im Mai und Oktober, unter der Washington Arch, dem Arc de Triomphe in Miniatur; die geschmackvollen Buchläden, die immer up to date sind und alles da haben, von Shakespeare zu Henry Miller und natürlich auch den ›Villager‹, die Dorfzeitung sozusagen, aus der du den neuesten Klatsch erfährst und auch, wo man gerade die besten Spaghetti marinare bekommt oder den saftigsten Schaschlik … Wer gerade in der Eighth Street ausstellt oder im Vanguard-Keller die kühnsten Songs offeriert. Auch der Jazz hat sein Hauptquartier im Village, und des Sonnabends nachts sitzen die jungen Pärchen bis auf das Straßentrottoir hinaus, um noch ein paar Takte zu erhaschen, eine Flasche Bier in der Hand oder einen »Coke – mit«. Knallvoll ist es weekends in der Bar des San Remo, und allnächtlich im Café

Rienzi, wo das Grammophon ununterbrochen Musik liefert, von Gregorianischen Chorälen bis zum letzten Khatchaturian. Und wo des Mittwochs ein berühmter bayrischer Prosadichter seine Verehrer und Literati um den Stammtisch versammelt: »Grüß di Gott« und »How are you« – Oskar Maria Graf.

Junge Antike

Wer in solcher Atmosphäre gern zu Haus ist, wer prasselnde Scheite im Kamin der geräuschlosen Zentralheizung vorzieht, kommt immer noch studio-hunting nach Perry & Charles Street. Was nun die vielgerühmten »alten« Häuser betrifft, so sehr bejahrt sind auch die ältesten nicht – an Nürnberg oder Rothenburg gemessen. Und wer Prag oder Rom und Paris nicht nur von der Landkarte her kennt, dem wird der Hut nicht gleich vom Kopfe fallen aus lauter Ehrfurcht. Aber so wie dem Teenager dreißig Jahre schon ein Greisenalter scheinen mögen, so ist dieser »minderjährigen« Stadt New York das etwa hundertjährige Haus im Kolonialstil schon sozusagen klassisches Altertum. Mit welcher Sorgfalt wird jedes bißchen, das nur entfernt nach historischer Vergangenheit riecht, unter Glas und Rahmen gebracht. Wer noch nicht allzuviel Vergangenheit aufzuweisen hat, muß haushalten mit dem wenigen. Daher auch die prätenziösen Kunst- und Antique-Shops mit ihren unerschwinglichen handmade Möbeln von anno dazumal. Dabei gilt in dieser relativ jungen Antike schon jede gesprungene Salatschüssel als quaint (altertümlich), sobald sie nur älter ist als Oma. Und wo etwas quaint ist im Village, das erfordert höhere Bankguthaben; denn das Altväterische, nicht ganz Alltägliche (oder wie Frau Raffke so schön zu sagen pflegte, das »Apachte«) hat auch hier seinen Preis. Was Frau

Raffke, New Yorker Version, angeht, so wohnt sie keines-falls in den fahrstuhllosen Walkups der Boheme, sondern in den luxuriösen Neubauten der Lower Fifth Avenue am Wa-shington Square, da wo auch um die Jahrhundertwende die Begüterten aus dem gleichnamigen Roman des Henry James ihre Equipagen vorfahren ließen. Hochmütige Hochhäuser haben sich breitgemacht, mit dem Pförtner in Generalfeld-marschall-Livree vorm Tor, und die Einwohner halten ihre Protestversammlungen ab; aber das Zerstören »kulturhi-storischer Stätten« ist zu lukrativ. Bis die Immobilien-Ge-schäftemacher kamen und artistic atmosphere in den Miet-preis so eingerechnet wurde wie steamheat und hot water, war die Gegend ein Paradies für Habenichtse. Nun aber, da das wohlinserierte night life jedes Kellerloch und jede Dach-kammer zum mondänen Nachtklub gemacht hat, schnar-chen die Künstler (soweit sie die Mieten noch erschwingen können) brav in ihren Betten, und die Fremden jazzen in grellem Neonlicht oder schlemmen in den schummrigen Ta-vernen. Gegen Morgen sieht man sie dann abgekämpft in ihre Autos steigen … arm am Beutel, aber wohlzufrieden: Sie sind »im Village gewesen«.

Aus den altmodischen Imbißstuben, wo hungrige Stu-denten einst ein köstliches Scallopine für ten cents bekamen, sind stahlglitzernde Riesen-Restaurants geworden, unge-mütlich, wo man am laufenden Band sich seine Hamburger and beans an den Tisch holt, und die noch dazu – wie wäre es auch anders denkbar – Art-Cafeteria heißen.

Und von einem House of Genius kann nicht die Rede sein, jener Künstler-Herberge der achtziger Jahre, in denen alles, was Feder, Pinsel oder Meißel führte, gratis durchgefüttert wurde. Madame Chatelaine, die hochherzige Schweizerin, die dort alle bedürftigen Kostgänger bemutterte, hat es nicht bereut. Sie starb reich und in Ehren und mit dem Bewußt-sein, etwa 900 Talenten zur Prominenz verholfen zu haben!

Stadt in der Stadt ist dieses Greenwich Village mit seiner Main Street, der Achten Straße voller boites und bunter Auslagen, die nachts, unter farbigen Lichtern, an Paris erinnert: Montmartre, neue verwässerte Auflage. Es ist alles da – vom »Schwarzen Kater« zum »Chinesischen Drachen«, »Cave Madrid« und »Chez Louis«. Kaffeebraune Eartha Kitt auf dem leicht verstimmten Flügel ... und von nebenan das mexikanische Orchester im »El Chico«. Früh um drei ist es Zeit für eine Onion Soup bei »Mother Hubbard« oder gar einen Sauerbraten and Red Cabbage Bavarian im »Bijou«, dem bis vor kurzem die Diseuse Maria Collm vorstand. In der Grove Street kannst du dir aus den Teeblättern deine Zukunft weissagen lassen. Wem du etwa am Times Square nicht begegnet bist – hier triffst du ihn vielleicht. Hier werden alle Sprachen gesprochen und gebrochen, sogar Berlinisch kannst du hören, in der Christopher Street, wo Lotte Lenja die Songs aus der Dreigroschenoper zum besten gibt, oder Ecke Morton, in der einstigen »Beggar Bar« bei Valeska Gert, wo man früher so manchen alten Berlinern begegnen konnte – Eric Godal und Sonja Wronkow, der einstigen Yvette Guilbert des Romanischen Cafés, Alexander Granach und dem immer einsamer werdenden, nun verstorbenen expressionistischen Dichter Albert Ehrenstein.

Melting pot im melting pot ist das Village, und jeder wird hier selig nach seiner Fasson: Am Square hatte Mrs. Eleanor Roosevelt ihre Stadtresidenz bis vor kurzem, und fünf Minuten südlich davon hausten die Hobos in einem 50-cents-die-Nacht-»Hotel«. In der Third Street-Bar treffen sich die Lesbierinnen, und schräg gegenüber davon kommen drei schwarzvermummte Genueserinnen die Marmortreppe herunter, gemeßnen Schrittes, mit der Würde der »alten Welt«; sie waren zur Frühmesse in Our Lady of Pompeji. Am Washington-Spielplatz siehst du die Nonnen mit ihren uniformierten Pfleglingen und nebenan auf der Schaukel die freien Schulkinder der progressiven Schulen, der modernen, in denen es weder Zensuren noch Schularbeiten gibt. Denn die Zeit marschiert, und aus den einstigen Jüngern der freien Liebe sind brave Bürger geworden, und ihren Kindern haben sie, die Ewig-Unzufriedenen, diese munteren Kindergärten und Schulen gebaut – in denen man lernen darf, was man will. Und, o Wunder, man will meistens das Richtige.

Und was das Kapitel »Boy Meets Girl« angeht, so ist das auch nicht anders als anderswo. Nur in einem Punkte ist auch die neue Generation noch villagy. Hält er an und sie sagt ja, so mietet man das Atelier, wie gehabt, die Wände werden bunt bemalt, die Couch in die Ecke nach bewährter Tradition – nun noch den Picasso-Druck und die »antiken« Leuchter über den Kaminsims – und La Bohème kann beginnen.

Aber es ist nicht das Alte … Aus der Improvisation des glücklichen Moments ist ein Klischee geworden, ein Hut, der auf jeden Kopf paßt. Ein Bohemien aber ist einer nur, bis er einer sein möchte. – Das ist so ähnlich wie mit der Bescheidenheit, von der irgendwer mal sagte: Eine Tugend gibt es, deren sich keiner rühmen darf: Bescheidenheit. Denn rühmt er sich ihrer, so hat er sie nicht mehr.

Heute ist morgen schon gestern

Die anmutige und witzige Moralistin Mascha Kaléko ruft uns über allen Anforderungen zu mehr Liebe und Verständnis füreinander immer wieder zu: Sei heiter!, ob sie nun gut berlinerisch darauf besteht, daß »eene Schwalbe« auf jeden Fall »eenen Sommer« macht, oder sich an die seelische Einsamkeit ihrer Kindheit erinnert.

»Das Temperament, der Charakter dieser Frau ist überall da. Ein tapferes Wesen, wenn auch nicht immer unverzagt, noch im Ernst lebhaft und voller Bedürfnis, sich auszusprechen, ohne dringlich oder gar aufdringlich zu werden. Jedes Pathos, alle ›Deklamation‹ sind auch in diesen Arbeiten so ausgeschlossen wie in den anderen Büchern.« (Karl Krolow in der ›Frankfurter Allgemeinen Zeitung‹)

Die Gedichte – zusammengefaßt unter dem Titel ›Heute ist morgen schon gestern‹ – sind eine Nachlese. Einige Verse waren einem Kinderbuch zugedacht für Kinder aller Jahrgänge; andere tauchten hier und da nach Mascha Kalékos Tod (1975) bei Freunden auf.

Das Stück Prosa aus dem Nachlaß ›Novemberbrief aus Ascona‹ schlägt einen Bogen zu Mascha Kalékos Herkunft aus dem »Romanischen Café« in Berlin.

Verehrte Redaktion

Verehrte Redaktion! Ich weiß:
DAS drucken Sie um keinen Preis.
Denn tun Sie's, toben alle Tanten
Vom Schutzverein der Emigranten. –
Falls sich dergleichen hier befindet.
Wo nicht, so wird er rasch gegründet
Zum Zwecke radikaler Vernichtung
Der viel zu deprimierenden Dichtung.
»Ein Blatt, für das ten cents wir zahlen,
Soll uns das Dasein rosig malen.
Wie wagt M. K. sich zu erdreisten …?«

– Das kann sich nur das Leben leisten.

Mascha Kaléko

Der König und die Nachtigall

Eines schickt sich nicht für alle:
Kinder naschen gern Konfekt,
Was doch nur im Sonderfalle
Einer Klapperschlange schmeckt!

Spargel, Lachs und frische Butter
Sind in jedem Fall mein Fall;
Doch nur schlichtes Vogelfutter
Mundet einer Nachtigall.

Höret, was sich einst begeben
In dem Lande Werweißwo,
An dem Hofe des Regenten
In dem Schlosse Sowieso.

Eine Nachtigall sang lieblich
In dem königlichen Hain,
Sprach der König: »Diesen Sänger
Will ich haben, fangt ihn ein!

Gebt ihm einen goldnen Käfig.
Auch ein Samtkleid, reichverziert,
Und fortan soll er nur speisen,
Was der Hofkoch uns serviert!«

Seiner Nachtigall zu Ehren
Gab der König einen Ball,
Und die Hofkapelle spielte
Für die edle Nachtigall.

Doch der Vogel schwieg erschrocken,
Weinte sich die Augen rot,
Nahm vom Teller keinen Bissen,
War am dritten Tage tot.

Sprach der Weise: »Meine Antwort?
– Sehr zu Gnaden, Majestät:
›Eines schickt sich nicht für alle‹,
Wie ja schon geschrieben steht.

Fern von Menschenlärm, in Freiheit,
Ist des Vogels Aufenthalt:
Futter angelnd aus den Lüften,
Schwebend über Strom und Wald.

Jeder muß auf seine Weise
Glücklich oder traurig sein!«
Und der König, ernst und leise,
Sah die große Wahrheit ein.

Ansprache eines Bücherwurms

Der Kakerlak nährt sich vom Mist,
Die Motte frißt gern Tücher,
Ja selbst der Wurm ist, was er ißt.
Und ich, ich fresse Bücher.

Ob Prosa oder Poesie,
Ob Mord – ob Heldentaten –
Ich schmause und genieße sie
Wie einen Gänsebraten.

Ich bin ein sehr belesner Herr,
Nicht wie die andern Viecher!
Daß Bücher bilden, wißt auch ihr,
Und ich – ich fresse Bücher.

Die Nahrung, sie behagt mir wohl,
Verleiht mir Grips und Stärke.
Was andern Wurst mit Sauerkohl,
Das sind mir Goethes Werke.

Ich fraß mich durch die Literatur
So mancher Bibliotheken;
Doch warn das meiste, glaubt es nur,
Bloß elende Scharteken.

Das Bücherfressen macht gescheit.
So denken sich's die Schlauen.
Doch wer zuviel frißt, hat nicht Zeit,
Es richtig zu verdauen.

Drum lest mit Maß, doch lest genug,
Dann wird's euch wohl ergehen.
Bloß Bücher *fressen* macht nicht klug!
Man muß sie auch verstehen.

Wiedersehn mit Doktor Vielfraß

Doktor Vielfraß, wie ihr seht,
Lebt jetzt strikt nach der Diät.
Wurde endlich wieder schlank
Und ist beinah niemals krank.
Freut sich an der schlichten Kost
Und trinkt nur noch Apfelmost.
Auch sein Kinn ist nicht mehr »Doppel…«.
Kurz, er ward ein Tugendmoppel.

Seine Freunde, wohlbeleibt,
Finden, daß er übertreibt.
Während jene Herren indessen
Nur noch leben, um zu essen,

Ist sein Wahlspruch, sein Bestreben:
»Nur noch essen, um zu leben!«
(Bis er mal danebenhaut
Mit Eisbein und mit Sauerkraut …)

Wie man Butter macht
(So hat meine Großmutter es erzählt)

Wer sagt mir, wie man Butter macht?
Man muß den Milchrahm schlagen.
Nun hört, was sich in letzter Nacht
Bei Hubers zugetragen.

Zwei Frösche fielen, bumsjuchhe!
In einen tiefen Zuber
Und staken fest, ojemine!
Im Rahmtopf der Frau Huber.

Da schrie der erste Frosch: »O weh!
Ersaufen muß ich in dem Schnee.«
Und während er von Milchrahm troff,
Krakeelte er nur und ersoff.

Der zweite Frosch hingegen sprach:
»Quark, Quark! So leicht geb ich nicht nach.
Ist erst einmal die Nacht vorbei,
Entrinn ich schon dem weißen Brei.«

Er schlug um sich, anstatt zu greinen,
Mit Vorder- und mit Hinterbeinen.
Und weil er hungrig war, so fraß er
Vom leckern Milchrahmfutter.

Und sieh, am andern Morgen saß er
  – Vergnügt und fett
  – Und höchst adrett
… Auf einem Berg von Butter!

Wie wäre es mit einem »Borschtsch«?

Man nehme erstens zirka sieben
Fein abgeschälte rote Rüben.
Dann hacke man den Weißkohl klein,
Tu Zwiebel, Salz und Essig rein.
Mit Hammelfleisch muß das nun kochen,
Auf kleiner Flamme, sieben Wochen.
Jetzt Kaviar mit Wodka ran
Nebst Zimt und frischem Thymian.
Nun schüttet man das Ganze aus
Und ißt am besten – außer Haus.

Schirmgespenster

Kinder, guckt mal aus dem Fenster,
Da gibt's was zum Amüsieren!
Lauter Regenschirmgespenster
Gehn am hellen Tag spazieren.

Gummimäntel auf zwei Beinen
Und ein Schirm anstatt Gesicht.
Auch Galoschen. Aber einen
Kopf, den ham sie alle nicht.

Huuuuuuuuuuuuuuuuuuuhh!

Schwerer Fall von »Telefonitis«

Beim Doktor ist wieder die Leitung »besetzt«.
– Sein Hildchen hat Telefonitis.
Noch immer besetzt, ruft so mancher entsetzt,
Und sein Kind hat vielleicht Diphtheritis!

Doch Hildchen tauscht weiter Geständnisse aus.
Was scheren sie Vaters Patienten?
Die Axt (oder besser: das Sprechrohr) im Haus
Erspart uns den Dorfteich für Enten:

»Quack-quack. Is ja himmlisch. In hellrotem Taft?
Quack-quack. Is ja doll. Nummer sicher.
Quack-quack. Mit dem Auto? Na, fabelhaft.«
Erneutes Gequack und Gekicher.
»Quack-quack. Sage ich. Sagt sie. Sagt er.
Sage ich, sagte ich. Hörst du zu? – Sagt wer?«
So geht das ein langes Gedicht noch …
»Bedaure, der Teilnehmer spricht noch.«

Nun, hoffe ich, ist bei euch allen
Der richtige Groschen gefallen.
Ihr glaubt doch wohl auch, daß die beiden
(Sage ich, sagt ihr, sagen ruhig wir)
An »gestörter Leitung« leiden?

Onkel Fritz

Onkel Fritz hält nichts vom Sparen.
Dabei wünscht er sich seit Jahren,
In die weite Welt zu fahren.

Reisen in die weite Welt
Kosten aber schönes Geld.
Doch statt Geld hat Onkel Schulden.
Darum muß er schweigend dulden.

Meistens duldet er recht leise.
Doch zur Zeit der Ferienreise
Duldet er zuweilen laut.

»… Fahren andre nach Italien«,
Sagt er, »oder nach Australien,
Fahr' ich höchstens aus der Haut!«

Man sollte es kaum für möglich halten

Zehn Meilen hinter Zensurentag
Traf ich, ob ihr's nun glaubt oder nicht,
Im tiefen Wald bei Mondeslicht
Am Tisch der Malzkaffeetante
Lauter fremde Bekannte
– Den Heinzelmann mit seiner Frau,
Den Rektor Grün, den Karpfen Blau,
Die Unke aus dem Teiche,
Professor Vogelscheuche.
Den Tintenkleckser, den Bleistifträuber,
Den Eckensteher, den Sitzenbleiber,
Den Klassenschwänzer, den Firlefänzer.
Die Himbeerwasserratte …
Den Polizisten vom sechsten Revier
Und den Oberschlaufuchs, der damals mit mir
Das Niespulver erfunden hatte … weißtdunoch?
Den Petzer, den Angeber, den Oberstreber.

Den Stänkerer und den Dir-werd-ich-eins-Kleber.
… Faßt mich der Kerl doch plötzlich am Kragen,
Dem wollte ich grad meine Meinung sagen –
Da klingelt mich der Wecker heraus.
… Ich lieg' in meinem Bett zu Haus,
Und wütend brüllt die Jule:
»Wennsweitersogeht,
Kommstuwiederzuspät,
Zu spät, zu spät
In die Schule!«

Das Einhorn und das Anderhorn

Es stritten einst zu Paderborn
Das Einhorn und das Anderhorn.
Das Einhorn sprach: »Ich kam zuerst
Und wär' allein, wenn du nicht wärst.
Ich bin ein uralt Fabeltier,
Du bist ein zweigehörnter Stier,
Der nur sein eines Horn verloren.
Zum Einhorn bist du nicht geboren!«

Das Anderhorn schrie wutentbrannt:
»Dich gibt es nicht. Das ist bekannt.
Ich werd' mich deinem Spruch nicht beugen!«
Und er berief zu seinen Zeugen
Lichtscheues Feld- und Waldgetier.
Das zeugte für den eitlen Stier.

Das Einhorn aber schwieg und schwieg.
Und da es schwieg, sein Ansehn stieg.
Nun schrie der blöde Stier vor Zorn:

»Ich bin ein EIN-, kein ANDERHORN ...
Ob du nun glaubst, daß dem so sei,
Das ist mir ein- und anderlei!«
Das Einhorn drauf: »Du hast kopiert
Ein Tier, das gar nicht ›existiert‹!«

»Falscher Hase«

Ein sogenannter »Falscher Hase«
Auf der Speisenkarte im GRÜNEN KRUG
Rümpfte seine falsche Hasennase
Und tat sich hochwichtig: »Nun aber genug!
Schon lang mir auf der Seele brennt,
Daß man mich ›falscher‹ Hase nennt.
Ich bin gewiß nicht schlechter
Als ein echter!«

Was tat der eitle Hasen-Geck?
Er strich das Wörtchen »Falscher« weg.
Als nun die Gäste »Hase« lasen,
Bestellten sie sich diesen »Hasen«.
Doch bald erscholl's: »Betrug, Betrug!«
Kein Mensch betrat den GRÜNEN KRUG.
Der »Falsche« konnt' das nicht verstehn.
– Weil er den »Echten« nie gesehn.

Zoogespräch

Da! Sehnsemal: een Kranich!
– Sie, ärgernse den ja nich.

Limericks

1

Ein Kurgast ward in Baden-Baden
Mit doppelter Kurtax beladen.
Als er sich beschwert,
Hat man ihn belehrt:
»Sie sind hier im Doppel-Bad Baden!«

2

Da gab's einen Förster in Halle,
Der legte dem Fuchs eine Falle.
Der Fuchs blieb im Bau
Und lacht sich eins schlau:
»Die Dummen, die werden nicht alle.«

3

Man sagt von den Schönen in München,
Daß sie sich gar mächtig betünchen.
Das Wangenrot leuchtet,
Solang's nicht befeuchtet.
Doch regnet's auch manchmal in München.

4

Ein Küchengehilfe in Brüssel
Beschnüffelte Kessel und Schüssel.
Das gab seiner Nas
Einen diebischen Spaß,
Doch wuchs ihm am Ende ein Rüssel.

Mariechen schreibt

Jeliebta Paul! Nu bin ick schon fünf Wochen
Uff meene Schtelle. Mia jefällt't janz scheen.
Doch meine Jnädje sacht, ick kennt nich kochen.
Nu muß ick uffn nechsten Erschten jehn.

Die Frieda will ne Stelle mia besorjen
Bein ältret Frollein – da am Hallschen Tor.
Ick muß mir bloß noch Hut un Handschuh borjen,
Denn stell'ck ma bei die neue Herrschaft vor.

Wat die Portiersche is – die meent schon imma:
Bei diese Zicke hielt keen Aas et aus …
Die is een janz varicktet Frauenzimma,
Det weeß ja jedet kleene Kind im Haus.

Wenn die nich will, denn läßt se't ebend bleiben!
Der janze Dreck for die paar lumpjen Mark –
Wat ick hier schufte – janich zu beschreiben …
Un det Jemeckre jleich bei jeden Quark!

Am Sonntach hat se Ausjang mia vasprochen;
Ick hetz mir bei den Abwasch wie'n Stick Vieh –
Wie'ck nu »Adschö« sach, kommt se anjekrochen:
»Det Töppken schnell! Der Kleene muß Pipi!«

Det't so jekomm is, is noch jut am Ende,
Bei Kinda – det is nischt for unsaeen –
Ick hab de Neese voll von't dreckje Hemde!
– Ick mechte bloß bei *eine* Dame jehn. –

Da hat man't leicht. Doch sone olle Jacke,
Die frächt een'n jleich: »Ham Sie nen Bräutijam??!!«
Keusch sach ick »Nee« – doch kommt det raus, au Backe!
Denn fliechst du bei die Schraube janz infam! –

Drum, Paule, schreibste wieda mia 'ne Karte,
Denn schick et »Postlagernd« uff »Schnucki III«.
(… Du – is det wahr, du jehst mit Peesens Marthe???
Die Emma sacht, du – – wärst mir nich mehr treu …!

Det wär jemein von dir – wenn't wahr sin sollte –
Nichwah, die Emma petzt aus blassen Neid??? –
Wenn ick hier mit'n andan jehen wollte …
Ich jloob, det jinge dir denn ooch zu weit!)

Wenn'st mal bei Muttan rumjehn kennt'st un saren,
Det ick mein Rosanet hier jern hätt –
Ooch det, wo ick zur Einsechnung jetraren –
Un denn meen Armband, du – det wäre nett!

Wie jeht's dein Vata? – Un wat macht det Füllen?
Kann't wieda loofen mit det schlimme Knie?
– Nu aba Zoff! – Ick hör die Jnädje brüllen …
Na, denn mach's jut! 10 000 Küss'! *Marie.*

Eine Schwalbe macht noch keinen – –
wie bitte?

Der kahle Lindenbaum vor det Museum,
Is – haste Worte – wieda jrien belaubt.
Die Amseln üben wieda ihr »Te deum«,
Der Friehling kommt. Wer hätte det jejlaubt!

Ick laß mia von' Aprilwind nicht vaschrecken
– Von wejen »Volksmund«, ick bleib fest dabei:
Eene Schwalbe macht eenen Sommer!
Eene Rose macht eenen Mai!

In meinem Blumentopp blieht schon een Krokus
– Na, und mein Emil is so jut wie neu!
Nachts im Park jibts wieda Hokuspokus.
Aus eins und eins wird zwei. Und späta drei!
Det een Mal keen Mal sein soll, is een Märchen.
Man hat oft Pech, doch bleib ick fest dabei:
Eene Schwalbe macht eenen Sommer,
Eene Rose macht eenen Mai.
Ei wei!

Was die Rose im Winter tut

Was tut wohl die Rose zur Winterszeit?
Sie träumt einen hellroten Traum.
Wenn der Schnee sie deckt um die Adventszeit,
Träumt sie vom Holunderbaum.
Wenn Silberfrost in den Zweigen klirrt,
Träumt sie vom Bienengesumm,
Vom blauen Falter, und wie er flirrt …
Ein Traum, und der Winter ist um!

Und was tut die Rose zur Osterzeit?
Sie räkelt sich, bis zum April.
Am Morgen, da weckt sie die Sonne im Blau,
Und am Abend besucht sie der Frühlingstau,
Und ein Engel behütet sie still.
– Der weiß ganz genau, was Gott will!

Und dann über Nacht, wie ein Wölkchen, ein Hauch,
Erblüht sie zu Pfingsten am Rosenstrauch.

Zum Einschlafen

Schwarzblauer Himmel,
Goldener Stern,
Stille im Walde,
Wolke, so fern.
Boote im Hafen.
Engelein wacht.
Kindlein will schlafen.
Welt, gute Nacht!

Der Sternanzünder

Geht die Abendsonne schlafen,
Kommt der Sternanzündemann.
Und der steckt die vielen Sterne
Hoch am dunkeln Himmel an.
Einer nach dem andern flammt
Silberhell auf blauem Samt.
Und inmitten all der Sterne
Knipst er an die Mondlaterne.

Horch, die Abendglocken läuten!
Tagwind spricht zum Abendwind:
Freund, das Stündlein hat geschlagen,
Da *dein* Abenddienst beginnt.

Lebe wohl, ich kann nun gehn.
Fange du jetzt an zu wehn!
Und der Sternanzündemann
Zieht daheim den Schlafrock an.

Postkarten an Leute, die man liebhat

Schreib das in deiner schönsten Schrift

I

An jemanden, der Grund
Hat zum Traurigsein

Wenn man traurig ist,
Das weiß jedes Kind,
Löschen die Sterne aus
Wie Kerzen im Wind,
Und in Deinem Herzen
Klingt es so leer!
Wer, ja, wer
Möchte wohl traurig sein,
Allein,
Hinter seiner Mauer
Voll Trauer …?

Bitte,
Bitte,
Sei nicht mehr traurig!

An einen Freund im
Gipsverband

Brachst bloß *ein* Bein
Beim Fall von der Leiter!
Zwei wäre schlimmer.
Nichts ist »zu Ende«.
Alles geht weiter.
Immer.
Gib dem Himmel
Dein Glück in die Hände.
Alles geht weiter,
Sei heiter,
Sei heiter!

Klatsch

Meiers schimpfen über Müllers
Müller spricht von Schulze schlecht
Schulze wettert gegen Lehmann
Und sie haben alle recht.

Auch vom Besten sagt man Schlimmes
Kaum daß er den Rücken kehrt
Doch verstopft er sich die Ohren
Bleibt der Weise ungeschoren.

Weil er nichts davon erfährt.

Merkspruch

Hast du zwei Brote, und
Ein Armer steht daneben,
Das ist ein guter Grund,
Ihm eines abzugeben.

Herbstliches Lied

Klopfet der Regen und tropft von den Steinen,
Klagen die Bäume und jammert der Wind.
Wie viele Tränen muß ich noch weinen,
Bis wir in Frieden beisammen sind.

Sieh, all die Vögel, sie zogen gen Süden,
Flohen den Winter und wichen dem Frost,
Aber uns ist keine Sonne beschieden,
Ruhlos durchwandern wir Nord, West und Ost.

Der du gebietest dem Mond und den Sternen,
Der du die Lilie im Feld nicht verläßt,
Sei du mit uns in der fernsten der Fernen!
Gib deine Hand uns, beschirm unser Nest.

Morgenländisches Liebeslied

Drei Tropfen Herzblut weinte ich um dich.
Von ihrer Röte tranken alle Rosen.
Siehst du den Wind ein Rosenblatt liebkosen,
Rot wie mein Blut: Denke du an mich.

Ich war das Kind, dem alle Wolken sangen,
Sie wiegten sich in meinem jungen Traum.
Mein waren Stern und See und lichter Baum
In Waldesfrühe schlank und taubehangen.

Nachts bot der Mond mir seinen Silberball,
Die Blumen baten: Nimm von unsern Düften.
Mir wob der Frühling Träume aus Kristall
Und hängte mir sein Blühen um die Hüften.

– Das alles warf ich fort, wie Kinder tun
Mit ihren müdgespielten Kieselsteinen,
Um einen Pulsschlag in dir auszuruh'n
Und dann mein letztes Herzblut zu verweinen.

1938

Fahrt über Land

Und wieder Wüste, Sand und Felsruine,
Im Fellgezelt der hagre Beduine,
Und magre Zicklein kaun am magern Grase.
Dann gelb und streng ein schwankendes Kamel,
Und hoch zu Häupten der Fellachin Vase
Aus rotem Ton. Und dann, gleich der Oase –
                    Deine Wohnungen, Jisrael …

Und wieder saftig Grün und Blühn und Reifen,
Und Arme, die in goldne Ähren greifen,
Und Wasserturm und Stall und blanke Weiden,
Und Ochs und Kuh, und Lämmer ohne Fehl.

Dann Burschen, braun und stark und stumm im Leiden,
Und Mann und Pferd und Schwert, bereit zu scheiden –
                Deine Wächter, Land Jisrael ...

Und wieder Bild und Traum, Klang und Gebärde,
Und dreier Götter Ruf und heilige Erde,
Die Himmelsleiter und das Wort des EINEN,
Der einst die Engel sandte zu Beth-El,
Des Awram Gäste in geweihten Hainen,
Des Jaakow Ringen und der Rachel Weinen –
                Deine Kindheit, Volk Jisrael ...

Jerusalem 1938

Twen-Blues

Zuweilen möchte man aus sich heraus
Und kann die Tür ins Freie doch nicht finden.
Erst schnüffelt man vielleicht noch nach den Gründen,
Dann kriecht man tiefer noch ins Schneckenhaus.
Man müßte dieses tun. Und jenes lassen.
Und kann das eine und das andre nicht.
Man denkt an manche unerfüllte Pflicht,
Bis sich die Dinge dann mit uns befassen.
      Wer kennt das nicht? Wer hat es nicht erfahren?
      Man ist zuweilen alt mit zwanzig Jahren.

Das Schicksal – ja, es hat auch dann und wann
Auf unserm Konto Unterlassungssünden.
Und wir? Woran wir heute uns entzünden,
Das tun wir morgen schon in Acht und Bann.
Das hohe Ziel, von dem man lang geträumt hat,

– Mitunter scheint's, man sei nun endlich da!
Auf einmal merkt man dann: beinah … beinah!
Ein dummes Etwas bloß, das man versäumt hat.
   Wer kennt das nicht? Wer hat es nicht erfahren?
   Man ist zuweilen alt mit zwanzig Jahren.

Das Leben – ach, es fing so heiter an!
Der Himmel blau. Es dufteten die Linden.
Der Weg zurück, er läßt sich nicht mehr finden,
Weil man ja leider nicht vergessen kann.
Ja, könnte man vergessen, was geschehen.
Und wäre man noch einmal jung und dumm!
– Man horcht vielleicht zu viel in sich herum.
Das kommt vom sogenannten In-sich-Gehen.
   Wer kennt das nicht? Wer hat es nicht erfahren?
   Man ist zuweilen alt mit zwanzig Jahren.

Unausgeschlafen gen Stuttgart

Aus meiner Privatschatulle,
geschrieben im Speisewagen, 12. Febr. 56

Lieber Peter Zingler,

Ich sitz mit meiner Kaffeetasse
Jetzt früh um sieben, ganz allein
In meinem Abteil zweiter Klasse.
– Es schneit. Mir fällt 'ne ganze Masse
Zum Thema »Wiedersehen« ein.

Vom Fenster grüßt die Silhouette
Der schwarzen Pappeln auf dem Schnee
– Wie Schokolade auf Baiser.

Um wieviel lieber ich das hätte
Anstatt der – deutschen – Zigarette
Zu dem anämischen Kaffee …

Sie sehn, mein lieber Herr von Zingel
(Auf Zingler gibt's kein Reimgeklingel.
Nicht bei Kaléko, noch bei Ringel,
Bei Natz nicht, noch bei Wedekind)
– Sie sehen dies auf alle Fälle:
Das »Dichten« will nicht von der Stelle,
– Wohl weil wir momentan in Celle
'ner ziemlich flachen Jejend sind.

Da fällt mir ein: hab unterdessen
Doch einiges zu tun vergessen:
Zum Beispiel: Thilo Koch, Berlin.
Ob Sie ihm wohl, Sir Galapeter,
Berichten, daß ich also später
Als vorgesehen, bei ihm bin?

… Nun halten wir schon in Hannover.
Der D-Zug füllt sich. Ein ganz Doofer,
So was mit Alpenhut steigt ein.
Ein pensionierter Casanova,
Vom Stamme des Andreas Hofer,
Ganz rasse-, doch nicht jodelrein.

… Doch nun beginnt mein Herz zu singen,
Da Göttingen und Fulda nahn,
Hier reimt sich manches schon auf »ingen«,
Züttlingen oder Hedelfingen,
Schon ganz zu schweigen von den Dingen
Aus meinem Marburg an der Lahn.

Ich ziehe wie in einem Traum
Durch dieser Landschaft Zeit und Raum
Und mir wird ziemlich weißnichtwie
Vor all der Schulgeographie
– Den Wiesen, Wäldern und der Reben
Brauch ich zum Glück nichts zu »vergeben« …

Und all den Tälern weit, den Höhn
Kann ich getrost ins Auge sehn.
Es haben Neckar, Rhein und Lahn
Mir seinerzeit ja nichts »getan«.
Und auch der Meisen Winterscharen
Grüß ich wie einst in Kinderjahren.

Chinesische Legende

Hoch auf dem Felsen, abgeschieden
Lebten der Alte und sein Sohn
In stiller Eintracht, wohlzufrieden.
… Da lief den beiden das Pferd davon.

Der Nachbar, nach geraumer Frist,
Kam, den Verlust mitzubeklagen.
Da hörte er den Alten fragen:
»Wer weiß, ob dies ein Unglück ist?«

Und bald darauf, im nahen Walde
Vernahmen sie des Pferdes Tritt:
Das kam und brachte von der Halde
Ein Rudel wilder Rosse mit.

Der Nachbar, schon nach kurzer Frist,
Pries den Gewinn nach Menschenweise.
Da lächelte der Alte leise:
»Wer weiß, ob dies ein Glücksfall ist?«

Nun ritt der Sohn die neuen Pferde.
Sie flogen über Stock und Stein,
Ihr Huf berührte kaum die Erde …
Da stürzte er und brach ein Bein.

Der Nachbar, nach geraumer Frist,
Kam, um das Leid mit ihm zu tragen.
Da hörte er den Alten fragen:
»Wer weiß, ob dies ein Unglück ist?«

Bald dröhnt die Trommel durch die Gassen:
Es ist die Kriegsproklamation.
Ein jeder muß sein Land verlassen.
– Doch nicht des Alten lahmer Sohn.

Ein seltsamer Vogel …?

Es gibt im Reiche der Chinesen
Ein recht bewundernswertes Wesen:
– Ein Vogel, der sich im Geäst
Still und bescheiden niederläßt
Und, wenn 'nen zweiten er erblickt,
Auf seinem Ast beiseiterückt.

Anmerkung:
Nein, ich erfand es nicht, dies Wesen!
Ihr könnt's im ›Buch der Weisheit‹ lesen.

Gedichte machen ist wie angeln

Gedichte machen ist wie angeln
Nach einem elektrischen Fisch
Der funkensprühend auftaucht und entschwindet

Wenn die Wellen über mir zusammenschlagen
Tauche ich hinab, nach Perlen zu fischen

Zum 30. Oktober

Du lebtest auf einer Insel,
Die dich nur trug.
Der Himmel und zwei Fußbreit Boden.
Das war genug.

Ein Bissen Brot, etwas Wasser,
Dazu das Buch.
Der Rock und die Hose aus Linnen.
Wozu denn Tuch …

Du konntest nicht fordern, noch bitten,
Begrubst deine Träume stumm.
Und hast wie Hiob gelitten,
Doch ohne sein Warum.

Viel Küsten dein Schiff umkreiste,
Du warst in der Menge allein.
Ein Wort hie und da. Doch das meiste
Schwiegst du in dich hinein.

Nun schläfst du in Kanaans Erde.
… Das hattest du erreicht:
Der Himmel und zwei Fußbreit Erde.
Oh, werde sie dir leicht.

Hätte ich einen Vater gehabt …

Hätte ich einen Vater gehabt
Oder gar eine Mutter!
Von einem großen Bruder nicht zu reden …
Jeden sah ich von ferne an
Und wünschte ihn mir.

Vier waren in der Familie
Aber vier waren es beinahe nie.
Vater beständig auf Reisen
Und Mutter bei Tante Li.

Eine Schwester hatte ich wohl,
Die sprach nie ungefragt.
Sparte ihr Taschengeld
Und kniff mich unter dem Tisch.

Fremde gegen ein Monatsgehalt
Bevölkerten meine Kindheit.
Emma bewachte die Masern.
Und Minna verband mir die Hände.
Daß du die Windpocken nicht aufkratzt, das wäre ja.
Aber ich kratzte und trage das Mal
Heimlich unter der rechten Wimper.

Zimperlich war ich nicht.
Sprang in den Bach,
Das Kätzchen zu retten.
Spielte mit Kletten
Und stieg die drei knarrenden Treppen
Zur Oma hinauf,
Im Lichtstreik hinauf, ganz allein.
Wenn auch der leibhaftige Frankenstein
Vom Sonntagsfilm mir nachstieg im Dunkel
Und Haarmann, der grausige Haarmann
Der Bockwurst aus Schulkindern machte,
Wie man in der Morgenpost las.

Was ich mir wünschte
Bekam ich nie.
Aber auch darauf war kein Verlaß.
Das Beinahe war schlimmer als das Nein.

Hätte ich Schlittschuhe gehabt.
Zwei Schlittschuhe auf einmal.

Hätte ich ein Heim gehabt
Oder gar eine Heimat
Ich fremder Niemand aus Niemandsland.

Mit sieben spielte ich mit meinem Kummer
Verstecken.

Lied im Schnee

Nachts fiel ein Schnee auf die alternde Welt
Und machte sie schimmernd und neu.
Oh, wie freu ich mich an dem Schnee, der fällt
Auf die nagelneue, die glitzernde Welt,
Und der Park blüht so weiß wie im Mai.

Jetzt sollte man eigentlich sieben sein
Mit den tanzenden Flocken im Haar
Und den Kinderaugen wie Schnee so rein
Und so frisch wie das kommende Jahr.
– Verschollen das Lied und der Ringelreihn,
Zerstoben die Kinderschar.

Zerronnen ist der Wintertraum,
Versunken ist der Märchenbaum.
Den Zauberspruch hab ich vergessen.
Rotkäppchen ward vom Wolf gefressen.
– Nur ich allein am Fenster steh
Und starre in den Winterschnee.

Letztes Lied

Ich werde fortgehn, Kind. Doch du sollst leben
Und heiter sein. In meinem jungen Herzen
Brannte das goldne Licht. Das hab ich dir gegeben,
Und nun verlöschen meine Abendkerzen.

Das Fest ist aus, der Geigenton verklungen,
Gesprochen ist das allerletzte Wort.
Bald schweigt auch sie, die dieses Lied gesungen.
Sing du es weiter, Kind, denn ich muß fort.

Den Becher trank ich leer, in raschem Zug
Und weiß, wer davon kostete, muß sterben ...
Du aber, Kind, sollst nur das Leuchten erben
Und all den Segen, den es in sich trug:

Mir war das Leben wie ein Wunderbaum,
Von dem in Sommernächten Psalmen tönen.
– Nun sind die Tage wie geträumter Traum;
Und alle meine Nächte, alle – Tränen.

Ich war so froh. Mein Herz war so bereit.
Und Gott war gut. Nun nimmt er alle Gaben.
In deiner Seele, Kind, kommt einst die Zeit,
Soll, was ich nicht gelebt, Erfüllung haben.

Ich werde still sein; doch mein Lied geht weiter.
Gib du ihm deinen klaren, reinen Ton.
Du sei ein großer Mann, mein kleiner Sohn.
Ich bin so müde – aber du sei heiter.

Tränen

Locker
So locker hinterm Auge
Sitzen mir die Tränen
Wie Regentropfen vor dem Gewitter
Es braucht nichts als einen
Kleinen Blitz
Und du weinst

Für Chemjo zu Pessach 1944

Wir haben das Schweben verlernt,
Weh uns, wir kleben am Weg.
Vom Leuchten der Sterne entfernt,
Die Flügel gesenkt und träg,
So trotten die Füße ergeben.
Ach, Liebster, bevor es zu spät,
Versuchen wir's, uns zu erheben.

Angefangene Gedichte
aus einem aufgehörten Leben

Wer doch den Mut zur Feigheit hätte,
Denn Feigheit nennt man jenen Mut,
Der die zu schwer gewordne Kette
Des Daseins leise von sich tut.

Wer doch den Mut zur Feigheit hätte,
Dem allen aus dem Weg zu gehn
Und unerkannt, an fremder Stätte
Allein im Nachtwind zu verwehn.

Es fragt sich nur, geht es nicht drüben weiter?
Dann bleibt man auch im Tod noch Außenseiter.

Ich werde fortgehn im Herbst

Ich werde fortgehn im Herbst
Wenn die grauen Trauerwolken
Meiner Jugend mich mahnen.
Keine Fahnen werden flattern
Keine Böller knattern
Krähen werden aus dem Nebel schrein
Schweigen, Schweigen, Schweigen
Hüllt mich ein.
Ich werde gehen wie ich kam
Allein.

Novemberbrief aus Ascona

… Im November? Nein, im November reist »man« nicht
nach Ascona. Nun, da ich hier bin, weiß ich auch warum. Die
Nachsaison ist vorbei. Und was bietet Ascona im Winter?
Romantik – vielleicht. Und Stille. Doch diese Art von Stille
ist noch nicht in Mode. Das ist gut so. Morgen schon mag
sie »Snob appeal« haben und übermorgen »Mob appeal«.
Einstweilen aber sitze ich, Fremdling unter Ortsansässigen,
in meiner lieblichen Casa Bertolli, und Ascona gehört mir.
Mir und dem Restbestand der vom Frühherbst übriggeblie-
benen Gäste. Ab und zu gesellt sich zu uns ein vorüberrasen-
der Autofahrer, auf dem Wege zu begehrenswerteren Zielen.
Aber sonst ist Ascona wieder ganz und gar die Tessiner Ort-
schaft ohne Rummel und Reiseverkehr. Die paar Ortsfrem-
den stören kaum.

Blinzelt aber die Sonne auch nur ein bißchen ermunternd,
kommt alles auf die Piazza hinausgeflattert. In Wolljacke

und Schal, versteht sich. Aber immerhin, geflattert, wie die zu Tode fotografierten Tauben auf dem Markusplatz.

Hast du Glück, funktioniert die Sonne vom Zehnuhrkaffee an bis zum Espresso um drei. Dazu ist sie vertraglich verpflichtet, laut Reiseprospekt und »Statistik der sonnenreichen Tage im Tessin«. Nichtsdestoweniger – aber, bitte nicht der Kurverwaltung weitersagen – schon gegen vier bezweifelt der zitternde Zugereiste, daß es hierorts auch nur einen halben Sonnenstrahl gegeben haben könnte. So heimtückisch überfällt dich der Abend.

Bläulich grau hängt er mit einem Mal über dem Lago Maggiore. Und schieferfarben, mit Silberlichtern bestreut, taucht jetzt ein Miniatur-Vineta aus dem See auf: die herbstlich verzauberte Isola di Brissago. Wie ein i-Tüpfelchen ist ein rundes Eiland ihr vorgelagert – das Ganze bildet eine Art geologisches Ausrufezeichen. Die Interpunktion der Landschaft, Tag um Tag lernst du sie besser lesen. Dort, die Bucht trägt seit gestern den sanften Novemberschleier um die Schultern, und die Berge im Nebel schweigen.

Den See hast du nun ganz für dich, und siehe da, er ist ein herrlicher See, sobald man ihn von parkenden Autos befreit. Ein kleines Boot huscht vorbei, schattenhaft. Darüber, gelblich-perlmuttern, das erste Mondviertel, die Sense – ein japanischer Holzschnitt, wie er im Buche steht. Dämmerstunden, aus Schwermut gesponnen, mit etwas Heimweh durchwirkt für den einsamen Fremden. Alles eilt nun heim an den Herd des Hauses. Alles, außer ihm. Hunde bellen ihm nicht zum Gruße, und auf der weinblattumrankten Pergola hüpfen fremde Kinder dem Vater entgegen. Da flüchtet man sich eilig in das nun nicht mehr so gastliche Gasthaus. Der allabendliche Gang durchs Dorf wird zum tröstlichen Ritual: Zunächst in die Posta hinunter, und man verläßt das pastellrosa Tessinhaus herrlich beladen, mit der Posternte des Tages unterm Arm und den Zeitungen von daheim.

Menschenleer die Straße, schon flammen die ersten Lichter auf und die Lampen in den alten Dorfhäusern. Auf jeden Schritt antworten dir die Pflastersteine, und du schlenderst dahin, begleitet vom Echo der sich eng windenden Gassen. Wuchtig gehen die Glockenschwengel über deinem Kopfe hin und her. Dann Stille. Auf einmal, von fern, Gesang. Uralter Choral der Benediktinermönche aus dem Collegio. Und noch ferner, das Rauschen einer Orgel …

Die letzten Obstkörbe werden ins Ladeninnere geholt, Tore geschlossen. Hie und da begegnest du einer eiligen Tessinerin, den Brotlaib im Korb, die Chiantiflasche unterm Arm.

Nun hört man Giovanni in seiner Dachstube. Niemand singt heutzutage noch so wie der junge Kalabrese. Als hätte er noch nie ein Radio gehört. Als wüßte er nichts von Schallplatten und Musikautomaten, den mechanischen und den zweibeinigen. Horch. Altmodisch-wehmütig tönt seine Stimme, und doch nicht ölig wie die Fabrikware der »O sole mio«-Tenöre, die sich »professionell« produzieren. Mit einer Innigkeit aus vergangenen Jahrhunderten, fast ausgestorben im Zeitalter des »Twist« (dem die jugendlichen Tessiner nicht minder verfallen sind als ihre Altersgenossen in Manhattan oder anderswo).

Doch Giovanni ist aus dem fernen Kalabrien, ganz unten auf dem italienischen »Stiefel«, und sein Heimatdorf ist so winzig, daß du es vergeblich auf der Landkarte suchen wirst. Dort singt man einstweilen noch, so schlicht, daß es jeder verstehen muß, ob er die Worte des Liedes kennt oder nicht. In seinem Gesang ist das Heimweh nach seinem Dorf, dem Olivenhain hinterm Haus, seinem Eselchen, der scharfen Sonne der Heimat, die schon den nahen Orient spürt. Der gutturalen, langgedehnten Singweise dieses Jungen hört man die Nachbarschaft der Wüste quer übers Meer hin an. Nein, mit dem Schmachtfetzen aus der Jukebox, zu dem die jungen Asconeser des Sonntags so gern tanzen, hat das wenig zu tun.

Und wieder, und noch einmal – die Glocken. Ohrenbetäubend, so nah, so laut. Denn die Kirchen sind hier, sozusagen, im Dorfe geblieben, und wohin du auch fliehst, du entgehst ihnen nicht. Aus tiefstem Schlaf rufen sie dich, zur Messe, um Angelus. Sie gehören zu Ascona, wie der eigenartige Duft zu diesem Orte gehört. Tag um Tag, zur Stunde der Dämmerung beginnt Ascona zu duften. Wohltuend-anheimelnd ist dieser Geruch, an Urväterisches gemahnend. Wonach riecht es? Nach würzigem Waldholz, das jetzt im Kaminfeuer Funken sprüht, nach den violettblauen Ticinotrauben im Weidenkorb, nach trocknenden Kamillekränzen und Minzenkraut auf dem Küchenbalkon. Nach Abendnebel und herbem Krautrauch von den Feldern. Und selbstverständlich nach dem Küchenaroma, das auf die Gassen dringt: Tomate, Thymian und brutzelndes Olivenöl, zur Stunde der abendlichen Pasta.

Und dazu kommt nun der winterliche Duft der »Castagnate«, dem festlichen Kastanienrösten, das die Freunde am offenen Kaminfeuer versammelt, zum gemeinsamen Maronischmaus. Vielerlei Düfte schaffen die typische Ascona-Mischung.

Rieselregen. Die Gassen werden lustig mit den hüpfenden, knallroten Schirmen. Auch du eilst heim, unter deinem roten Asconaschirm, mit dem Regen um die Wette. Rasch in die Bude und in einen schweigsamen Novemberabend.

Wer allerdings ohne »Nachtleben« nicht auskommen kann, trinkt seinen Grappa im einzigen Hotel an der Piazza, das noch ein paar Gäste beherbergt. Feineres gibt es in der Bar um die Ecke, sogar mit Klavierspieler, natürlich erst zum Wochenende. Werktags mag der Vergnügungssüchtige ins

Café Verbano einkehren und den ortsüblichen Lustbarkeiten frönen. Als da sind: mit der italienischen Kellnerin schäkern, den etwas ramponierten Zeitschriftenberg noch einmal durchstöbern und dabei die klassischen Konturen der »Liz« oder »Loren« auswendig lernen. Er mag auch ein leckeres Fondue überm Spiritusflämmchen genießerisch absolvieren zum Klang des auf Turin eingestellten Radioapparates. Aber »los« ist hier nichts mehr. Jetzt findet nämlich hierorts eine Jahreszeit statt, die es eigentlich nicht gibt: zu kahl für Sommer, zu grün für Winter. Und den Herbst haben sie auch schon »eingemottet«, zusammen mit den bunten Terrassensesseln. Dafür ist in der Halle der Winterofen geheizt, die elektrischen Öflein tun's nicht mehr. Statt der Mimosen und Glyzinien blühen vor den Fenstern die Schilder »CHIUSO« – Geschlossen! Aber ins Kino kannst du gehen, in *das* Kino. Und kann man nicht sehen, was einem gefällt, so muß einem gefallen, was man zu sehen bekommt.

Für ganz Unternehmungslustige bleibt noch immer der Ausflug über die italienische Nahebei-Grenze, der Besuch beim Handschuhmacher in Orta, bei dem die Duchess of Windsor arbeiten läßt. Fall nicht herunter von der Wackelstiege, die zu seinem »Atelier« neben der Küche führt! Oder aber die Jagd auf Antiquitäten in Bergdörfern, hoch über Ascona, auf abenteuerlichen, verschluchteten Wegen, die nur der verwegene Autofahrer aufsucht. Man kann sich, wenn's sein muß, auch ein Horoskop stellen lassen oder bei einem der »Teetische« den oder jenen ortsansässigen Autor lesen hören. Und schließlich gibt's ja Bücher. Sogar zum Leihen, in jenem rührenden Etablissement, genannt BIBLIOTECA POPOLARE ASCONA, die neuerdings fast »up to date« geworden ist. Damit aber wären wohl selbst die halböffentlichen Vergnügungsmöglichkeiten des spätherbstlichen Ascona erschöpft.

Eine günstige Atmosphäre also für den schöpferischen

Künstler, nicht wahr? Poeten und dergleichen müssen ja geradezu … Sollte man meinen.

»Keinesfalls«, sagt zu diesem Thema Erich Maria Remarque, der sein Ascona seit einem Vierteljahrhundert gut kennt. Seine Bücher sind in den Lokalbuchhandlungen immer auf Lager. »Ascona«, meint er, »regt die meisten nicht zum Schaffen an, sondern zum Nichtstun.« Haben sie eine Idee, so verschwatzen sie sich leicht bei einem Campari. »Wie vielen bin ich schon begegnet auf der Piazza, frisch angekommen mit dem Vorsatz, in Ascona ›das Werk‹ zu schaffen, zu vollenden! Bald aber sah man sie gemächlich mit den anderen im Sonnenschein vor dem Albergo sitzen und fleißig auf den Lago Maggiore blicken. Tag für Tag hockten sie da vor ihrem Glase, und es dauerte nicht lange, da hatten auch sie jenen ›leeren hellblauen Blick‹, den Sie an manchem Bohemien hier bemerkt haben werden!«

Ganz unrecht hat er nicht – wo blieb sie, die tolle Kunstproduktion all derer, die jahrzehntelang zu diesem Behufe nach Ascona pilgerten. Wo sind sie, die großen Dichter, Maler und Musiker? – Und doch, das weiß auch Remarque, kommt der »heilige Geist« der Schöpferlust über einen, dann kann ihn auch das camparirosige Piazzaleben und der himmelblauste Lago Maggiore nicht abhalten. Stille gibt es, wenn man sie sucht, und einen Winter, der nachdenklich stimmt, zur Klausur.

So hatte ich mir das schöpferische Ascona von dazumal gedacht: Tages Arbeit, abends Gäste. Trägt nicht ein jeder von uns heimlich einen alten Ortsnamen mit sich herum als etwas Unerledigtes auf dem Kalender, das irgendwann nachzuholen wäre? Für mich war *Ascona* so ein Name.

Im Romanischen Café einst galt Ascona als der Treffpunkt für Former und Reformer. Jede »Richtung« war vertreten, so hieß es, von der Rohkost bis zur Religion. Das Dorado der Vegetarier und Vegetierer. Hier lebten die Sek-

tierer ihren Idealen und Utopien, die Anhänger der Nuß-
butter und Nacktkultur.

Man entfloh der großstädtischen Zivilisation, den diver-
sen geistigen und kulturellen Korsetten der »goldnen zwanziger Jahre«. Hier fand man eine billige Unterkunft (das
waren Zeiten!), man wusch sich am Steinbrunnen im Hof,
unter der Aufsicht einer hölzernen Bauernmadonna, ließ
sich einen fotogenen Bart stehen und trug seinen Anteil bei
zur »pittoresken Künstlerkolonie« im Tessin.

Es war einmal. Heute ist Ascona ein Mekka für Touristenbusse und ein beliebtes »Buon Retiro« für Arrivierte.
Die Luxusvillen haben mit dem alten Tessiner »Hüsli« kaum
etwas gemein. Die Architektur draußen, die Stilmöbel und
Perserteppiche drinnen sagen deutlich: die Bankbilanz
stimmt. Statt Künstlers Erdenwallen die neureiche »Haben-
Sie-schon-ein-Haus-im-Tessin«-Bewegung!

Kein Hotelzimmer frei während der Saison, in Ascona
trifft sich tout l'Europe, einiges Amerika und andere Konti-
nente … Cadillacs rasen, Jaguare brüllen, und plebejische
Touristenbusse schnaufen hinunter an die Piazza. Vor all der
motorisierten Menschheit sieht man kaum noch einen Zipfel
des tiefblauen Lago.

Aber im November sind die Fremden fort. Und es wird
nichts wie reingemacht in den Hotels und Gasthäusern. Das
klopft von früh bis spät auf Federbetten herum und auf Tep-
pichen, das scheuert polternd die Treppenflure, das hantiert
mit Eimer und Besen, so daß die Erde erzittert ob solcher
Wucht.

Nun hat es sogar geschneit über Nacht, und das Wiener
Ehepaar will abreisen. Die Feuchtigkeit … da hilft auch
kein Pfefferminztee mehr, hüstelt der alte Herr und fordert die Rechnung. Ja, Schnee auf den Bergen, das »is scho'
malerisch, gewiß, aber auch gesundheitsschädlich«, meint

seine Frau. Und sie befragen das Kursbuch. Sogar in Sorrento ist es schon zu kalt. Und Kairo kann man sich dies Jahr nicht leisten. Ja, über Nacht ist alles verwandelt, Klima, Landschaft und »Weltmarkt« obendrein.

Die Wagen rollen fort, sogar die Lehrerin aus Virginia ist abgereist, mitsamt dem rotledernen Autogrammbüchlein. Zu Mittag sind im kleinen Eßsaal nur noch drei Tische gedeckt. Auf der Piazza lagert eine Schneedecke auf dem braunen Blätterteppich von gestern. Und beim PANCALDI, wo man seine ›Times‹ holt, hängt schon wieder ein neues Schild:

»Diejenigen Herrschaften, die auf Weihnachtsstollen reflektieren, mögen an der Kasse ihre Bestellung aufgeben.«

Der Papagei, die Mamagei
und andere komische Tiere

»Für Steven und das Hündchen, das er nie bekam« schrieb Mascha Kaléko über die Verse von ›Der Papagei, die Mamagei und andere komische
Tiere‹. Unschwer vermag man sich vorzustellen, daß mancher Wunsch
des einzigen, kleinen Sohnes unerfüllt bleiben mußte. Das Ehepaar
Vinaver-Kaléko lebte in New York beschränkt in oft wechselnden kleinen Wohnungen, und das Geld war knapp. Das Kind wurde aber nicht
mit einem abschlägigen »nein« allein gelassen, sondern die dichtende
Mama schuf ihm einen kleinen Zoo in leicht hüpfenden Versen. Auf ihre
ganz spezielle Art, von Ingeborg Drewitz als »melancholische Skepsis
im Verein mit einer präzisen und leichtfüßigen Sprache« bezeichnet, ent-
wirft sie ein tierisch menschliches Panoptikum.
Und diese Verse sollen »verspielten Kindern aller Jahrgänge« wieder
Freude machen, wenn sie im Tierreich außer dem Kaka-du auch der
Kaka-sie begegnen.
Wenn allerdings im Epilog dem Schwan sein Sterben schwant, dann
wird wie ein Wasserzeichen – trotz der unnachahmlichen Mischung von
Verspieltheit und Humor – Wehmut zwischen den Zeilen deutlich.

Für Steven und das Hündchen,
das er nie bekam …

Die Giraffen

Giraffen haben meistens sehr viel Hals,
Den sie in jede Himmelsrichtung lenken.
Das ist sehr praktisch. – Aber keinesfalls
Lohnt es sich, ihnen ein Kollier zu schenken.
Zunächst: Weil Schmuck die Tiere irri-tiert,
Und dann: Weil er sich im Terrain verliert …

Die Schnecke

Die Schnecke ist ein kluges Haus:
Sie geht fast nie aus sich heraus!
Ihr eigner *Hauswirt* und ihr *Mieter*,
Ihr *Grundstück* und ihr *Grundstückshüter*,
Ihr *Wagen* und ihr *Domizil*:
– Das Immobile, hier wird's mobil!

Sie gilt als kühler Realist,
Weil sie nie *aus dem Häuschen* ist.

Die Turteltaube

Die Taube gilt als sanft und gut,
Weil sie dem Menschenkind nichts tut.
Doch möchte ich die Frage mir erlauben:
… Wie wohl verhält die Taube sich zu Tauben?

Der Flamingo

Ich traf einmal – in San Domingo
Am Meeresstrande 'nen Flamingo.
Gewiß, der Ort ist recht entlegen.
Doch war es dort! Des Reimes wegen.

Der Hühnerhof

Gesträubten Hauptes spricht Frau Henne
Zum Gatten auf der Hühnerleiter:
»Die Brut macht mir viel Kummer, Männe!
Das jüngste Ei dünkt sich gescheiter
Als die Mama. – Zu meiner Zeit …« –
Na, und so weiter und so weiter.
Da schwillt dem Herrn Papa der Kamm:
»Was plustern Sie sich auf, Madame?
Was soll uns dieses Federlesen?
Nix Neu's, Chérie! Beim Zeus, Chérie:
Das ist schon immer so gewesen.«

Die Bienen

… Politisch sind sie Monarchisten:
Auf Arbeit ziehn nur Zivilisten,
Und was sie sich erhamstert haben,
Kommt in die königlichen Waben
Zum Schmaus für königliche Feste.
Der kleine Mann kriegt nur die Reste.

»Ob sich die Biene nie empört
Und Unabhängigkeit begehrt?«
– Fragt sich Kollege Schmetterling.

Das weiß nur Gott. Und Maeterlinck.

Die Ameisen

oder
Lob der Faulheit

Die Ameisen sind fleißig.
Faulsein ist *unameisig!*
Das liest man schon bei Salomo
– Und kuschelt sich in das Plumeau.

Etymologisches Postskriptum

Ameisig kommt von *emsig.*
Werd ich das mal, dann brems ich.
Dem einen gibt's der Herr ganz leis,
Dem andern nützet auch kein Schweiß.
Wunschlos beglückt die Faulheit preis ich
Und Gott – der mich nicht schuf »ameisig« …

Der Elefant

Sein Taillenumfang ist bombastisch,
Geradezu elefantastisch!
Sein Habitat: zumeist Ostindien.
Doch auch im Zoo ist er zu find(i)en.

Von Temperament ein Pessimist,
Der Angetanes nie vergißt.

In alter Zeit die Fürsten sandten
Als Souvenir sich Elefanten.
Die großen Herr'n im Fernen Osten
Von damals ließen sich's was kosten!
… Doch zogen sie sich's, nicht zu knapp,
Als »Wüste-Sonderspesen« ab.

Vierfüßige Abc-Schützen

Es lernen alle Pekinesen
Schon früh die Sprache der Chinesen.
Ein Dachshund bellt in Sachsen sächsisch,
In England aber – angel-dächsisch …

… Und hier ergibt man mit Genuß sich
Dem Studium auf Rhinozerussisch!

Der leichtbeschwingte Papagei

Es hat ein jeder Papagei
'ne angetraute Mamagei.
Doch geht er fremd, sagt sie: »Ich bitt dich!
… Und gar mit einem Wellensittich!«

Ungereimtes über den Iltis

Ihr sagt: Es reimt sich nichts auf *Iltis*?
Ich sag, es reimt sich doch. Was gilt is?
Ihr sagt: Es reimt sich nichts auf *Menschen*?
– Na, wennschen!

Wißt ihr, was »falsche« Reime machen,
Wenn sie sich ansehn? Nun, sie lachen!

Insektopathisches

a) Der Holzwurm

Der Holzwurm ist verbohrt und stier,
Ein höchst introvertiertes Tier.
Er hockt im Bau und nährt sich redlich;
Die Außenwelt erscheint ihm schädlich.
Ein Freund von Möbeln der Antike,
Lockt ihn nicht Wein, Weib, noch Musike.
Der Stolz macht ihn zum Hage-Stolz.
Sein Motto ist und bleibt: »Gut Holz!«

b) Die Schmeißfliege

Insektologisch gilt die Fliege
Als Prototyp der *dummen Ziege*.
In alles steckt sie ihren Rüssel,
Verbrennt sich oft an fremder Schüssel.
Sie schmeißt sich an, ist »aufgeschmissen«:
Wer beißt, nun, der wird auch gebissen.
Aus Neugier bleibt sie nie daheim,
Drum endet sie im Fliegenleim.

(Freud hätte sie klassifiziert:
»Insektopath, extravertiert.«)

Die Katze

Ist so lebenstüchtig,
So launisch und so eifersüchtig,
So taubensanft, so schlangenschlau
Wie eine nur zweibeinje Frau.
Tut sie auch keusch wie 'ne Novize –
'ne Messalina ist die Mieze.

Ja, schon zur Zeit der Pyramiden
War sie nicht unter den Frigiden!

Der Kater

Ein Selbstgespräch

Wie? Mäusefangen? Nicht die Spur!
Bloß Gabelfrühstück und *l'amour* …
Was? Romeo und *Vaterpflichten*?
Familienglück? – Ich kann verzichten!

– Kater werden ist nicht schwer,
Kater sein dagegen sehr.

Der Tausendfüßler

oder
Glanz und Elend eines Myriapoden

… Ob er, wenn ihn das Reißen plagt,
Betrübt zu seinem Doktor sagt:
»Es zwickt in siebenhundert Zehn'n!«?
Das denke ich mir gar nicht schön.

Und will die arme Kreatur
Im Freien mal ein Bad genießen –
Mit welchen von den tausend Füßen
Prüft er die Wassertempratur?

Ein Hühnerauge schikaniert
Ihn tausendfach multipliziert.
– Auch drückt (wenn man so sagen darf)
Ihn sein enormer Schuhbedarf.

Ornithologisches und Unlogisches

Der Amsel (»… Drossel, Fink & Star«)
Wird manches angedichtet.
Vom treuen Schwalben-Ehepaar
Wird Gutes nur berichtet.
Die Lerche singt angeblich vom Scheiden
Und die Nachtigall
Mit *lieblichem Schall*
Vom Nachtig*allenleiden.*
Storch auf dem Dach bringt Glück ins Haus,
Und *Möwen sehn wie Emma aus,*
»Kiwitt, kiwitt« und »tirili …«
Heißt stets: »Madame, ich liebe Sie!«

– So spricht der Volksmund. Doch, ich glaube fast:
Die Vögel selber *lachen sich 'nen Ast* ...

Klavia-Tiere
Spezies: Pianisten

Pianisten sind oft *große Tiere*,
Zum Lärm dressiert auf dem Klaviere.
Mit Löwenmähne, Tigerpfoten
Mißhandelt mancher es nach Noten.
Ein Pi-a-nist, wenn malträtiert,
Ist selten nur wohltemperiert.
Wenn sich die Damen auch verlieben,
– Weit wichtiger ist ihm das Üben!

(Zur Zeit, als Hans zur Liese ging,
Da übte brav der Gieseking ...)

Die Brillen-Eule bzw. der Kuckuck

Nachts hörte man ein Baby heulen.
Das störte die zwei Brillen-Eulen
Hoch im Geäst. Die Herrn der Logik
Dozierten über Pädagogik:
»... Der Kuckuck, lieber Herr Kollege,
Gibt seine Brut schon früh in Pflege,
Und manches spricht für sein System!
Zunächst einmal ist es bequem
Und löst das Ödipus-Problem:

Um Freudschen Leiden zu entrinnen,
Kann man nicht früh genug beginnen ...«
– Der Kuckuck lachte infernalisch:
»Nun finden die mich noch moralisch!«

Affenliebe

Vielfältig sind der Liebe Sitten,
Auch, eh man zum Altar geschritten.
Lateiner küssen *con amore*,
Auf in den Kampf ziehn Toreadore.
Berliner *vorher* Kaffee trinken,
Seeleute nachher gerne winken ...
Japaner Blumenverse schreiben,
Und Eskimos gern Nase reiben.
Ja, selbst die Liebste des Schimpansen
Krault ihm verzückt die Ponyfransen.
Und er? Was tut der Herr? Mir graust:
Es scheint, daß sie *der Affe laust*!

Der Tiger

Es ist nicht nötig, daß du vor ihm bangst;
Denn sieh: sein Eisenkäfig ist vergittert.
– Ein Tiger hat vor Tigern keine Angst.
Doch scheint es möglich, daß vor *dir* er zittert.

Der Wolf

Wer oder was ist er?

... Ein überlebensgroßer Hund.
Du kennst ihn aus *Rotkäppchen und ...,*
Wo er von Großmüttern sich nährt,
Auch *Jäger*-Frühstück gern verzehrt.
Im Schafspelz blickt er brav und bieder.
Mit Namen *Hugo* schreibt er Lieder.

Der Schakal

Es heult allnächtlich der Schakal
Von fern aus seinem Jammertal.
Aus tiefster Not hörst du es schrein:
»Bin-so-allein ... Bin-so-allein ...«

Und findet sich dann 'ne Schakalin,
Heult er mitsamt der Frau Gemahlin.
Und wie zuvor hört man es schrein:
»Bin-nun-zu-zweien-so-allein ...«

Der Fuchs hingegen

... Ißt gern Hühnchen
Und, wenn es sich so trifft, Kaninchen,
(Tja, ab und zu auch ein Herminchen ...!)
Doch überzeugt er dich mit List,
Daß er ein Vegetarier ist.

Ode auf eine kalte Ente

Die Ente (heiß) ist eine Speis.
Die *kalte Ente* trinkt man.
Und wenn man sie getrunken hat,
Dann watschelt und dann singt man.
– Wenn ich mir's leisten könnte,
Gäb's alle Tage Önte.

Das Reh

Das Rehlein, das bedicht ich nicht!
Wie es da steht im Wasser,
Ist es das lieblichste Gedicht,
Der Himmel – sein Verfasser.

Der Tintenfisch

Der Tintenfisch ist unbeweibt,
Weshalb er Liebesbriefe schreibt.
Jedoch der grünste Hering
Trägt stumm an seinem Ehring.

Klapperschlangen, Blindschleichen
und anderes Natterngezücht

Vor stummen Schlangen ist mir doppelt bange,
… Dann lieber schon 'ne Plapper-Klapperschlange.

Das aber denk ich mir zum Steinerweichen:
Als Schlange auch noch blind zu schleichen.

Den kühnentschloßnen Welterobra
Schreckt weder Nattergift noch Kobra.
Ertönt sein »Heil im Siegerkranz …«,
Folgt alles ihm im Schlangentanz.

Der Storch

Der Storch, der Storch …
Den gibt es nicht!
Der ist ein Ammenmärchen,
Das man den Kindern vorerzählt.

Dran glauben – tun die Pärchen!

Die Wassernixe
oder
die Weniger- oder Meerjungfrau

Undinens Schönheit ist hauptsächlich,
Genaugenommen: *ober-fläch-lich!*
Denn unten trägt die Wassernymphe
Bekanntlich keine Seidenstrymphe.

Die Vereinskrähe

Eine Krähe hackt der zweiten,
Wie man weiß, kein Auge aus.
Au contraire – sie macht beizeiten
Anti-Krähen den Garaus!
Und das tut der liebe Vogel
Nur aus Selbsterhaltungstrieb.
Aber im Verein der Krähen
Heißt man's *ethisches Prinzip*.

Die Schildkröte

Wie wär ihr Dasein doch beschaulich!
– Wär sie nur nicht so leicht verdaulich.

Bei Känguruhs

Wird Känguruh Papa, so droht
Ihm selten nur die Wohnungsnot.
– Denn Känguruh-Mama hat immer
Ein *eingebautes* Kinderzimmer.

Die Schaben

Die lästigste der Himmelsgaben
Sind die gemeinen Küchenschaben.
In Preußen nennt man sie die »Schwaben«;
Hierorts als »Russen« nicht beliebt,
… Weil jeder seine Schaben schiebt!

Das Zebra

Das Zebra mag ein jeder leiden,
Zumal, da es die Streifen kleiden.
Ein Zebra – selbst, wenn es intim –
Streift selten ab das Streifkostüm.

Und die Moral von der Geschicht?
– Ein nacktes Zebra gibt es nicht.

Das Schwein

Das Dreckschwein – *porcus* auf lateinisch –
Benimmt sich auch als solches schweinisch.

Der Floh

Ein Lebenskünstler ist der Floh!
Lang weilen tut er nirgendwo.
Ein Springinsfeld, zumeist auf Reisen,
Verkehrt er in den höchsten Kreisen,
Wie jeder beßre Parasit.

– Selbst Goethe weihte ihm ein Lied.

Königlicher Einmarsch der Löwen

Der Wüstenkönig wirkt zwar majestätisch,
– Doch sitz ich nicht gern neben ihm am Teetisch!
Reißt er das Maul nur auf, um schlicht zu gähnen,
Seh ich als »Sandwich« mich in seinen Zähnen!

… Zum Löwen fällt mir weiter nichts mehr ein,
Als, wenn er plötzlich näher kommt, zu schrein!

Die Fische

Wenn Fische reden könnten! Na, ich danke:
Man hörte von der Donau bis zur Panke
Statt Meeresstille und statt Wellenrauschen
Nur Muscheln tuscheln und Karauschen plauschen …
Jedoch (welch weise Fügung!), sie sind stumm.
– Was die Natur betrifft: die weiß, warum.

Krokodilemma

Im Schaufenster das Krokodil
Hat Tränen viel verloren.
Umsonst: Es war am fernen Nil
Zur Brieftasche geboren.

Das (verzeihen Sie) Stinktier

Das Stinktier wälzt im *Coty* sich
Und stinket doch elendiglich.
Doch scheint es seiner Frau Mama:
... So was von süß war noch nicht da!
(Das liebe Ich spricht nur *pro domo*.
– So sind die Menschen. Ecce homo ...)

Hippopotamus am Kärntnerring

Es fuhr ein Hippopotamus
Zu Wien in einem Omnibus.
Da sprach ein Mann zu seiner Frau:
»... A Hippopotamusserl, schau!«

Die Raupe

Die Raupe ist, wenngleich verborgen,
Bereits der Schmetterling von morgen.

– Der Raupe ist der Tatbestand
Indessen völlig unbekannt
Und überdies auch völlig schnuppe.
Nicht minder als der Menschen-*Puppe*
Die *homo sapiens*sche Chrysalis
Meist unbekannt und auch egal is.

Das Rind
Ein zähes Aufsatzthema

Das Rind besteht aus Ochs und Kuh,
Das Ochsenfleisch ist fade,
Drum macht man meistens draus Ragout
Sowie auch Rindsroulade.

PS. Und nur die Inder
Verehrn lebendje Rinder.

Die Fledermaus

Die sogenannte *Fledermaus*
Ist keine. Sieht auch nicht so aus.
Kein »Oder« und »Entweder«:
Ist weder Maus noch Fleder.
Das weiß seit langem jeder.
Einschließlich Johann Strauß.
Aus.

Das Stachelschwein

Bedenke: Selbst ein Stachelschwein
Hat seine *Grundprinzipchen*
Und ganz wie du ein Liebchen,
Das ihn mit Sticheleien rügt,
Weil er den Feind nicht schärfer piekt.
– Doch bleiben Stachelschweine
Trotzdem nicht gern alleine …

Kaka-du und Kaka-sie

Ein schwerverliebter Kakadu
Hat hier sein erstes Rendezvous
Mit einer grünen Kaka-Duse.
– Er nennt sie eine Pampel-Muse.
Sie ist nicht spröde, ihrerseits.
Man kakaduzt sich auch bereits.
Und übers Jahr wird ein Terzett
Aus diesem Kakadu-Duett.

Der Sauregurkenhund

»Sepp ist ein Sauregurkenhund«,
Hört ich den Ferdi sagen.
War das ein Schimpf?
War das ein Scherz?
Wohlan, ich faßte mir ein Herz
Und Ferdinand beim Kragen:

»Was ist ein Sauregurkenhund?«
Die Antwort hier aus Ferdis Mund:

»Ein Hund, der etwas auf sich hält,
Frißt keine saure Gurke.
Ob Engelshund, ob Schurke,
Das weiß man auf der ganzen Welt:
Ein Hund, der etwas auf sich hält,
Verachtet saure Gurke.
Das ist bei Hunden so der Brauch,
Doch gibt es unter Hunden auch
Mal sone und mal solche,
Die Braven und die Strolche.

Kaum sieht ein Köter-Nimmersatt,
Daß Mithund saure Gurke hat,
Au, au, wauwau,
Mißgönnt der Neid- und Schweinehund
Dem armen Nachbarn seinen Fund.
Da wird gekläfft, gebissen,
Gekratzt, gezetert, blind vor Wut,
Vor Haß und Mißgunst nicht geruht,
Bis endlich dieser Schurke
Die halbverfaulte Gurke,
Die er ja keineswegs begehrt
Und die dem anderen gehört,
Dem mit Gewalt entrissen.

Dann folgt ein siegreiches: Wauwau.
Das heißt zu Deutsch: ›Na, bin ich schlau?‹
Und was wohl, liebe Leute,
Tut er mit seiner Beute?

Sie wird zertrampelt und zerfetzt,
Sodann im Rinnstein beigesetzt
Mit ›Au‹ und ›Wau‹!
Denn: Haß ich selbst sein Leibgericht,
Gönn ich es doch dem andern nicht.
Ihr seht, man nennt nicht ohne Grund
Den Sepp 'nen Sauregurkenhund!«

Die Spinne

Die Spinne, ihren Tanz vollführend,
Folgt einem inneren Gesetz,
Den Faden auf- und niederführend.
Und so entsteht das Spinnennetz.

Ganz hingegeben ihrem Tanze,
Schafft sie ein Ding, das Fliegen fängt;
Sie tanzt … nicht ahnend, wie das Ganze
So ursächlich zusammenhängt.

Die Spinne – gleich dem Menschenkind –
Weiß selber gar nicht, daß sie »spinnt«.

Das Kamel

Bedauernswert ist das Kamel!
– Das Tier muß es ertragen,
Daß seine Freunde, geht was fehl,
»Du Mensch!« verächtlich sagen.

Straußenpolitik

Der Vogel Strauß steckt, wie bekannt,
Den Kopf beharrlich in den Sand;
Und wundert sich, daß man ihn zupft
Und seine feinen Federn rupft.

Das kleine Vogelhirn, es weiß:
Gleich klug bei mir sind Kopf und Steiß.
(So auch der Mitmensch oft. Dieweil:
Der Steiß sein klügster Körperteil.)

Monsieur Pänguän

Ein Pinguin aus besserm Haus
Spricht sich »Pän-guän« – französisch – aus.
Wie Paul Gauguin, der Maler weiland,
Haust er auf einem fernen Eiland.
– Ein eingeborner Parvenü,
Trägt er den Frack schon in der Früh!

Der Polarbär mit Schlußgebet

Der Eisbär, weil im Eis geboren,
Ist von Natur recht unverfroren.
Wird er von allen kaltgestellt,
Grinst er: »Mich kann die ganze Welt …«,
Und legt sich auf die Bärenhaut.
– Ach wären wir doch so gebaut!
Statt nur neurotisch-schizoid.
… *Herr:* schüfst Du uns *polaroid!*

Der Frosch

oder
Frühlingserwachen

Der Frosch hat, wie die Sage geht,
Ein Elektrizität-»à-tête« …
(Das Glühwürmchen hat aber auch
Im Lenz enormen Stromverbrauch!)

Der Esel

Ein Thema ohne Variationen

Sein Sprachschatz zählt nur zwei Vokale:
Drum ist sein Anfang sein Finale.

Was weiß der Fisch von Religion?

… Das fragte ich mich immer schon!
Denn: *was* da fleucht in Berg und Tal,
Singt schmetternd seinen Dankchoral;
Sogar im Sumpf die Kröten,
Sie scheinen fromm zu beten.

Jedoch der Fisch – ob Hecht, ob Salm –
Singt kein Hosianna, keinen Psalm!
Es scheint: Die *Ichthyologie*
Kennt keine *Fisch-Theologie.*

Die Fossilien

Nachts, wenn zu Bett gehn die Familien,
Erwacht man erst bei den Fossilien!
Man rast und jazzt im »Mammut«-Balle,
Da wackelt die Museumshalle …
Das hopst auf türkisch und auf spanisch,
Altdeutsch und ante-diluvianisch.
Der alte Brauch wird nicht gebrochen:
Hier schwingt man einen »flotten Knochen«.
Man tanzt »konkret« und »allegorisch«,
»Modern« und »Bauch« und »prähistorisch«.
Da staunen zu so später Stunde
Die Mumien aus der »Völkerkunde«.
Und wenn man »Miss Fossilie« wählt,
Das *Wal*roß stumm die Stimmen zählt.
Ein Saurier schwört Stein und Bein:
»Das kann nur meine Süße sein!«

… Ob man für »Süßes« schwärmt, ob »Saurus«,
Das liegt im Auge des Beschaurus.

Der Schwan

Ein Epilog

Der Schwan, wenn er sein Ende ahnt,
Das heißt: wenn ihm sein Sterben *schwant*,
Zieht sich zurück, putzt das Gefieder
Und singt das schönste seiner Lieder.

– So möcht auch ich, ist es soweit,
Mal eingehn in die Ewigkeit.

Wie's auf dem Mond zugeht

Mascha Kaléko wollte zu vielen Menschen sprechen, sich in Versen direkt mitteilen, so unkompliziert wie möglich; eine Unkompliziertheit, die gar nichts mit Banalität zu tun hat, wohl aber mit den kleinen und großen Dingen des Lebens.

In den fünfziger Jahren hatte Mascha Kaléko in New York, im Exil, angefangen, Kindergedichte und Limericks zu schreiben. In den spielerischen Gedichten löste sie sich von den sogenannten höheren Ansprüchen der »ernsthaften« Lyrik und steuerte in den Sprachspielen einem Gegenpol zu, entfernte sich bewußt von ihren Erlebnisgedichten oder vielmehr von dem, was sich innerhalb ihres Emigrantenschicksals dem sprachlichen Ausdruck entzog.

Mascha Kaléko versuchte, sich selber wiederzufinden. Brachten ihr die heiteren Verse auf friedlichste Weise Entlastung von Druck und Spannung der bedrohten realen Lebenssituation? Sie knüpft mit diesen Kindergedichten und Sprachspielen an gewisse Verse aus den dreißiger Jahren an. Sie kehrt aber nicht zu gesellschaftlichen und biographischen Problemen zurück, sondern siedelt ihre Gedichte und Scherzverse im Reich der Phantasie an.

Meinen besten Freunden:
den Kindern – und ihren Eltern

Wie's auf dem Mond zugeht

Wißt ihr wohl, wer auf dem Mond
Mit der Mondfamilie wohnt?
Mondkalb mit den Sonnenflecken,
Mondhirt mit dem Schäferstecken
Und der goldnen Bambusflöte.
Tief im Krater – eine Kröte
Aus dem Ur-Ur-Urgroßwald,
Siebentausend Jahre alt.

In der heißen Vollmondzone
Bräunt von selbst die Kaffeebohne,
Kocht im Hühnerstall das Ei,
Reifen Pfirsich und Banane.
Dazu holt man sich die Sahne
Für den Nachtisch, eins, zwei, drei,
Aus der Milchstraß-Molkerei.

Schnecken laufen droben schneller
Als bei uns die Jet-Propeller
Ohne jeglichen Krakeel!
Alle Pferde sind dort heilig.
Darum nimmt man, hat man's eilig,
Rasch ein »Fliegendes Kamel«.
Löwen, Tiger, Elefanten
Und noch andere Giganten
Kennt man dort nur haustierzahm.

Regnet's, regnet's Diamanten
Auf dem himmlischen Trabanten.
Doch der Sommer ist infam!
Hitzefrei gibt's schon am Morgen.
Für Planetenkühlung sorgen,
Wie ich höheren Orts vernahm,
Die Windsbraut und ihr Bräutigam.

In den düstern Mondessümpfen
Watet man in Lederstrümpfen
Durch Korallen, hoch wie'n Haus.
Krokodile, Wasserschlangen
Strecken ihre ellenlangen
Zangen in den Weltraum aus.
Selbst die Pflanzen sind barbarisch
Und oft gar nicht vegetarisch:
Kalbfleischfressende Kakteen
Gibt's dort überall zu sehn.
Hu!

Es regnet

Es regnet Blümchen auf die Felder,
Es regnet Frösche in den Bach.
Es regnet Pilze in die Wälder,
Es regnet alle Beeren wach!

Der Regen singt vor deiner Türe,
Komm an das Fenster rasch und sieh:
Der Himmel schüttelt Perlenschnüre
Aus seinem wolkigen Etui.

Vom Regen duften selbst die Föhren
Nach Flieder und nach Ananas.
Und wer fein zuhört, kann das Gras
Im Garten leise wachsen hören.

Der Zirkus

Der Zirkus kam heut morgen an
Im rotgestreiften Wagen.
Am Fußballplatz, gleich nebenan,
Sind Zelte aufgeschlagen.
Horch, auf der Straße hörst du's schon!
Da kommt die bunte Prozession,
Mit Pauken und Trompeten
Und Tamburin und Flöten.

Als erster Tschang, der Akrobat,
Mit seinem riesigen Plakat.
Danach die Musikanten
Und sieben Elefanten!
Es folgt das wilde Pußta-Pferd,
Der zahme Bär, der Dreirad fährt,
Im Kopfschmuck ein Indianer
Und zehn Liliputaner.

Nun kommt ein Seehund, der jongliert,
Ein Äffchen, das sich selbst rasiert –
Da jubeln die Passanten!
Und wieder Elefanten.
Ein Feuerschlucker! Der hat Mut.
Sein Leibgericht ist Kohlenglut.
Was guckt er nur so schüchtern?
Der ist gewiß noch nüchtern.

Ein Türke schwenkt 'nen roten Fez,
Ein Fräulein schwebt an dem Trapez.
Es glitzert von Brillanten!
Und wieder Elefanten.
Nun kommt, recht drollig anzuschaun,
Mit einem Purzelbaum – der Clown
Und ein Fakir, sooo mager,
Auf seinem Hungerlager.

Der Zirkus kam heut morgen an,
Das wissen alle Kinder.
Sie drängeln sich schon um den Mann
Im goldenen Zylinder.
Sein Arm ist hellblau tätowiert.
Horch, wie er brüllt! »Herrreinspaziert!
Soldaten, Kinder, Greise
Und Zwerge – halbe Preise.«

Wer kommt mit nach Alaska?

In Alaska, wie man weiß,
Steht ein Berg aus Sahneeis.
Links Vanille, rechts Zitrone,
Obendrauf 'ne Mokkabohne.
Ananas, Krokant, Banane
Schwimmen in gefrorner Sahne.
Täglich schneit's dort Marzipan,
Sagen alle, die es sahn.

Willst du an den Leckereien
In Alaska dich erfreuen,

Darfst du eins vor allen Dingen
Nicht vergessen mitzubringen:
Schüsselchen und Eßbesteck!
Sonst schickt man dich wieder weg.

In Alaska ist es kalt,
Weihnachtsbäume stehn im Wald,
Fein geschmückt mit hellen Kerzen,
Bunt behängt mit Zuckerherzen,
Schokoladen, Mandelschnitten,
Puppenwagen, Rodelschlitten.
Immer ist dort Feiertag,
Jeder nimmt sich, was er mag,
Apfelstrudel und Baiser,
Und kriegt doch kein Magenweh.

Willst du an den Schleckereien
In Alaska dich erfreuen,
Iß dein Süppchen etwas schneller!
Denn wir müssen deinen Teller
Und das Löffelchen noch waschen,
Um den allerletzten Zug
Nach Alaska zu erhaschen.
Ist das Eßbesteck nicht rein,
Lassen sie uns nicht hinein.

Große Wäsche

Jeden Montagmorgen wird gewaschen,
Weil die Menschen gerne reinlich sind.
Mittags schaukeln Hemden, Laken, Taschen-

tücher blütenweiß im Frühlingswind.
    Und mit Seifenblasen spielt das Kind.

Sieht im Spiegel dieser Seifenblasen
Eine Schaumwelt, die vorüberschwirrt:
Dort hängt auch 'ne Leine überm Rasen!
Dort spielt auch ein Kind mit Seifenblasen!
Dort steht auch ein Haus mit Blumenvasen!
    Und das Kind entdeckt beglückt, verwirrt,
    Daß dort montags auch gewaschen wird.

Schlechtwetterlied

Tropfen klopfen an die Scheiben!
Soll'n wir gehen? Soll'n wir bleiben?
Peter kann sich nicht entscheiden,
Er mag jedes Wetter leiden.
    Scheint die Sonne, geht man aus.
    Regnet's, bleibt man gern zu Haus.

Viel zu tun hat Peter immer,
Draußen oder drin im Zimmer.
Draußen spielt er gern Indianer,
Drinnen lieber Eisenbahner.
    Ob es donnert oder blitzt,
    Peter bastelt, malt und schnitzt.

Regentropfen an den Scheiben,
Ihr mögt gehen oder bleiben.
Schön verfliegt uns jede Zeit,
Ob es regnet oder schneit.

Peterchen zieht kein Gesicht.
Schlechtes Wetter? Gibt es nicht!

Der Mann im Mond

Der Mann im Mond hängt bunte Träume,
Die seine Mondfrau spinnt aus Licht,
Allnächtlich in die Abendbäume,
Mit einem Lächeln im Gesicht.

Da gibt es gelbe, rote, grüne
Und Träume ganz in Himmelblau.
Mit Gold durchwirkte, zarte, kühne,
Für Bub und Mädel, Mann und Frau.

Auch Träume, die auf Reisen führen
In Fernen, abenteuerlich.
– Da hängen sie an Silberschnüren!
Und einer davon ist für dich.

Frau Wegerich

Frau Wegerich, die stammt aus Sachsen.
Darum ruft sie ihren Peter: *Beder*
Und Paulchen: *Baule*. Und doch weiß jeder
Von den zwei frechen Wegerich-Dachsen,
Wen die Mutter gerufen hat!

Das ist weiter keine Schande.
So ist das nämlich in manch anderm Lande,
Ja sogar oft schon in manch andrer Stadt,
Daß sie da »d« sagen statt »t«
Oder auch »b« statt »p«.
Das gilt dort als Sitte und Brauch.

In Berlin, zum Beispiel, sagen wir auch
»Icke« zuweilen, anstelle von »ich«.
Und doch weiß jeder, daß der Berliner
Mit »icke« nicht dich meint oder mich,
Sondern nur sich.

In Schwaben schwäbeln sie. Und wenn der Wiener
Sein Mädchen nennt ein »süaßes Madel«,
Versetzt sie ihm durchaus keinen Tadel,
Sondern eher noch einen Kuß.
Weil man den Menschen so reden lassen soll,
Weil man womöglich einen jeden lassen soll,
Wie er nun mal ist und sein muß.
Schluß.

Advent

Der Frost haucht zarte Häkelspitzen
Perlmuttergrau ans Scheibenglas.
Da blühn bis an die Fensterritzen
Eisblumen, Sterne, Farn und Gras.

Kristalle schaukeln von den Bäumen,
Die letzten Vögel sind entflohn.
Leis fällt der Schnee … In unsern Träumen
Weihnachtet es seit gestern schon.

Vetter Klaus aus Altona

Mein Vetter Klaus aus Altona,
Der ist ein Leichtmatrose.
Heut ist er hier und morgen da
In seiner Seemannshose.
Mit seinem Käppi in der Hand
Bereist er manches ferne Land.
    Sticht er in See,
    Heißt es Ade
    Und viele Wochen: Warte!
    Aus Süd und Ost
    Kommt mit der Post
    'ne bunte Ansichtskarte:
    Es grüßt euch und die Großmama
    Der Vetter Klaus aus Altona.

Mal schickt er uns den *Kölner Dom*
Und mal den *Turm von Pisa*.
Und kommt er irgendwann nach Rom,
Besucht er Tante Lisa.
Matrosen, sagt der Vetter Klaus,
Sind beinah überall zu Haus.
    Ein Krokodil
    Sah er am Nil,

Delphine in Italien.
'nen Elefant
Hat er gesandt
Per Karte aus Australien.
Selbst Walfischflossen, ganz famos!
Aß er schon bei den Eskimos.

In Tokio nahm er seinen Reis
Mit Stäbchen, wie 'n Japaner.
Er hat in seinem Freundeskreis
Viel braune Mexikaner.
Die Menschen, sagt der Vetter Klaus,
Sehn bloß von außen anders aus!

Die vier Jahreszeiten

(Zum Aufsagen für vier Kinder)

Der Frühling

Mit duftenden Veilchen komm ich gezogen,
Auf holzbraunen Käfern komm ich gebrummt,
Mit singenden Schwalben komm ich geflogen,
Auf goldenen Bienen komm ich gesummt.
Jedermann fragt sich, wie das geschah:
Auf einmal bin ich da!

Der Sommer

Ich bin der Sommer. In erbsgrünen Hosen,
Kirschrotem Wams zieh ich lustig einher.
Heb ich den Finger, blühen die Rosen.
Heb ich die Hand, rauscht die Welle im Meer.

Spiel ich die Flöte, tanzt der Delphin,
Duftet's nach Wiesengrund und nach Jasmin.

Der Herbst

Ich bin, das läßt sich nicht bestreiten,
Die herbste aller Jahreszeiten:
Rauhe Winde, scharf wie Säbel,
Welke Wälder, graue Nebel.
Die Vögel klagen leise, leise
Und gehen auf die Winterreise.
Dann lischt die Sommersonne aus.
Holt eure Gummischuhe raus!

Der Winter

Die Pelzkappe voll mit schneeigen Tupfen,
Behäng ich die Bäume mit hellem Kristall.
Ich bringe die Weihnacht und bringe den Schnupfen,
Sylvester und Halsweh und Karneval.
Ich komme mit Schlitten aus Nord und Nord-Ost.
– Gestatten Sie: Winter. Mit Vornamen: Frost.

Theodor

Mit Theodor spielen die Kinder nicht mehr.
Mit Theodor, heißt es, ist's gar nicht weit her:
   Mogelt beim Murmelspiel,
   Petzt in der Klasse,
   Hilft nicht mal Blinden
   Bis über die Gasse.
   Im Bus hockt er immer
   Wie angeklebt,

Bis sich ein anderer
Höflich erhebt.
Lügt seiner Mutter
Frech ins Gesicht.

Nein, nein! Mit Theodor spielen wir nicht,
Sagen die Kinder vom Schillerpark.
Steckt seine Nase   ·
    In jeden Quark,
    Klatscht wie'ne Kaffeebase.
    Riesenschnauze und Herz wie'n Hase!
Stänkert wie'n Käse.
Ist immerfort »böse«.
    Quält seine Katze
    Und ärgert den Hund,
Hat ewig den Wiederkaugummi im Mund.
Gibt keinem was ab von den leckeren Bissen.
Von Theodor wollen die Kinder nichts wissen!

Eine kleine Schwester

Ein nagelneues Schwesterlein
Kam heute über Nacht.
Das weint und greint,
Die Mutter meint:
Es lernt noch, wie man lacht.
's ist halt noch dumm,
Das Kleine. Drum
Schreit es: »U-aa, u-aaaa!«

Hab keine Angst, du Klitzeklein!
Ich will dein großer Bruder sein.
Mein klitzekleines Schwesterlein,
Ich bin ja auch noch da!

Opas Muschel

Opa hat sich vom Nordseestrande
Eine Riesenmuschel mitgebracht.
Mattsilber, mit Himbeerrosa gemischt.
Die hat er in Kampen sich aus dem Sande gefischt.

Von außen besehn,
Scheint das Gehäuse ganz leer
Innen.
Aber das Meer
Ist heimlich da drinnen.
Horch, wie es rauscht,
Wenn man dran lauscht!

Sogar die schnellen,
Schäumenden Wellen,
Wie sie flüstern und tuscheln,
Und auch den Wind
In den Disteln und Föhren …
Das alles kannst du darinnen hören!
Weil nämlich die Muscheln
So stille sind.

Opas Pille

Für alles hat Opa 'ne wirksame Pille:
Für Husten und Schnupfen und mangelnden Schlummer,
Für Bauchweh und Zahnweh und Liebeskummer.

Die Pille heilt Dummheit und Häßlichkeit,
Doch leider nicht Opas Vergeßlichkeit:
    Mal sucht er die Brille,
    Mal sucht er die Hülle,
    Und manchmal sucht Opa sogar seine
    Pille!

Der Schmutzfink

Der Schmutzfink ist, das glaubet mir,
Kein sehr beliebtes Vogeltier.
Man weiß, daß er
    Sein Nest beschmutzt,
    Sein Gefieder nicht putzt,
    Seine Krallen nicht stutzt,
Ja, nicht einmal den Papierkorb benutzt.

Läßt er im Grünen sich wo nieder,
So fliegen die andern davon in Scharen.
Davor mag uns der Himmel bewahren:
Den Schmutzfink zum Nachbar?
Einmal und nicht wieder!

Der Schmutzfink ist, das seht auch ihr,
Kein sehr beliebtes Vogeltier.

Wenn ich eine Wolke wäre

Wenn ich eine Wolke wäre,
Segelt' ich nach Irgendwo
Durch die weiten Himmelsmeere
Von Berlin bis Mexiko.
Blickte in die Vogelnester,
Rief die Katzen auf dem Dach,
Winkte Brüderchen und Schwester
Morgens aus dem Schlafe wach.

Wenn ich eine Wolke wäre,
Zög ich mit dem Wüstenwind
Zu den Inseln, wo die Menschen
Gelb und mandeläugig sind
Oder braun wie Schokolade
Oder mandarinenrot,
Wo die Kokosnüsse wachsen,
Feigen und Johannisbrot.

Wenn ich eine Motte wäre

Wenn ich eine Motte wäre,
Tanzte ich vergnügt ums Licht,
Lampen- und Laternenlicht,
Kerzenlicht im Kandelaber.
Niemand sagte: »Aber, aber …!
Achtung vor der Lichtputzschere!«
– Wenn ich eine Motte wäre.

Wenn ich eine Motte wäre,
Äße ich zum Mittagsmahl
Etwas warmen Kaschmir-Schal,
– Lieblingsspeise aller Motten!
Dann zum Nachtisch: bunten Schotten-
Wollstoff. Und zum Tee
Irgend etwas aus Bouclé.

Den Sonntag mag ein jeder gern

Der Sonntag kommt auf leisen Socken,
Im schwarzen Rock, mit Silberlocken,
Mit Himmelsblau und fernen Glocken,
Den Psalter in der Hand.

Im weißen Hemd voll bunter Borten,
Mit Bratenduft und Apfeltorten
Und Sonntagsstille allerorten,
So zieht er durch das Land.

Am Rucksack einen Strauß von Flieder,
Streckt er am Abend seine Glieder,
Dann singt er seine Abschiedslieder
Und schwindet unerkannt.

Herr Schnurrdiburr

Schnurrdiburr, das Katertier,
Ist ein echter Kavalier.

Hockt getreulich vor dem Garten,
Meine Heimkehr zu erwarten,
Schnurrt, wo ich auch geh und steh,
Weil ich Katzen-Deutsch versteh.

Schwänzchen wedeln heißt: »Hurra!«
Buckel krümmen aber: »Na!«
Und was heißt wohl Pfötchen krallen?
»Das laß ich mir nicht gefallen.«
Schnurrt der Kater, dann ist's gut.
Knurrt er, das bedeutet: Wut.

Schnurrdiburr, das Katertier,
Dachte ich, gehöre mir.
Doch es will mir nicht gelingen,
Schnurrdiburr das beizubringen.
Er erteilte mir die Lehre,
Daß vielmehr ich *ihm* gehöre!

Schnurrdiburr, das Katertier,
Nascht genauso gern wie ihr.
Maus-Kotelett und Bücklingsschwarte
Stehn auf seiner Speisekarte.
Doch verschmäht er keineswegs
Milchrahm oder Leibnizkeks.

Schnurrdiburr, das Katertier,
Liebt Musik so gut wie ihr.
Cello, Pauke, Violine
Hört er an mit Kennermiene,
Schwärmt für Mozart, Strauß und Grieg
Und der Katzen »Nachtmusik«.

Doktor Vielfraß

Weil er zu gerne Törtchen aß
Und Sahneeis im Übermaß,
Weil Schokolade und Konfekt
Ihm nur in großen Mengen schmeckt,

Weil Mokkakrem er und Krokant
Vorzüglich schon zum Frühstück fand,
Und Majonäsen, Räucheraale
Sein »Imbiß« war vorm Mittagsmahle,
Weil er zu viele Gläschen leerte
Und auf der Freunde Rat nicht hörte,
Wuchs ihm ein Schmerbauch, wie ihr seht.
O weh! Wohin der Mann auch geht,
Marschiert sein Fettwanst ihm voran.
Und hinterdrein erst kommt der Mann.
So was von Bauch. Ist das nicht toll?
Der hat ja alle Hände voll.

Drei Kochrezepte kinderleicht

1. Wie man Wasser schnell zum Kochen bringt

Nicht mehr Wasser auf das Feuer
Als gebraucht wird im Moment.
– Achtet drauf, denn Gas ist teuer,
Daß die Flamme richtig brennt.
Nicht zu klein und nicht zu groß.
So, und nun geht's wirklich los:
Psch-t!

Wenn man so mit leeren Händen
Müßig vor dem Kessel steht,
Scheint das Warten nie zu enden.
Doch wie rasch die Zeit vergeht,
Wenn die Hände, statt zu ruhn,
Etwas tun!

Etwas. Keine großen Sachen
In der kurzen Wartepause.
Kessel muß man überwachen.
Klare Sache. Doch im Hause
Gibt's an Pflichten fast ein Dutzend.
So, zum Beispiel, Gläser putzend,
Blumen gießend, fliegt die Zeit –
Pschtttttttt! Das Wasser ist bereit.

2. Wie man Muttis schnell zum »Kochen« bringt

Eine Woche aus dem Haus:
Hu, wie sieht die Küche aus!
    Töpfe, Pfannen und Bestecke
    Wuchern wild in jeder Ecke.

Küchenfliesen grau und speckig,
Küchenhandtuch kaffeefleckig.
  Essigflasche unverkorkt,
  Reibe – »unbekannt« verborgt.
Abfallkorb zum Bersten voll.
Nicht ein Ding, wo es sein soll!
  Weinbespritzt die Damasttücher.
  Aus den Ritzen krabbeln – Viecher!
Gläser, Teller, Untertassen
Türmen sich in nassen Massen.
  Kurz: Ein Abwasch von drei Wochen!
  Das bringt Mutti schnell zum »Kochen«.

  3. Wissenswertes über den Tee

Aus Indien kommt der schwarze Tee,
Aus Japan kommt der grüne.
Den Kräutertee, hat man ein Weh,
Trinkt man mit Duldermiene.

Man schlürft ihn heiß
Und auch auf Eis,
Mit Sahne und Zitrone.
Sogar mit Rum!
Wißt ihr warum?
– Denn letztrer schmeckt auch »ohne«!
Als Medizin
Und zum Genuß,
Teils, weil man will,
Teils, weil man muß.

In Rußland trank einstmals der Zar
Den »Tschaj« aus goldnem Samowar.
Und auch der Engländer sagt nie:
»No, no!« zu einer »Kapp off Tieh«.

Bei uns zu Haus ist Tee beliebt,
Sofern es keinen Kaffee gibt!
Ein guter Tee, ob schwarz, ob grün,
Braucht fünf Minuten, um zu ziehn.

Merkt euch, was die neuen
Wörter bedeuten:
Tschaj auf russisch: Tee
No, no! heißt natürlich: nein, nein!
Kapp off Tieh (cup of tea)
Auf englisch: Tasse Tee
Samowar eine russische
Teemaschine aus alter Zeit
Zar – aber das wißt
Ihr selber: der Kaiser
Im alten Rußland

Limericks für Kinder

Wer von euch sagt es mir ganz fix,
Was das wohl sein mag: »Limericks«?
– Fünfzeiler sind es, meist zum Lachen.
Wer Witz hat, kann sie selber machen.

1

Da gab's einen Bäcker in Kassel,
Der hörte des Nachts ein Gerassel.
Er durchsuchte das Haus
Und fand eine Maus.
– Seitdem gibt es Katzen in Kassel.

2

Es ärgert sich einer in Gießen,
Daß ihn seine Nachbarn nicht grüßen.
Doch er zog seinen Hut,
Wie's ein Gentleman tut.
Nun grüßt ihn ein jeder in Gießen.

3

Ein Vielfraß verzehrte in Lübeck
Zum Frühstück zwölf Lübecker Zwiebäck,
Bestellte gleich nach:
Zehn Dutzend und sprach:
»Von Lübeck, da geh ich jetzt nie weg!«

4

Den Damenfrisör in Saarbrücken
Ein Läuslein tat mörderlich jücken.
Ab schnitt er sein Haar
Und warf's in die Saar.
Seitdem trägt er nur noch Perücken.

5

Ein Schwindler kam einst in Stralsund
Vom hohen Roß stracks auf den Hund.
Man warf ihn hinaus,
Nun erzählt er zu Haus,
Das Klima sei dort nicht gesund.

Abzählverse

Klingeling, die Feuerwehr!
Feuer ist drei Stunden her.
Klingeling, die Polizei,
Kommt sie, ist es schon vorbei,
Hat die Maus schon ihren Speck.
Du
Mußt
Weg!

Unke, Tunke,
Tee mit Rum,
Dreh dich einmal,
Zweimal um.
Wer bis drei
Nicht zählen kann,
Der
Ist
Dran!

Vor Tische zu sagen

Dem, der das Saatkorn ausgesät,
Dem, der die Halme abgemäht,
Dem, der sie trug zur Scheuer.
Dem, der gemahlen Korn und Schrot,
Dem, der bei Nacht am Feuer
Uns allen buk das gute Brot.

Ihm, der den Regen sandte
Und Sonnenschein zur Zeit –
Dem danke nun ein jeder,
Der sich aufs Essen freut.

Schlafliedchen

Sieh, im blauen Nachtgewande
Geht der müde Tag zur Ruh.
Fischer kehren heim vom Strande,
Eule gähnt im Wald »huhu« …
Selbst im Papageienlande
Macht das Gnu
Die Augen zu.
Na, und du?

Ich bin von anno dazumal
Chansons und Lieder

Den Versen von ›Ich bin von anno dazumal‹ soll als Äquivalent für das Eingeständnis, recht altmodisch zu sein, eine Zukunftsvision für den Buchhandel von Mascha Kaléko mit auf den Weg gegeben werden, die inzwischen durch das Internet längst Wirklichkeit geworden ist.

Als die Dichterin ihre Idee am 10. März 1958 im Hotel Metro, Berlin W.15, Kurfürstendamm 59/60 in die Schreibmaschine tippte, konnte sie nicht ahnen, daß es schon vierzig Jahre später AMAZON geben würde:

»COSMOLIB – weltumspannender Buchkauf-Kundendienst

Kurz skizziert sei hier diese Einrichtung, die es bisher noch nicht gibt.

Ein weltumspannender Kundendienst, der – von Stadt zu Stadt, von Land zu Land, ja von Kontinent zu Kontinent – Geschenksendungen von Büchern und Kunstmappen etc. ausführt.

Beispiel: Herr Schmidt aus Berlin sendet seinem Freund in London, Paris, Johannesburg etc. den neuesten ›Bestseller‹ in Englisch oder Französisch – in welcher Sprache auch immer –

Er geht in seinen Berliner Buchladen und zahlt den Buchpreis nebst einem kleinen Aufschlag für Luftpostporto.

Der Auftrag ergeht vom Berliner Buchhändler an den Buchhändler im jeweiligen Ausland per Luftpost – ein persönlicher Brief- oder Kartengruß kann beigelegt werden –, und der Auftrag wird nach feststehenden Regeln ausgeführt. Der Preis kann in der Valuta des Käufers bezahlt werden, alles andere ist dem Käufer abgenommen. (Geschenkpackung auf Wunsch.)

In jeder Stadt sind die der COSMOLIB angehörenden Buchläden durch das COSMOLIB-Abzeichen im Schaufenster gekennzeichnet.

Auch Bücher in anderen Sprachen als der Landessprache des Beschenkten können gewählt werden. Und es versteht sich von selbst, daß dieser Dienst sich nicht auf ›Bestseller‹ beschränkt, sondern alles miteinschließt, was in einem guten Buch- oder Kunsthandel geführt wird.«

›Ich bin von anno dazumal‹ ist »componiert« und das im doppelten Sinne: Das gleichnamige Chanson und andere sind von Joachim Faber in Töne gesetzt und von Helen Vita gesungen worden. Und – ich meine auch komponiert im wörtlichsten Sinne, nämlich »zusammengesetzt«.

Ich bin von anno dazumal …

Die holden Knaben mit den langen Haaren,
Die Playboys in schon überreifen Jahren
Sind nicht mein Fall. Sind nicht mein Fall.
Ich schwärme keineswegs für Casanovas,
Auch nicht für Stundenglück auf fremden Sofas.
Noch für Krawall. Auf keinen Fall.
Den Typ hab ich schon lange abgeschrieben.
In so was kann man sich doch nicht verlieben.

Ich bin von anno dazumal,
Als man an Liebe glaubte.
Ich habe so verstaubte
Ideen …
Ich finde sogar Treue
Noch schön.
Und wenn ihr mir 'nen Herrn wißt,
Der auch so unmodern ist,
Dann laß ich alle anderen gehn.
Ich suche keinen ohne Schuld und Fehle,
Nur einen Mann mit Herz und etwas Seele.
– Ich frage mich, seitdem du mich geküßt,
Ob du vielleicht, vielleicht der eine bist …

Heut Lilo, morgen Lulu und dann Linchen,
Das ist das Liebesleben der Kaninchen
Für Hinz und Kunz. Doch nicht für uns!
Wenn mich der miese Massen-Sex verwundert,
Sehn ich mich in ein anderes Jahrhundert,
Fort von dem Dunst der schwülen Gunst.

Ich bin nicht prüde oder gar pedantisch,
Doch wär man endlich wieder gern romantisch.

Ich bin von anno dazumal,
Als man an Liebe glaubte.
Ich habe so verstaubte
Ideen ...
Ich finde sogar Treue
Noch schön.
Und wenn ihr mir 'nen Herrn wißt,
Der auch so unmodern ist,
Dann laß ich alle anderen gehn.
Ich suche keinen ohne Schuld und Fehle,
Nur einen Mann mit Herz und etwas Seele.
– Ich frage mich, seitdem du mich geküßt,
Ob du vielleicht, vielleicht, der eine bist ...

Damals hieß das Backfisch

Nun träum ich schon wieder an meinem Klavier
Und sollte doch eigentlich üben.
Ich übte mich lieber im Lieben,
Doch mein Traumprinz ist leider nicht hier –
Floh seinen Backfisch, das arme Tier,
Und hat ihm schon lang nicht geschrieben.

Nun klimpre ich wütend auf meinem Klavier –
Muß doch mein Mütchen wo kühlen,
Hab eben zu viel an Gefühlen,
Und keiner teilt sie mit mir.
Wär mein Traumprinz mit mir am Klavier –
Ich würde gern vierhändig spielen.

Du denkst an eine andre

Keine roten Rosen, keine Orchideen
Machen, was geschehn ist, wieder ungeschehn.
Mag mich nicht belügen,
Mag mich nicht betrügen,
Denn in deinen Augen habe ich's gesehn:

Du denkst an eine andre,
Wenn du mich küßt.
Dein Herz ist bei der andern,
Auch wenn bei mir du bist.
Dein Schweigen, es spricht Bände,
Kühl weht der Abschiedswind.
Ich denk mir, daß ein Ende
Wohl so beginnt.

Keine schönen Worte, keine Schmeichelei,
Nichts bleibt mehr zu sagen,
Ist es mal vorbei.
Wozu sich belügen?
Mag mich nicht begnügen
Mit 'ner gutgespielten, bloßen Liebelei.

Du denkst an eine andre,
Wenn du mich küßt.
Dein Herz ist bei der andern,
Auch wenn bei mir du bist.
Dein Schweigen, es spricht Bände,
Kühl weht der Abschiedswind.
Ich denk mir, daß ein Ende
Wohl so beginnt.

Vierundzwanzig Stunden täglich

Manche Leute leben völlig gegen die Natur,
Eingespannt und stur
Mit »eingebauter« Uhr,
Pünktlich nach Minute und Sekunde.
Doch bei mir ist Gott sei Dank von so was keine Spur,
Dem Glücklichen schlägt nämlich keine Stunde.
Und gegen Hast –
Da bin ich fast
Immun!
Es gibt doch so viel Besseres zu tun:

> Vierundzwanzig Stunden täglich
> Denk ich an dich.
> Nur noch an dich.
> Nur noch an dich.
> Vierundzwanzig Stunden täglich,
> Nachts noch im Traum.
> Nichts hat neben dir noch Zeit und Raum.
> Ob ich glücklich bin? Na, ganz unsäglich!
> Volle vierundzwanzig Stunden täglich.
> – Wissen möcht ich, was ich früher
> All die Zeit gemacht,
> Eh ich vierundzwanzig Stunden
> Nur an dich gedacht.

Manche Leute wissen nichts als Daten nur und Frist,
Und lauter solchen Mist,
Doch nicht, was Liebe ist.
Mich dauern solche abgehetzten Hunde.
Denn ich bin und bleib nun mal ein ewger Optimist,
Dem Glücklichen schlägt nämlich keine Stunde.

Und gegen Hast
Da bin ich fast
Immun!
Es gibt doch so viel Besseres zu tun:

Vierundzwanzig Stunden täglich
Denk ich an dich.
Nur noch an dich.
Nur noch an dich.
Vierundzwanzig Stunden täglich,
Nachts noch im Traum,
Nichts hat neben dir noch Zeit und Raum.
Ob ich glücklich bin? Na, ganz unsäglich!
Volle vierundzwanzig Stunden täglich.
– Wissen möcht ich, was ich früher
All die Zeit gemacht,
Eh ich vierundzwanzig Stunden
Nur an dich gedacht.

Ich schreib dir einen Liebesbrief

Du gefällst mir so gut,
Doch ich hab nicht den Mut,
Dir das leiseste Wörtchen zu sagen.
Ich werd schüchtern und rot
Und ich stottre mich tot,
Darum muß ich's per Post einmal wagen:

Ich schreib dir einen Liebesbrief seit heute früh
um acht,
Ich hab die ganze Nacht
An nichts als dich gedacht.

Ich schrieb dir gern drei Worte nur:
»Ich lieb dich« – kurz und schlicht,
Doch leider, leider, traue ich mich nicht!
Drum schreib ich dir von Dingen und von Leuten,
Die mir im Grunde keinen Deut bedeuten.
Was immer auch geschrieben steht auf diesem
                            Stück Papier –
Es heißt nur eins: Ich sehne mich nach dir!

Ich war häßlich zu dir,
Du warst gräßlich zu mir,
Doch da hilft nun kein Jammern und Stöhnen,
Überall gibt's mal Krach,
Doch der Klügere gibt nach,
Und wir wollen uns doch wieder versöhnen:

Ich schreib dir einen Liebesbrief seit heute früh
                                 um acht,
Ich hab die ganze Nacht
An nichts als dich gedacht.
Ich schrieb dir gern drei Worte nur:
»Ich lieb dich« – kurz und schlicht,
Doch leider, leider, traue ich mich nicht!
Drum schreib ich dir von Dingen und von Leuten,
Die mir im Grunde keinen Deut bedeuten.
Was immer auch geschrieben steht auf diesem
                            Stück Papier –
Es heißt nur eins: Ich sehne mich nach dir!

Wohlgemeinter Rat für Damen

Liebe Damen, höret meinen Rat an:
Flog sein Herz euch zu, so haltet's fest!
In der Liebe kommt es auf die Tat an,
Und auf Taten, die man – unterläßt.
Laßt dem Herrn der Schöpfung doch den Glauben,
Romeo sei feurig, Julia »kühl« …
Laßt euch die ersehnten Küsse »rauben«,
Das steigert garantiert den Sex-Appeal:
 Und traf euch Amors Pfeil auch klaftertief,
 Und seid ihr noch so sinnlich, tut »passiv«!

 Man soll einem Mann, auf den es ankommt, nie
            gestehn:
 Er sei – na, der Beste von allen!
 Kaum weiß er's, ihr Lieben, dann ist's um euch
            geschehn,
 Dann ist euer Kurs schon gefallen.
 Schon sitzt er im Sattel und reitet stolz dahin,
 Und findet, das Gras sei auch anderswo recht grün.
 – Man soll, wie gesagt, einem Manne nie gestehn,
 Er sei – na, der Beste von allen!

Ach, die Liebe hängt an zarten Fäden,
Viel erreicht die Frau, die schweigend schmollt.
In der Ehe ist das Silber – Reden.
Aber Schweigen, Kinder: – pures Gold!
Haltet euren Schnabel, werte Damen.
Schnäbelt – doch seid sparsam mit dem Wort.
Tut, was euch beliebt, doch sagt stets »Amen«.
– Wer ausharrt, der behält das letzte Wort.
 Der Trick ist schon so alt wie Omama:
 Die kluge Frau sagt »Nein« und tut stets »Ja«.

Man soll einem Mann, auf den es ankommt, nie
gestehn:
Er sei fast so toll wie Apollo!
Sonst denkt er sich gleich: Na, sie is ja auch ganz
schön
– Aber doch nich so schön wie die »Lollo«.
Was hat schon die Lollo? Das hab ich auch, mein
Schatz!
– Ach laß mich in Ruh mit dem ewigen Ersatz!
Dabei soll sich der Herr nur im Spiegel mal
besehn!
Die Glatze! – Von wegen: Apollo …

Von Montag früh bis Wochenend

Morgens raus zum Dienst am Kunden,
Denn so will es der Beruf,
Weil zum Sklaven der acht Stunden
Uns der liebe Gott erschuf.
Mittags rein in die Kantine,
– Flammerie und Himbeersaft –
Und dann marsch an die Maschine,
Frisch ans Werk mit neuer Kraft!

Seht uns nur an: Da rackert man und rennt
Von Montag früh bis Wochenend!

Abends rein in das Gedränge,
Feierabend Galgenfrist,
Weil du nur ein Mensch der Menge
»Herr Normalverbraucher« bist.

Wozu lebt man? Um zu essen!
Jugendträume? Längst verblüht!
Für die »höheren Interessen«
Ist man meistens viel zu müd!

Seht uns nur an: Da rackert man und rennt
Von Montag früh bis Wochenend!

Siebzig Jahre währt dies Leben,
Das um so viel dich betrog,
Und wenn's hoch kommt, achtzig Jahre –
Ach, uns kommt es manchmal hoch!
Färb beizeiten dir die Haare,
Weil man straflos nicht ergraut.
Menschen sind nicht Mangelware:
Wer ergraut – wird abgebaut!

Dann hast du Zeit – dann mach dein Testament
Von Montag früh bis Wochenend!

Siebzehnter Geburtstag

Wenn ich so gegen fünf nach Hause fahre,
Gibt's Erdbeereis, Besuch und Radio-Tanz.
Spät abends erst mach ich für mich Bilanz
Und wünsch mich wieder in vergangne Jahre:

Ich möchte wieder in der Tertia sitzen
Und schwänzen, wenn die Günther Englisch gibt.
Ich möchte manchmal in die Haustür ritzen:
»In Werner Birken bin ich toll verliebt!!!«

Ich möcht so gern noch mal Theater spielen
Und heulen, wenn Luise Miller stirbt.
Des Nachts vorm Spiegel wie die Carmen schielen
– Obgleich das den Charakter sehr verdirbt.

Möcht wieder mal auf Äppelkähnen krauchen,
Verschämt die Affen im Zoolog'schen sehn
Und hustend erste Zigaretten rauchen,
In einen Film für »über achtzehn« gehn.

Ich möcht noch mal – zum allerersten Mal
Ganz still für mich den Pan von Hamsun lesen,
An Menschen glauben, die das Ideal
Der halbverträumten Jugendzeit gewesen.

Nun bin ich groß. Mir blüht kein Märchenbuch.
Ich muß schon oft »Sie« zu mir selber sagen.
Nur manchmal noch in jenen stillen Tagen
Kommt meine Kindheit heimlich zu Besuch …

Ich möchte wieder

Ich möchte wieder an den Osterhasen glauben
Und daß uns weise macht der Weisheitszahn
Und leicht erröten in der Straßenbahn,
Wenn einer aufsteht: »Frollein, Sie erlauben.«
Gesprochener Zwischentext:
Kannst du dich an den Schulausflug erinnern
– Und an das Fest bei Dr. Theobald?
Nein, wie die Zeit vergeht …

Die Jahre ziehn vorbei, du weißt nicht wie,
Du wohnst in ihnen nur zur Untermiete
Und spielst dein Los auf ihrer Lotterie,
Nimmst alles hin, den Treffer und die Niete.

Ich möchte mich so gerne wieder sehnen,
Wie man es nur mit fünfzehn Jahren kann.
Ganz gleich wonach, sei es ein Stern, ein Mann,
Der erste Kuß, die allerersten Szenen.
Gesprochener Zwischentext:
Kannst du dich an den Geiger noch – im »Ritz« –

                                 erinnern

    – Und an unsere erste Tanzstunde?
    Nein, wie die Zeit vergeht …

Die Jahre ziehn vorbei, du weißt nicht wie,
Du wohnst in ihnen nur zur Untermiete
Und spielst dein Los auf ihrer Lotterie,
Nimmst alles hin, den Treffer und die Niete.

Heut sehn ich mich nur noch nach jener Zeit,
Als man noch glaubte an die große Liebe
Und daß sie, frei nach Schiller, grünen bliebe
Von nun an bis in alle Ewigkeit.

Now's the time

Now's the time
To love and to love now or never
Now's the time
Be young now as long as you're young
Now's the time
For luck doesn't call you forever
Now's the time
  They say
  Do to-day
  What can't be put off till to-morrow
  So gay is May
  November may be full of sorrow
  Life is great
  Why wait
  There's no better time than the present
  Let's live lets love
  There's no better moment then now.

Feine Pflänzchen

Wir haben es hier mit einer Nachlese zu tun: ›Feine Pflänzchen‹. Mascha Kaléko versucht sich in diesen Reimen in einer Unkompliziertheit, die gar nichts mit Banalität zu tun hat: Sie entwickelt eine Mischung aus Verspieltheit und Humor, Witz und einem Hauch Wehmut. Nachlese also – von Lilie bis Karotte.

Lilien

Noblesse (nicht immer) oblige

Selbst eine angefaulte Lilie
Heißt man »aus besserer Familie«.
Doch das »gemeine Tausendschön«
Muß leider streng auf Sitte sehn.

Maiglöckchen

Maiglöckchen läutet, kommt heraus,
Die ihr euch plagt und schuftet.
– Und sprecht den Namen langsam aus,
Denn schon der Name duftet.

Maiglöckchenschwengel ist der Halm,
Der Dom: die dunkeln Föhren.
Da tönt der erste Maienpsalm.
Ich hab ihn läuten hören.

Veilchen

Das Veilchen, zart und violett,
War Ehrengast auf dem Bankett,
Und jeder rühmte seine Tugend
Und seine Schönheit, seine Jugend.

Das Veilchen drauf, mit scheuer Miene:
Ihr lobt mich mehr, als ich verdiene.
Doch eine Tugend, die mich ziert,
Die habt ihr alle ignoriert.
– Verbeugte sich nach edlem Brauch
Und sprach: Bescheiden – bin ich auch.

Immergrün

Ein Neutrum ist das Immergrün.
Drum hat es stets was anzuziehn.

Schneeglöckchen

Das Schneeglöckchen ist nur die Tante,
Des Maiglöckchens arme Verwandte.

Rittersporn

Der Rittersporn (Delphinium)
Brachte schon manche Biene um.

Amaryllis

Im Erker blüht die Amaryllis.
Ich liebe sie, weil sie so still is.

Durch die Blume

Seit '33 lieb ich selbst Narzissen
Nur noch mit seltsamen Gewissensbissen.

Sonnenblume

Die Sonnenblume (Helianthus)
Ist Reisenden nichts Unbekanntus.
Sie grüßt vor jedem Wärterhaus,
Guckt zum Ade-Zug man hinaus.

Anemone & Wiesenklee

Fürs Haus, das ich dereinst bewohne,
Tapetenmuster: Anemone.
Und Wiesenklee (Trifolium)
Hellgrün auf mein Linoleum!

Welke Nelken

Die Nelke kommt im Blumenflor
Zumeist nebst »Rose, Tulpen« vor
Und welkt selbdritt, Gott weiß warum,
In jedem Pohäsie-Album.

Erika

Der Heideblume Erika
Gedacht ich in Amerika.
Ob ich – wenn sie sich nicht drauf reimte –
Wohl ebenfalls von ihr dort träumte?

Flieder

Es preisen so viele Liebeslieder
Den weißen und den lila Flieder.
Weil dieser Strauch (Syring. vulgaris)
Der Schutzpatron vom Liebespaar is.

Primeln

Die gelbe Primel Ende März
Erweckt das müde Winterherz,
Weil Primula officinalis
Das allererste Lenz-Signal is.

Jasmin & Orchideen

Fremdländisch duftet der Jasmin,
Doch blüht er auch in Groß-Berlin.
Wer Orchideen züchtet, ist
Hierorts ein Orchidealist.

Butterblumen

Dem Schöpfer singt ihr lebelang
Die Butterblume diesen Dank:
Schüf mich der Mensch zu seinem Ruhme,
Wär ich 'ne Margarineblume …

Kornblumen

Und als der Herr in seiner Gnade
Das Brot geschaffen und den Wein,
Fielen ihm Mohn und blaue Rade
Als Nebenproduktion noch ein.

Georginen

Der Mond blickt auf den Blumengarten:
In rotem Samt, geschmückt zum Fest,
Die Georginen traurig warten,
Weil kein Georg sich sehen läßt.

Mimosaisches

Derb und gewöhnlich wie'n Radieschen
Ist das oft viel zu »fleißige Lieschen«.
Mimose dagegen:
Nicht regen bringt Segen!

Chrysanthemen & Astern

Schneit's güldene Tantiemen,
Dann regnet's Chrysanthemen.
Doch läppert sich der Zaster,
So tut es auch die Aster.

»Flach«

Die holde Blum' der Männertreu
Tut nur so keusch und puritanisch.
Ihr Name lautet auf botanisch
Zu Recht wohl Flacher Männertreu.

Stiefmütterchen

Stiefmütterchen sind maliziös,
Ihr Blick ist stets stiefmutterbös,
Und mancher Grashalm ruft erstaunt:
Madame, schon wieder schlecht gelaunt?

Alpenblüten

Das Edelweiß hat jeder gern,
Ich find es ziemlich fade.
Es blüht am Hut des Alpenherrn
Im Land der Schokolade.
Auch da, wo man den Plattler tanzt,
Gedeiht die Blum aus Filz gestanzt
Nebst Rassenhaß und Loden
Und andern Jodelmoden.

Rosen

Daß jede Rose Dornen hat,
Scheint mir kein Grund zu klagen,
Solange uns die Dornen nur
Auch weiter Rosen tragen.

Die Lorbeer-Züchter

Frühmorgens schon sieht man des Ruhmes Jünger
Beladen ziehn mit ihrem Kübel Dünger.
Knietief im Kot stehn sie auf ihren Beeten,
Den Rücken krumm vom Pflügen, Säen, Jäten.
So Tag um Tag, bei Regen, Sturm und Wetter.
Und alles nur um die paar Lorbeerblätter.

Kraut

Kohl wird verzapft von jedermann,
Ob König, Dichter, Bauer.
Stoßt an und auf zum Lob des Krauts!
Ob weiß, ob rot, ob sauer.
Gefüllt ißt man es gern in Buda-
Pest. In Irland heißt es Stew.
     – Ob Kohl, ob Schtschi,
     Choucroute garnie,
     Hängt ab von der Geographie.

Selten vorkommende
Küchenkräuter

Von weither, aus dem Land Bolivien
Beziehn wir die Olivendivien.
Auch Muselmandeln, Wallnußkat
Gibt's nicht auf unserm Breitengrad.

Statt Mayonnaise lieber hätt ich
Stets frischgeriebnen Rosmarettich.
– Der freut das Herz und die Gemüter
Weit mehr als Remouladenhüter …

Valenciankali, Paprikosen
Verträgt man nur in kleinsten Dosen.
Senfbutter schmeckt zum Lachs aus Danzig,
Sofern er nicht zu mayoranzig.

Zwiebeln

Dem klassischen Stile sich nähernd

Wer nie sein Brot mit Tränen aß,
(O Wolfgang, nimm's nicht übel!)
Wer nie sein Brot mit Tränen aß,
Der aß es ohne Zwiebel.

Bohnen

In Attika – 500 vor –
Sang dräuend der Erinnyen Chor:
Eßt abends keine Bohnen!
Sonst träumt ihr von Dämonen.

Und jeder weise Grieche aß
Sein Nachtmahl immer ohne.
Schon damals tat Pythagoras
Den Ausspruch: Nich die Bohne!

Spargel

Ein »Gedicht« mit Hindernissen

Auf Spargel reimt sich einfach nichts
Als Räucherlachs aus Charbin.
Zur Not: Geselchtes noch aus Prag,
Weil ich ein Kulinarr bin!

Wer bloß am Hungertuche nagt,
Mög mir dies nicht verargeln.
Ich nag am Bleistift. – Wie gesagt:
Es reimt sich nichts auf Spargeln.

Pilze – sone und solche

O Steinpilz, du Ambrosia, mit holdem Ei garnieret!
O wohl dem Manne, den Mama am Eßtisch so traktieret.
Doch zürnt Xanthippe ihm, was gilt's?
Serviert sie ihm den Schimmelpilz.

Tomaten

Nun singen wir ein Lied zum Preis
Der lieblichen Tomate.
Wie zart errötet sie im Reis,
Wie lockt sie im Salate.

Wär ich Johann Sebastian Bach,
Ich schrieb ihr drei Kantaten.
(Doch wenn's zu Haus Tomaten gibt,
Flücht ich in den *Prälaten*.)

Spinat

Spinat, du grüner Kinderschreck –
Bleib du mir nur gestohlen!
Du bist dran schuld, daß mir nur schmeckt,
Was ärztlich nicht empfohlen.
Spinat ist reine Medizin!
– Drum bin ich dem Spinat nicht grün.

Erbsen

Prinzessin auf der Erbse sprach:
Das sticht ja wie 'ne Nadel …!
So ward die Erbse allgemach
Zum Prüfstein für den Adel.
Es schwärmt der preußische Gourmet
Für Pökelkamm mit Erbspüree.
(Prinzessinnen und Grafen
Die können drauf nicht schlafen.)

Karotten

Nein, Möhren sind zu ordinär,
Fein ist nur die Karotte!
So sprach Madame de Pompadour
Die Rokokokokotte.

Karotten gab es in Versailles
Sogar zum Leipziger Allerlaille.
– Doch die gemeinen Möhren
Tat das nicht weiter stören.

Aus den sechs Leben
der Mascha Kaléko

GISELA ZOCH-WESTPHAL

Biographische Skizzen,
ein Tagebuch und Briefe
mit Fotografien und Dokumenten

Das sechste Leben*

Eine Katze hat neun
Ich brachte es auf fünf

Das erste war keines
Aber das zählte fast doppelt.
Angst, Hunger, Dunkel
Dann kam die Liebe
Und der Tag schien wieder möglich

Leben Nummer zwei
Bootfahrt auf dem Wasser
Der Jugend.

Nummer drei begann, da hörte
Nummer zwei auf.
Sturm rüttelte am Dach
Die Seidendecke zerriß
Und wir lagen im Gras
Deckten uns zu mit der weißen Wolke
Auf blauem Grund.

Nummer vier begann damit, daß
Aus Zweien Drei wurden
Es war ein Märchen
Wunder schon zum Frühstück
Und Zauber am Abend
Wir ritten über das Weltmeer

Trockenen Fußes
Pfeile trafen dicht daneben
Die Glut versengte uns nicht
Wir flogen im Schatten der
Schutzengel-Schwingen
Alle drei die Gott liebte.

Dann nahm er uns das Kind
Schon war es ein Mann geworden
Ein Gott …

Wieder allein, doch nicht
Wie zuvor, da zwei zu sein genügte …

* Mascha Kaléko chiffrierte so ihre Biographie: Das erste Leben: Mascha
allein. Das zweite Leben: Mascha und ihr erster Mann, S. Kaléko. Das
dritte Leben: Mascha und ihr zweiter Mann, Chemjo Vinaver. Das vier-
te Leben: Mascha, Chemjo Vinaver und Steven, der Sohn. Das fünfte
Leben: Mascha und Chemjo ohne Steven. Das sechste Leben: Mascha
allein.

Vorwort

Mascha Kaléko war äußerst verschwiegen in bezug auf ihr Privatleben. Ich habe zusammengetragen, was in Erfahrung zu bringen war.

Ganz besonderen Dank sage ich Frau Dr. Irene Wellershoff für ihre germanistische Arbeit. Sie hat vor einigen Jahren alles gesichtet, was ich an Papieren und Materialien von und über Mascha Kaléko verwalte. Gestützt auf diese Dokumente entstand eine bemerkenswerte und höchst verdienstvolle Doktorarbeit mit dem Titel ›Die Vertreibung aus dem ‚kleinen Glück‘; das lyrische Werk von Mascha Kaléko‹. Die Dissertation wurde für die philosophische Fakultät der Rheinisch-Westfälischen Technischen Hochschule Aachen erarbeitet und sei allen Mascha-Kaléko-Lesern empfohlen, denen an einer wissenschaftlichen Analyse des dichterischen Werkes gelegen ist.

Mascha Kalékos Biographie zu schreiben ist nicht einfach, da sich bei ihrem Emigrantenleben nicht viele Dokumente erhalten haben und sie selbst versuchte, ihre Spuren zu verwischen. Sie verwies bei Fragen über ihr Leben auf ihre Gedichte und deren häufig unverkennbaren biographischen Anteil.

Ich habe mich bei meinem vorliegenden Text darauf beschränkt, Mascha Kalékos Leben aus meiner Sicht zu erzählen, gestützt auf Dokumente, schriftliche und mündliche Zeugnisse von Zeitgenossen.

Ein besonderer Glücksfall war, daß ich noch in den Besitz des Tagebuchs kam, von dessen Existenz ich bisher nichts wußte und das sie für ihren Sohn angelegt hat. Aus »Evjatar« wurde in Amerika »Steven«. Der hebräische Name bezieht sich auf den Priester Davids, Evjatar, der seinem König ein loyaler Wegbegleiter war. Nachdenkenswert ist, daß ein Mann, der sich wie Chemjo Vinaver mit chassidischer Musik befaßte, seinem Sohn den Namen eines Priesters gab, der in einer Zeit messianischer Erwartung lebte. Wieviel Hoffnung versammelten die Eltern auf diesen Sohn, der ihnen dann, einunddreißigjährig, genommen wurde. Das Tagebuch berichtet vom Weg in die Emigration, vom schwierigen Neubeginn in Amerika.

Die Übertragung der hebräischen Texte besorgten Laizer Ajchenrand und Hanna Frei-Liron, der ich für viele Hinweise auf das Alte Testament besonders verpflichtet bin.

Kindheit in Galizien –
Auswanderung nach Deutschland

Mascha Kaléko kam am 7. Juni 1907 in Chrzanów – am Rande der früheren Donaumonarchie – zur Welt.

Ihr Vater hatte den damaligen Grenzen zufolge die russische Staatsangehörigkeit, ihre Mutter die österreichische. Chrzanów, in Westgalizien, lag fünfzig Kilometer westlich von Krakau nahe am Dreiländereck Rußland–Österreich–Preußen.

Der Geburtsschein, d.h. die beglaubigte Übersetzung aus dem Polnischen (erst nach dem Ersten Weltkrieg aus Chrzanów angefordert), besagt, daß Golda Malka das erste Kind von Rozalia Chaja Reisel Aufen (geb. 8.12.1883) aus Szczucin und dem Kaufmann Fischel Engel (geb. 24.2.1884) aus Szydlow war. Die galizische Herkunft ist in der eigenen Lebensdarstellung von Mascha Kaléko stark retuschiert worden. Aus Galizien stammte man nicht, ohne das Naserümpfen sämtlicher Westeuropäer zu riskieren. Goethes Wort »Der Mensch kann seine Jugendeindrücke nicht los werden« trifft überzeugend auf Mascha Kaléko zu. Weil es ihre Heimat nicht mehr gab, weil sie sich nicht zu ihr zu bekennen vermochte, war sie nirgends zu Hause.

Der nur noch im Gedächtnis registrierte Heimatort, der niemals von ihr erwähnt wurde und höchstens in Dokumenten auftaucht, befand sich an der östlichen Grenze der bald nicht mehr vorhandenen Habsburger Monarchie. Von dort bis zur russischen und preußischen Grenze waren es wenige Kilometer, bis zur Hauptstadt Wien hingegen einige hundert.

Rzeczpospolita Polska. Województwo _Polskie_

Urząd metrykalny izraelicki w _Smanów_ Powiat _Smanów_

ŚWIADECTWO URODZIN

z księgi urodzin okręgu metrykalnego izr. w _Smanów_ Tom _III_ Stronica _40_

1	Liczba porządkowa _28_		
2	**Urodzenia**	Dzień	_siódmy_
		Miesiąc	_czerwca_
		Rok	_1907 dziewięćset siódmy_
		Miejsce	_Smanów_
		Ulica. Nr. domu	_432_
3	**Chrzczenie lub nadanie imienia**	Dzień	_ósmy_
		Miesiąc	_czerwca_
		Rok	_1907 dziewięćset siódmy_
		Miejsce	_Smanów_
		Ulica. Nr. domu	
4	**Dziecięcia**	Imię	_Golda Małka (żi)_
		Płeć { męska / żeńska	_żeńska_
5	Ślubne, rzekomo ślubne lub nieślubne		_nieślubne_
6	Imię i nazwisko, stan, zatrudnienie i miejsce zamieszkania ojca		
7	Imię i nazwisko, stan, miejsce zamieszkania matki i jej rodziców		_Rozalia Chaja (żi) Aufen, niezaślubiona, bez zawodu w Smanów, córka Leisra i Chenczy Aufen w Dębcy_
8	**Własnoręczny podpis, zatrudnienie i miejsce zamieszkania**	Kumów lub świadków, szadchn lub szamesa	
9		Obrzezującego lub obrzezaących	_Kran_
10		Akuszera lub akuszerki	_Helena Frankfurter mp._
11	Dzieci nieżywo urodzone		
12	**U W A G A**		_(długi odręczny tekst uwagi)_

Zupełną zgodność powyższego wyciągu z oryginałem, wpisem do księgi metryk., potwierdza się niniejszem.

Smanów dnia _23 grudnia_ 193_8_ —

PROWADZĄCY METRYKI IZRAELICKIE

L. skł. 2. Świadectwo urodzin mały format. — Drukiem _Kossak i Spra w Przemyślu_

Die Geburtsurkunde der Mascha Kaléko auf Polnisch und in deutscher Übersetzung

Copy

Beglaubigte Übersetzung aus dem Polnischen

Republik Polen.   Wojewodschaft Kraków
Israelitisches Matrikelamt in Chrzanów. _____ Kreis Chrzanów _____

1 entwertete Stempelmarke in Höhe von 1.=Zł. __

G e b u r t s = S c h e i n.

Auszug aus dem Geburtsbuche des isr.Matrikelbezirks in Chrzanów Band XXXIV
_____Seite 40._____

1.Ordnungszahl	158	
2.Der Geburt	Tag Monat Jahr Ort Strasse,Hausnr.	der siebente Juni 1907 neunhundert sieben Chrzanów 432.
2.Der Be = schneidung oder Namens = verleihung	Tag Monat Jahr Ort Strasse,Hausnr.	der achte Juni 1907 /neunhundert sieben Chrzanów
4. Des Kindes	Vorname : G o l d a M a l k a / 2 Vornamen/ Geschlecht: männlich,weiblich: w e i b l i c h	
5.Ehelich, angeblich,oder unehelich :	u n e h e l i c h	
6.Vor=und Zuname,Stand,Beschäftigung und Wohnort des Vaters :		
7.Vor=und Z,name,Stand,Wohnort der Mutter und ihrer Eltern:	Rozalia Chaja /2 Vornamen/ Aufen,un= verehelicht,ohne Beruf, in Chrzanów, Tochter des Leizer und der Menicha Aufen in Dębica	
8.Eigenhän= dige Unter= schrift,Be= schäftigung und Wohnort	der Paten oder Zeugen des Sandek oder Schames des oder der Beschneidenden des Geburtshelfers oder der Hebamme	nicht angegeben Helena Frnkfurter e.U.
11.Totgeborene Kinder :__		

12.Anmerkung : Infolge des Reskripts der Wojewodschaft von Kraków vom 3.XII.
1927 Nr. Ad.18828/1/27 und auf Veranlassung der Starostei von 22.1.1928 Nr.
2078/1 wird eingetragen: "Der Vorname der Mutter dieses Kindes ist:"Chaja
Reisel 2 Vornamen" und nicht Rozalia Chaja 2 Vornamen. Zur Vaterschaft die=
ses Kindes bekennte sich F i s c h e l E n g e l, der mit der Mutter die=
ses Kindes die gesetzliche Ehe am 28.IV.1922 einging,welche/ im Trauungs=
buche des Stendesamtes für den Bezirk Spandau=Berlin IX a.d.J.1922 Nr.158."
Aus diesem Grunde wurde das Kind durch die nachfolgende Eheschliessung der
Eltern legitimiert.=

Die völlige Uebereinstimmung des obigen Auszuges mit der Originaleintragung
im Matrikelbuche wird hiermit bestätigt.=

23.April 1938.   L.S.   gez./ / Cyfer .___
Für die Richtigkeit dieser Übersetzung
Berlin, den 9. Mai 1928   Gerichtlich vereidigter Dolmetscher
für die polnische Sprache

Die Armut in Galizien, die bereits seit Ende des 18. Jahrhunderts bedrohlich war, nahm während des ausgehenden 19. Jahrhunderts noch zu. Von dem wirtschaftlichen Aufschwung, den die benachbarten Länder und Provinzen Österreich-Ungarns erlebt hatten, wurde Galizien kaum berührt. Im Verhältnis zum übrigen Kaiserreich war die Industrialisierung in diesem Kronland nur auf ein Fünftel angewachsen. In Galizien starben jährlich Tausende den Hungertod, und die Armut der jüdischen Bevölkerung übertraf noch die der anderen Bewohner.

Einige Verszeilen von Mascha Kaléko deuten darauf hin, daß die Familie Aufen/Engel zu den Wohlhabenderen gehörte; denn Mascha erinnert sich an eine Amme und an Hausangestellte: »Fremde gegen ein Monatsgehalt/Bevölkerten meine Kindheit.«

Wie aber mag dieser relative Wohlstand in Galizien ausgesehen haben? In Barbara Just-Dahlmanns Buch ›Simon‹ sagt die Titelfigur, ein Jude aus einer ostgalizischen Kreisstadt, über sein Zuhause: »Wir galten als reich: Unsere Wohnung war verhältnismäßig groß. Sie hatte ein großes Zimmer und eine Küche. Das war alles. Außerdem gab es im Haus noch acht Mietparteien. Eine Toilette war im Hof – und für alle bestimmt. Das große Zimmer war gleichzeitig Wohn- und Schlafzimmer. Tagsüber haben wir Kinder in diesem Zimmer auch gelernt und gespielt. Nachts schliefen darin sieben Personen. Zwanzig Jahre schlief ich mit einem meiner Brüder in einem Bett. So haben wir, die im Städel als reich bezeichnet wurden (und Angestellte hatten), damals gelebt. Sie können sich vorstellen, wie dann die Armen gelebt haben, auf Dachböden und in Kellerräumen; und nicht selten hatten zwei Söhne zusammen nur ein Paar Schuhe.«

Mascha Kaléko vermied es, über ihre Kindheit zu sprechen, und antwortete auf Fragen unterschiedlich und ausweichend. »Anstatt der üblichen Statistik / Gönnt der Autorin etwas Mystik«, schreibt sie und verweist auf ihre Gedichte. Die Erinnerung an ihre Kindheit verdrängt sie: An dieses erste ihrer »sechs Leben« durfte niemand rühren. Im ›Himmelgrauen Poesie-Album‹ heißt es:

> Die sogenannte Goldne Kinderzeit,
> Nach der so viele von uns Heimweh haben,
> Hat mein Gedächtnis abgrundtief vergraben
> Und so von manchem Alpdruck mich befreit.
> Was ich noch weiß aus jenen trüben Tagen,
> Ist nur Erinnerung an Hörensagen.

1909 wurde die Schwester Lea geboren. Wenn man annehmen darf, daß sich aus Mascha Kalékos Versen ein Teil Biographie herauslesen läßt, dann hat es zwischen diesen beiden Geschwistern wenig Sympathie gegeben.

> Eine Schwester hatte ich wohl,
> Die sprach nie ungefragt.
> Sparte ihr Taschengeld
> Und kniff mich unter dem Tisch.

Mascha fühlte sich mehr zum Vater hingezogen als zur Mutter. Sie war ein schwieriges Kind oder sah sich zumindest so. »Ich möchte nicht mein Kind gewesen sein.« Einmal war sie von zu Hause fortgelaufen:

> Schön wars allein im Walde, unter Sternen,
> Bis man mich fand, mit Fackeln und Laternen,
> Der schnell versammelte Familienteetisch
> Fand diesen Ausflug keineswegs poetisch.

Oder:

> Früh schon gefiel mir das Anderswo.
> Mit knapp fünf Jahren lief ich endlich fort.
> Man hat mich aber immer eingefangen.
> Leider.

1914 wanderte die Familie nach Deutschland aus. Mascha Kaléko spricht in ihren Versen sowohl von »Umzug« wie von »Flucht«. Im Nachlaß fand sich ein angefangenes Gedicht:

> Lange Zeit gar nichts, dann Umzugsgetümmel
> Fremde und Kälte ein Himmel, der weint.

Ich nehme an, daß der Ausbruch des Ersten Weltkrieges die Familie veranlaßt hat, nach Westen zu ziehen; in dem Gedicht ›Notizen‹ – erst 1974 entstanden – deuten die folgenden Zeilen eher auf Flucht:

> Fernes Glockengeläut durch den Frost
> Dunkel und Flüstern und Fliehen
> Und atmen daß keiner dich hört
>
> Und immer fremdere Nachbarn
> Und andere Dialekte
>
> Die alte Wobinichdennangst
> Das feindliche Bett im Nirgendwo
> Fremder Seifengeruch auf dem Kissen
>
> So viele Brücken hinter dir verbrannt
> Aus ihrer Asche immer wieder die falsche, die neue
> Phönix-Heimat. Ich kann ja schreien. Gott sei Dank.

Fragnichtsoviel
Die Fenster zu. Die Rolläden bleiben herunter.
Wer an der Tür läutet, der Postbote kann's nicht sein.
Kinder werden gesehen nicht gehört
Weinen ist lebensgefährlich.

Ein Auf-der-Flucht-Sein von Kind an also; und diese Heimatlosigkeit, gepaart mit Vaterlosigkeit, prägte das existentielle
und lebenslängliche Gefühl von Verlorenheit. Jedenfalls
blieb das Verlangen nach väterlichem Schutz, die Sehnsucht nach Bindung, Führung und Zugehörigkeit ungestillt.
Und das erzeugte ein lebenslanges Heimweh.

Die Flucht scheint die Familie noch gemeinsam auf sich
genommen zu haben. Dann wurde Fischel Engel in Deutschland als russischer Staatsangehöriger interniert. Aus den
Dokumenten geht hervor, daß Mascha von 1914–1916 in
Frankfurt am Main die Volksschule besucht hat.

Warum die Mutter mit den beiden Kindern dann für zwei
Jahre nach Marburg an der Lahn umzog, wird nirgends begründet. Dort fiel Mascha bereits als außerordentlich begab-
tes Kind auf.

Als ich im Frühjahr 1975 – wenige Monate nach dem Tod
der Dichterin – in Haifa einen Vortragsabend mit ihren Gedichten gab, sprach mich eine weit über Achtzigjährige an.
Sie stellte sich als ehemalige Lehrerin aus Marburg vor. Eine
ziemlich lange Reise hatte sie auf sich genommen, war aus einem Kibbuz in Nordgaliläa gekommen, um den Versen ihrer
Schülerin zuzuhören.

Damals in Marburg hatte Mascha ihr ihre ersten Gedichte auf einem gemeinsamen Spaziergang vorgetragen und sie
gefragt, ob die Lehrerin sie gut fände. Zum Dank schenkte
sie ihr ein Stück Kuchen, das sie aus der Tasche ihres Klei-
des holte, und sagte: »Das ist alles, was ich habe.« Als die
Lehrerin abwehren wollte und meinte, sie hätte doch sicher

selber Hunger – man war schließlich im dritten Kriegsjahr, und Maschas Familie, so die Lehrerin, sei schrecklich arm gewesen –, hatte das Kind geantwortet: »Aber es hat doch Ihre Zeit gekostet.«

Mascha hatte früh begriffen, daß auf dieser Welt nichts umsonst zu haben war und daß Zeit, Lebenszeit, das Kostbarste ist, was ein Mensch hergeben kann.

Berlin. »Die paar leuchtenden Jahre« und die Zeit bis zur Vertreibung

Nach dem Ersten Weltkrieg übersiedelte Mascha Kalékos Familie nach Berlin. Das Kind war elf Jahre alt. Kein Foto existiert aus dieser Zeit. Kein Gedicht (an das sich ihre Lehrerin erinnert), keine Notiz, kein Bericht von Freunden.

Der Vater wurde wohl nach dem Waffenstillstand 1918 aus der Internierung entlassen. Ich vermute, daß der Umzug von Marburg nach Berlin damit zusammenhing, daß Fischel Engel dort eine Anstellung bekam.

Mascha Kaléko gibt in ihren amerikanischen Einwanderungspapieren den Beruf ihres Vaters mit »Religious Supervisor« an. Irene Wellershoff hat bei den Recherchen zu ihrer Doktorarbeit in Erfahrung gebracht, daß es sich um die Tätigkeit eines »Maschgiach« gehandelt haben muß, der sich in der Jüdischen Gemeinde um die Befolgung der Speisegesetze zu kümmern hatte.

Mascha war 15 Jahre alt, als ihre Eltern endlich eine gesetzliche Eheschließung vornahmen. Der Vater legitimierte seine Töchter Mascha und Lea. Aus Mascha Aufen wurde Mascha Engel. Im galizischen »Schtetl« hatte eine Ehe als geschlossen gegolten, wenn der Rabbiner Mann und Frau zusammengab. Nach jüdischem Gesetz waren die Kinder also nicht unehelich geboren.

Nichts wissen wir, was ein solches Ereignis – fortan mit einem anderen Namen zu leben – bewirkt hat in einem sensiblen Geschöpf, das die Kindheit hinter sich gelassen hatte und nun an der Schwelle zum Erwachsensein stand. Oder doch? Mir scheint ihr Gedicht ›Die frühen Jahre‹ aufschlußreich.

Mascha im August 1929 mit ihren jüngeren Geschwistern
Rachel und Chayim

Ausgesetzt
In einer Barke von Nacht
Trieb ich
Und trieb an ein Ufer.
An Wolken lehnte ich gegen den Regen.
An Sandhügel gegen den wütenden Wind.
Auf nichts war Verlaß.
Nur auf Wunder.
Ich aß die grünenden Früchte der Sehnsucht,
Trank von dem Wasser das dürsten macht.
Ein Fremdling, stumm vor unerschlossenen Zonen,
Fror ich mich durch die finsteren Jahre.
Zur Heimat erkor ich mir die Liebe.

Das Gedicht entstand erst in ihrem letzten Lebensjahr in
Jerusalem. Ein Fremdling war sie 1923 noch in der Stadt Berlin, die sie schon zehn Jahre später als beliebte Dichterin feierte. Das junge Mädchen mit den traurigen Augen »stumm
vor unerschlossenen Zonen« ahnte noch nicht, daß die Stadt
schicksalsbestimmender Ort ihres Lebens werden sollte.

Die Familie war arm. Sie wohnte in der Grenadierstraße
im Osten Berlins, damals ein Zentrum ostjüdischen Lebens.
Obwohl die Lehrer Mascha begabt fanden, wie Rektor May
und außer ihm noch zwei Oberlehrer (s. S. 57) – die alte Lehrerin, die ich in Haifa traf, betonte wiederholt, daß er wirklich wie in ihrem Gedicht May geheißen habe –, mußte sie
wahrscheinlich mit der mittleren Reife sechzehnjährig die
Schule verlassen.

Mascha wurde erst allmählich heimisch. Sie hörte sich ein
in die Berliner Mundart. Der Drang, sich zu assimilieren, ist
verständlicherweise groß. Man ist weniger fremd, wenn man
sich nicht mehr durch die Sprache unterscheidet. Und bald
berlinert sie selber, entwickelt ein feines Sensorium für die
Mentalität der Menschen, besonders der einfachen mit ihren

alltäglichen Sorgen und kleinen Freuden, die auch die ihren sind. Wenn einen die Mundart nicht mehr unterscheidet von den Menschen, unter denen man lebt, dann wird man einer von ihnen. Und wenn man in diesem Tonfall dichtet, gehört man wirklich dazu. So waren die ersten veröffentlichten, wie z. B. ›Piefkes Frühlingserwachen‹, keine hochdeutschen, sondern rein berlinernde Gedichte.

»Kein Ostjude kommt freiwillig nach Berlin«, schreibt Joseph Roth, und der erfolgreiche Schauspieler Alexander Granach, sein Landsmann, berichtet in seiner Lebensgeschichte ›Da geht ein Mensch‹ Unglaubliches vom Umgang mit den Berlinern. Sie sprächen über Galizien so gehässig wie über kein anderes Land. Niemand nähme Anstoß daran, wenn einer aus Bulgarien, Serbien oder Montenegro käme. Sobald aber das Wort »Galizien« falle, würde jeder die Nase rümpfen.

Kein Wunder also, daß Mascha Kaléko ihre Herkunft verschleiert und vor allem eins will: dazugehören.

Sie wird zwei Jahre später – 1925 – Bürolehrling im »Arbeiterfürsorgeamt der jüdischen Organisationen Deutschlands« in der Auguststraße 17. Der sture Achtstundentag, dem sie sich ›Von Montag früh bis Wochenend‹ unterwerfen muß, ist ihr ein Greuel. Manches Gedicht aus den zwanziger Jahren weiß davon »ein Lied zu singen«. Ich vermute, daß sie schon von zu Hause auszog. Wie sonst erklärt man sich die Verse, die über eine melancholische »Möblierten«-Existenz klagen.

Neben der Arbeit im Büro und dem Schreiben von Gedichten beschäftigt sich Mascha mit Philosophie und Psychologie. Sie belegt Abendkurse an der Lessing-Hochschule und der Friedrich-Wilhelm-Universität.

Möglicherweise hat sie hier auch ihren ersten Mann kennengelernt. 1934 jedenfalls endet der Frondienst an der Schreibmaschine. Mascha heiratet einundzwanzigjährig den Philologen Saul Kaléko. Er ist zehn Jahre älter als sie. Kaléko schreibt an seiner Dissertation und arbeitet für die ›Jüdische Rundschau‹; er gibt Fernunterricht in Hebräisch und entspricht damit wohl einem wachsenden Bedürfnis der jüdischen Bevölkerung. 1935 erscheint unter dem Titel ›Hebräisch für Jedermann‹ sein Buch, das in jüdischen Familien ein Standardwerk gewesen zu sein scheint. Die politische Lage in Nazi-Deutschland brachte es mit sich, daß das Interesse an der »Sprache der Väter« zunahm. Nach dieser Grammatik lernten die bis dahin schon nach Palästina Emigrierten und die, denen die Auswanderung noch bevorstand.

Ende der zwanziger Jahre hatte Mascha Kaléko Anschluß gefunden an die künstlerische Avantgarde, die sich das »Romanische Café« zum Treffpunkt erkoren hatte. Maler, Schauspieler und Literaten wie Tucholsky, Ringelnatz, Klabund, Else Lasker-Schüler, Erich Kästner, Walter Mehring saßen hier, dichteten und diskutierten; träumten von einer besseren Welt, bis die meisten von ihnen in die Emigration gingen, in die äußere oder in die sogenannte innere.

Damals ist die Welt der Künstler-Cafés untergegangen. Natürlich gibt es noch heute Stammkneipen und Stammcafés, die von Dichtern, Malern und Schauspielern aufgesucht werden. Aber das ist etwas anderes. Das »Romanische Café« und das alte »Café des Westens« waren Häfen in den Stürmen einer ungesicherten Existenz. Sie vermittelten Zugehörigkeit; Herkunft und Gesellschaftsklasse spielten keine Rolle. Man war füreinander da, besonders als die Gefährdungen in politischer Hinsicht zunahmen.

1929 werden die ersten zwei Gedichte Maschas im ›Querschnitt‹ veröffentlicht, 1930 wird Monty Jacobs, einer der besten Köpfe des deutschen Feuilletons, Redakteur der berühmten ›Vossischen Zeitung‹, auf das junge Talent aufmerksam und veröffentlicht regelmäßig ihre Verse: Berichte vom Alltag für den Alltag. So wurde Mascha geradezu programmiert für »Zeitungsgedichte«.

Nr. *405.*

(Aufgebotsverzeichnis **Nr.** *363*)

Berlin am *einunddreißig ten*

Juli tausend neunhundert **achtundzwanzig**

Vor dem unterzeichneten Standesbeamten erschienen heute zum Zwecke der Eheschließung:

1. der *praktische Doktor Paul Aron Kaléko*

der Persönlichkeit nach **durch die Aufgebotsverhandlung**

aner kannt,

geboren am *einundzwanzig ten August*

des Jahres tausend *acht* hundert *sechsundneunzig*

in *Schippke*

Geburtsregister Nr. des Standesamts in

wohnhaft in *Berlin Krausnickstraße 14*

2. die *Kontoristin Golda Malka Engel*

der Persönlichkeit nach *mein zu l*

aner kannt,

geboren am *sieben ten Juni*

des Jahres tausend *neun* hundert *sieben*

zu *Chrzanów*

Geburtsregister Nr. des Standesamts in

wohnhaft in *Berlin Grenadierstraße 17*

Heiratsurkunde der Eheleute Kaléko

Als Zeugen waren zugezogen und *erschienen:*

3 der Diplom-Volkswirt Doktor Oskar
Poczter,

der Persönlichkeit nach durch Paß

_____ aner kannt,

30 Jahre alt, wohnhaft in Berlin Alt Moabit 83.

4. der Kaufmann Simon Berkowicz

der Persönlichkeit nach durch Paß

_____ aner kannt,

26 Jahre alt, wohnhaft in Berlin Landsberger
Straße 15

Der Standesbeamte richtete an die Verlobten einzeln und
nacheinander die Frage:
ob sie die Ehe miteinander eingehen wollen
Die Verlobten bejahten diese Frage und der Standesbeamte
sprach hierauf aus,
daß sie kraft des Bürgerlichen Gesetzbuchs nunmehr recht-
mäßig verbundene Eheleute seien.

10 Druckwort 4 gestrichen.

Vorgelesen, genehmigt und **unterschrieben:**

Paul Kalelto

Malka Kalelto geborene Engel

Hofner Werko

Munguikows ij

Der Standesbeamte.

Arose

Dr. Saul Kaléko
(in Israel läßt er später seinen Namen hebräisieren)

Man liebte diese Art der pointensicheren Großstadtlyrik in den dreißiger Jahren ganz besonders. Das Zeitungsgedicht stand gegen Wirtschaftsseiten und Politik, behauptete sich gegen das übrige Feuilleton und Lokales. Das war seine Funktion.

Und jedermann las sie, die Stenogramme aus dem Berliner Alltag, deren Reiz im Gegensatz oder vielmehr in der Vereinigung von Lyrik und Spott, von Gefühl und Ironie liegt. Sie haben den schnellen Berliner Witz und die Trauer und Weisheit aus dem jüdischen Osten, und mit dieser Mischung eroberte sich Mascha Kaléko die Herzen der Leser. Auch daß sie so mädchenhaft zierlich wirkte, gehörte mit zur Wirkung aufs Publikum. Sie schien es zu wissen und verlegte ihr Geburtsdatum von 1907 auf 1912.

Mascha Kaléko wird getragen von einer Woge des Erfolges.

Im Januar 1933 erscheint ihr erstes Buch, ›Das lyrische Stenogrammheft‹. Die erste Auflage ist bald vergriffen, und Ernst Rowohlt wagt es, eine weitere zu drucken. Mehr noch, er veröffentlicht 1934 ein zweites Buch, das ›Kleine Lesebuch für Große‹. Diese Verse und Kurzgeschichten sind in der heutigen Ausgabe des ›Lyrischen Stenogrammhefts‹ enthalten.

Die verlegerische Courage von Ernst Rowohlt blieb nicht ohne Folgen. Bei einer Neuauflage wurden beide Bücher in der Druckerei beschlagnahmt, erzählte mir Dr. Frankenstein aus Tel Aviv. Dadurch wurde aber die Verbreitung der Kaléko-Gedichte nicht verhindert. Man schrieb sie mit der Hand oder mit der Maschine ab und reichte sie weiter. Ein getipptes Exemplar wurde nach dem Kriege in Berlin aus den Trümmern ausgegraben.

Hermann Hesse hatte früh die poetische Eigenständigkeit dieser Lyrik erkannt. In ›Neue Deutsche Bücher‹ (1935–36) schreibt er:

»Eine ganz junge großstädtische Dichterin ist Mascha Kaléko. Es sind zwei kleine Büchlein von ihr erschienen, mit Versen und kleinen Prosastücken: Das ›Lyrische Stenogrammheft‹ und ›Kleines Lesebuch‹ (beide Verlag E. Rowohlt). Es ist eine aus Sentimentalität und Schnoddrigkeit großstädtisch gemischte, mokante, selbstironisierende Art der Dichtung, launisch und spielerisch, direkt von Heinrich Heine abstammend, eine Art, die in der deutschen Dichtung neuerer Zeit nicht sehr häufig war und heute in Deutschland, nach dem Ausscheiden der Juden, eigentlich ganz verschwunden ist. Die Verse und Prosaskizzen der jungen Dame entsprechen in ihrer ganzen Weltanschauung – vielmehr, in ihrer ganzen Lebensstimmung trotzdem einem großen Teil der großstädtischen Jugend und finden bei ihr ein starkes Echo. Es ist eine Stimmung voll Jugend und zugleich voll Ernüchterung, eine verfrühte Enttäuschung und heimliche Verzweiflung liegt im Kampf mit den starken Instinkten der Jugend, man ist voll Gefühl und Sehnsucht, weiß damit aber wenig andres anzufangen, als darüber zu spotten, man möchte gern an irgend etwas glauben und weiß nicht an was. Das ist nichts Neues, es ist ein Stück romantischer Tradition, und auch die Verse der Kaléko haben ihren Bau und ihre Melodie von dort her, von Heine, es ist eher eine epigone als eine moderne Art von Dichtung. Aber diese kleinen Dichtungen haben dennoch einen echten Liebreiz, sie sind auf eine graziöse und sympathische Weise verspielt und tändelnd, sie sind von echter Jugendlichkeit, und so sind sie uns willkommen in ihrer Anmut und Spielerei, hinter der soviel Traurigkeit und Sehnsucht nach einem echteren und edleren Leben steckt.«

Ob am Tag der Bücherverbrennung am 10. Mai 1933 in Berlin Exemplare vom ›Lyrischen Stenogrammheft‹ als »schädliche und unerwünschte« Literatur verbrannt worden waren, ist nicht zu belegen. Das Rowohltarchiv ist zweimal abgebrannt. Aus Berliner Archiven wurden mir Dokumententexte zugänglich gemacht, aus denen hervorgeht, daß Mascha Kaléko am 8. August 1935 aus der Reichsschrifttumskammer ausgeschlossen wurde und Berufsverbot erhielt; das ›Lyrische Stenogrammheft‹ wurde laut Verfügung im Januar 1937 in die »Liste des schädlichen und unerwünschten Schrifttums« aufgenommen.

Ernst Rowohlt an Mascha Kaléko

Brief. Rowohlt Verlag GmbH. Berlin, 12. 1. 1937

Sehr verehrte gnädige Frau,

ich bin gestern abend von meinem Urlaub zurückgekommen und gratuliere Ihnen zunächst herzlich zur Geburt Ihres Jungen, den ich hoffentlich bald einmal besichtigen kann. Ich nehme an, daß Sie das ›Schwarze Korps‹ vom 31. Dezember mit dem Aufsatz gegen das ›Lyrische Stenogrammheft‹ gelesen haben. Am 11. Januar erhielt ich das in Abschrift beiliegende Schreiben des Präsidenten der Reichsschrifttumskammer vom 9. Januar.
Ich würde Ihnen dankbar sein, wenn Sie mich nun in dieser Sache einmal telefonisch anrufen würden, damit wir eine Besprechung verabreden.
Inzwischen bin ich mit besten Grüßen und Empfehlungen

Ihr
Ernst Rowohlt

Anlage

Abschrift
Der Präsident der Reichsschrifttumskammer
V-1990/4.

Berlin W. 8, den 9. Januar 1937
Friedrichstr. 194/199

An den
Ernst Rowohlt Verlag
Berlin W. 50
Eislebenerstr. 7

Betr.: Mascha Kaléko.

1.) Ich setze Sie davon in Kenntnis, dass ich das Buch
LYRISCHES STENOGRAMMHEFT
der obengenannten Autorin in die Liste gemäss § 1 meiner
Anordnung über schädliches und unerwünschtes Schrifttum
vom 25.4.35 eingereiht habe. Jegliche Weiterverbreitung der
Schrift ist damit untersagt. Ich ersuche Sie, den Vertrieb mit
sofortiger Wirkung einzustellen und etwa noch im Verkehr
befindliche Exemplare zurückzurufen. Über das Veranlasste ist mir innerhalb von 8 Tagen nach Eingang dieses Schreibens Nachricht zu geben.
2.) Ich bitte um Mitteilung, wieviel Exemplare (roh, brosch.,
gebunden) der Druckschrift
KLEINES LESEBUCH FÜR GROSSE
der gleichen Autorin Sie noch am Lager haben und ob Sie
eine Neuauflage des Buches planen.
3.) Ich teile Ihnen mit, daß Frau Mascha Kaléko bereits
am 8. August 1935 aus der Reichsschrifttumskammer ausgeschlossen worden ist, wonach ihr jede weitere schriftstellerische Tätigkeit im Bereich meiner Kammer untersagt ist.

Im Auftrag:
(Unterschrift unleserlich)
Reichskulturkammer/Reichsschrifttumskammer

Vermutungen. Dabei bleibt es, wenn man über diese Dichterin und ihr Leben nachdenkt. Worüber sie später bei der Rückkehr aus Amerika nach Europa zu gelegentlichen Vortragsabenden freimütig erzählte, ist lediglich der Beginn ihrer Karriere. In ihrem Vortrag ›Die paar leuchtenden Jahre‹, den sie 1936 in Kassel hielt, schildert sie plastisch und durchaus mit einem Schuß Selbstironie das literarische Leben in Berlin um 1930 und ihre ersten Erfolge.

»Nun, dieses dritte Jahrzehnt unseres sonderbaren 20. Jahrhunderts, das war schon eine springlebendige Zeit, insbesondere wenn man damals jung und ahnungslos hineinsprang in den Strudel des literarischen Lebens von Berlin um 1930. Wer von uns ahnte wohl damals, daß die paar leuchtenden Jahre vor der großen Verdunkelung schon nach lumpigen zwanzig Jahren zu einer Art ›Goldenem Zeitalter‹ avancieren würden ...

Wenn Sie also hören wollen, wie damals so eine Dichterlaufbahn begann, nun denn: Bei mir fing es gleich mit dem Anfang an. Das tut es ja meistens, aber oft hört's auch gleich mit dem Anfang auf. Da schreibt so ein hoffnungsvoller Dichterling sein erstes Opus, schickt's hinaus in die Welt, gewöhnlich per Reichspost (heute heißt das wohl Bundespost), und schwupp – bringt's der Briefträger zurück. Die Redaktion ›bedauert‹. (Wenn sie das noch tut.) ...

Meine Ambitionen hingegen waren beträchtlich. Es mußte immer gleich alles sein – oder nichts.

Und so sandte ich denn das erste meiner Gedichte, das mir nach reiflicher Prüfung doch etwas zu gut für den Papierkorb schien, an die Redaktion der strengsten Zeitung Berlins, das war die ›Vossische‹. Und kurz darauf stand mein Name, unwiderruflich, gedruckt unter dem ersten Gedicht; bald unter dem zweiten, dann unter einem Prosastück im Feuilleton und schließlich in der Literaturbeilage, hochnobel. Der Anfang hatte also angefangen. Das war so um 1930.

Und eines Tages schrieb mir der Chefredakteur des Feuilletons der ›Tante Voss‹, der berühmte Monty Jacobs. Nachdem nun schon einige Beiträge in seinem Blatt erschienen wären, würde der Redakteur sich freuen, die Verfasserin auch in persona kennenzulernen. Da ich doch in Berlin lebte, ließe sich das vielleicht einrichten …

Am Montag nahm ich mir ein Herz und eine Taxe und fuhr in die Kochstraße, zur Feuilletonredaktion der ›Vossischen‹. Ein schlanker dunkelhaariger Mann empfing mich. Als ich meinen Namen nannte, stutzte er. Das war der Dichter Otto Ernst Hesse. Er geleitete mich ins Nebenzimmer, zu Dr. Monty Jacobs, und auch der maß seine neue Autorin mit baß erstaunten Brillengläsern.

Was da vor ihm stand, im kurzen Sportmantel jener Jahre, die rote Mütze auf etwas windverwehtem Haar, entsprach offenbar nicht ganz der traditionellen Erscheinung würdiger Autoren dieses hochwürdigen Blattes.

›Aaaber …‹ sagte er (mindestens drei a steckten in diesem Aber), ›Sie sind doch noch so schrecklich jung. Sind Sie es denn wirklich?‹ – Und das sagten sie alle, Max Krell vom Ullsteinverlag und Franz Schoenberner vom ›Simplicissimus‹, Dr. Sinsheimer vom ›Berliner Tageblatt‹, Carl von Ossietzky und Walther Karsch von der ›Weltbühne‹. Wo immer die neue Autorin auftauchte, spielte sich das gleiche ab. Am bildlichsten drückte sich wohl Anton Kuh aus, jener legendäre Bohemien, dessen gefürchtete Bonmots im damaligen literarischen Berlin weitaus berühmter waren als seine schriftstellerische Produktion. Er saß bei Herrn von Wedderkopp, dem Chefredakteur des ›Querschnitt‹, als Victor Wittner, der Hauslyriker der Zeitschrift, mich im Redaktionszimmer präsentierte.

›Jo sagens, liebster Wittner‹, schrie er in seinem waschechten Wienerisch, ›das soll die Mascha Kaléko sein! Machens uns nix weis. Nextens werdens die Kinderwagen ausrauben …‹

Das war Mascha Kaléko, wie sie die Berliner 1933 durch
das ›Lyrische Stenogrammheft‹ kennenlernten

Unbeschadet der etwas minderjährigen äußeren Erscheinung, ging die Dichterei fleißig weiter. Und im Romanischen Café brachte der Zeitungsjunge schon eine nette Anzahl von Zeitschriften, in denen mein Name zu finden war. Nun las ich auch im Rundfunk und trat sogar in einem literarischen Kabarett auf. Im ›Kü-Ka‹. Das war neben dem Romanischen, in der Budapester Straße, die damals noch keine Ruinenwüste war (heute sollte man sie eher Budapußta Straße nennen). Dieses denkwürdige Künstler-Kabarett an der Gedächtniskirche war so eine Art Talentwiege. Dort vernahm man zuerst die scharfen Pointen des schon damals berühmten Erich Kästner. Werner Finck trat dort auf. Und Annemarie Hase, die ihren Tucholsky keß ins Lokal schmetterte.

Ringelnatz wurde rezitiert und Walter Mehring gesungen. Auch die Diseuse Marianne Oswald, die jetzt die schöne Cocteau-Interpretation für Paris macht, trug ihre kaum mehr zweideutigen Chansons und Songs à la Dreigroschenoper vor.

Am Pressetisch saßen die gestrengen Kritiker und unter ihnen der Maler John Höxter, ein professioneller Exzentriker und alter Stammgast des Romanischen Cafés. Kritiker nur honoris causa, warf er dennoch manch scharf pointierte Bemerkung zur Bühne hin (nicht im Programm vorgesehen, aber oft recht treffend).

Mancher junge Dichter und Bühnenheld begann dort seine Karriere, denn so winzig das Podium des alten ›Kü-Ka‹ auch war, seine Resonanz war enorm.

Hier also las auch ich des Abends vor, was ich im stillen Kämmerlein gedichtet hatte. Hatte ich auch Glück mit dem Publikum, so starb ich doch allabendlich vor Lampenfieber und Schüchternheit.

Und dann kam eines Tages das erste Verlagsangebot, ein Gedichtband sollte steigen. Aber irgend etwas in mir sagte: Noch nicht. Und ich wartete.

Inzwischen unterschrieb ich einen anderen Vertrag, näm-

Auf der Rückseite der Postkarte handschriftlich:

Herrn Dr. Kaléko
Berlin
Hohenzollern (weiteres unleserlich)

morgen von Paul Palven (70 Jahre alt) eingeladen, d.h. der Sekretär
(etwas jünger) wird sie in die Comédie Française ausführen. Etsch! Sonst
geht es danke gut. Heute war ich auf dem Eiffelturm und in der Notre-
Dame. Paris ist schön ... sehr schön. Aber leben, leben in Berlin.

lich mit der ›Welt am Montag‹ in Berlin. Dieser verpflichtete mich, jeden Montag, den der Herr werden ließ, einen lyrischen Beitrag abzuliefern.

Das war eine recht sonderbare Geschäftsverhandlung, die da zwischen dem Verlagsdirektor der Zeitung und der ihm erschrocken gegenübersitzenden Autorin vor sich ging. Diesem Herrn – er war ein Sohn oder der Neffe des Verlegers Albert Langen – gebührt noch heute mein Dank dafür, daß er mich in jenen Vertrag gewissermaßen hineinzwang. Auf sein Angebot – und den nicht allzu diskreten Hinweis auf das beträchtliche Honorar, das die ›Welt am Montag‹ mir zu zahlen gewillt war – erwiderte ich, daß ich leider ablehnen müßte. Der Gedanke, ich müßte, komme was mag, *jeden* Montag ein druckfertiges Gedicht abliefern, bereite mir jetzt schon Angstträume.

Dazu muß ich allerdings gestehen, daß ich an einer quälenden Furcht litt. Kaum, daß mir etwas Ordentliches gelungen war, so vermeinte ich, dies wäre das Letzte! Nie wieder würde mir derartiges glücken. Unter dieser mysteriösen Qual litt ich anfangs unsäglich. Ich vertraute es keinem an, trug's auch zu keinem Psychoanalytiker in die Sprechstunde.

Aber diesem Zeitungsverleger, der so Unmögliches von mir erwartete wie jeden Montag pünktlich ein Gedicht, dem mußte ich wohl das entsetzliche Geheimnis enthüllen. Der aber lächelte väterlich und fand eine wahrhaft salomonische Lösung: ›Nun gut, also dann liefern Sie uns nicht *jeden* Montag ein nagelneues Gedicht. Gelingt ein neues, gut. Wo nicht, sind wir bereit, auch Zweitdrucke einzuschieben aus dem, was früher schon im ‚Berliner Tageblatt‘ und anderswo erschien.‹ Darauf ging ich dann, schweren Herzens, ein. Dieser Zwang wurde mir zum Segen, ich verlor die Furcht und schrieb eine ganze Menge in jenem Jahr. Zeitgedichte und Großstadtlyrik.«

Was sie nicht erzählte, erfuhr ich im Kreise einiger Gäste des Auswärtigen Amtes. Der deutsche Generalkonsul Niemoeller gab am 19. Juni 1968 in einem der schönen Zürcher Zunfthäuser an der Limmat ein Essen zu Ehren von Mascha Kaléko. Ich begegnete ihr an diesem Abend zum erstenmal. Mein Tischherr war der Schriftsteller Walter Mehring, in den zwanziger Jahren Dichter satirischer Zeitgedichte und Mitbegründer der Berliner Dada-Gruppe. Er erhob plötzlich das Glas, trank Mascha zu und bedankte sich bei ihr für nichts Geringeres als sein Leben. Uns anderen erzählte er zur Erläuterung folgende Begebenheit: Anfang der dreißiger Jahre hatte Mascha ihm die Flucht vor den Nationalsozialisten ermöglicht. Ihr kurzer, energischer Warnruf im »Romanischen Café« hatte ihn von seinem Stammtisch hochsehen, die Gefahr erkennen lassen, und er verschwand. Kühn hatte Mascha den Uniformierten den Weg verstellt – mädchenhaft naiv gespielt, so als kapierte sie in ihrer Harmlosigkeit nicht, was die Männer eigentlich wollten, hatte sie gefragt, kokettiert, abgelenkt, um für den Verfolgten Zeit zu gewinnen. Walter Mehring war buchstäblich aus dem »Romanischen Café« ins Exil gegangen. Und dafür dankte er der Freundin an diesem Juniabend.

Völlig schweigt Mascha über die Veränderungen in ihrem privaten Leben. Wo begegnete sie Chemjo Vinaver? Wann begann diese große Liebe? Wo? Im »Romanischen Café«? Dort muß sie eine Mittelpunktsrolle gespielt haben. Nachstehender Text stammt aus den ›Israel Nachrichten‹, 1977 geschrieben von Rudolf Lenk.

»Wenn die junge rassige Dame im Romanischen Café, dem Treffpunkt der Literaten der 20er Jahre, auftauchte und keß berlinernd sich in die Diskussionen einschaltete, konnte keiner ihr widerstehen. Mein Freund Klabund soll, wie ich später hörte, immer versucht haben, den Redefluß zu dämmen, aber kein Geringerer als Tucholsky soll ihn beruhigt haben.«

Wo begegnete sie Chemjo Vinaver? In einem der literarischen Kabaretts vielleicht? Im »Kü-Ka«, dem »Künstlerkabarett« in der Budapester Straße, trägt Mascha ihre Verse vor. Aber sie ist keine Schauspielerin. Sie ist schüchtern und hat Hemmungen vor Publikum. Sie überläßt die Interpretation ihrer Gedichte und Chansons lieber professionellen Kabarettistinnen wie Rosa Valetti, Claire Waldoff, Annemarie Hase und Tatjana Sais. Mascha ist sehr heikel mit Vertonungen ihrer Texte. Diese vertraut sie vornehmlich Professor Edmund Nick und Günther Neumann an.

1936 zieht sie mit ihrem Mann, Dr. Saul Kaléko, in die Bleibtreustraße 10/11 in Charlottenburg. Hier war sie gemeldet bis 1938.

›Bleibtreu heißt die Straße‹. Dieses Gedicht schreibt sie erst im Herbst 1974, als sie noch einmal diese Straße entlanggegangen ist nach ihrem letzten Vortragsabend in Berlin.

Vor fast vierzig Jahren wohnte ich hier ...
Was willst du von mir, Bleibtreu?
Ja, ich weiß. Nein, ich vergaß nichts.
Hier war mein Glück zu Hause. Und meine Not.
Hier kam mein Kind zur Welt. Und mußte fort.
Hier besuchten mich meine Freunde
Und die Gestapo ...

In einer Tagebuchnotiz aus dem Jahre 1938 heißt es: »Ich habe mehr gelitten in den letzten zwei Jahren, als es menschenmöglich ist. Ich habe gelitten unter der Lebenslüge, die ich begangen habe, weil ich *mußte.*«

Mascha Kaléko war Chemjo Vinaver begegnet, einem Musiker, genauer Musikwissenschaftler und Dirigenten; chassidische Synagogalmusik beschäftigte ihn sein ganzes Leben. Vinaver hatte einen eigenen Chor gegründet, mit dem er Konzerttourneen in Deutschland unternahm und in

Berlin Konzerte bei der Jüdischen Gemeinde gab. Vorläufig noch.

Mascha erwartet ein Kind von ihm. Am 28. Dezember 1936 wird der Sohn Evjatar Alexander Michael geboren. Saul Kaléko widersetzt sich einer Trennung oder gar Scheidung, selbst als er erfährt, daß das Kind, das seinen Namen trägt, nicht sein Sohn ist. Er liebt Mascha so bedingungslos, daß er sie beschwört, ihn nicht zu verlassen. Er will das Kind lieben wie sein eigenes; nur bei ihm bleiben soll sie.

Chemjo Vinaver hat alles andere als eine gesicherte Existenz zu bieten. Er ist ein Künstler, ein faszinierender Mann, aber völlig lebensuntüchtig.

Die seelische Belastung wird zu groß. Auf der einen Seite die nackte Angst ums Überleben bei dem wachsenden politisch-rassistischen Druck der Nazis, auf der anderen die unhaltbare private Situation. Schwere Ohnmachtsanfälle stellen sich ein, Mascha beginnt an einer Magen- und Gallenerkrankung zu leiden. Sie wird nie wieder ganz gesund. Liegt hier schon der Keim für die Todeskrankheit?

›Bleibtreu heißt die Straße‹ – Mascha kann nur sich selber treu bleiben. Die Familien sind entsetzt und mischen sich ein; doch sie verläßt Saul Kaléko und zieht im Oktober 1937 in eine gemeinsame Wohnung mit Chemjo Vinaver. Dem Glück der beiden Liebenden scheint nichts mehr im Wege zu stehen. Doch das Schwerste liegt noch vor ihnen.

Vorbei sind die paar leuchtenden Jahre. Kein Gedicht wird mehr veröffentlicht. Mascha – heißt es – verdient sich Geld mit Übersetzungen für das Jüdische Gemeindeblatt. Was übersetzte sie? Welche Sprache? Ich vermute vom Jiddischen ins Deutsche; mir ist nicht bekannt, daß sie etwa vor der Emigration schon Englisch konnte. Und Französisch sprach sie, wie es aus den späteren amerikanischen Einreisepapieren hervorgeht, nur wenig.

Wenn ich die nachfolgenden Tagebuchseiten zur Ver-

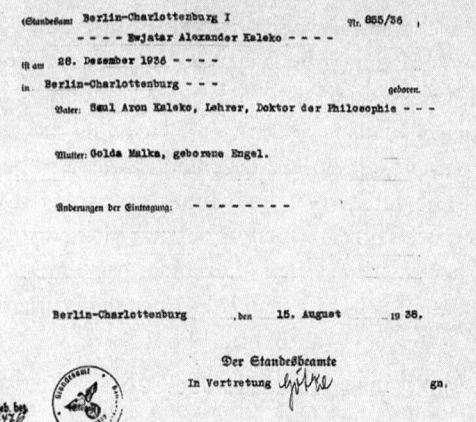

Geburtsurkunde

(Standesamt) Berlin-Charlottenburg I   Nr. 855/36

– – – – Ewjatar Alexander Kaleko – – – –

ist am   26. Dezember 1936 – – – –

in   Berlin-Charlottenburg – – –   geboren.

     Vater: Saul Aron Kaleko, Lehrer, Doktor der Philosophie – – –

     Mutter: Golda Malka, geborene Engel.

     Änderungen der Eintragung: – – – – – – –

     Berlin-Charlottenburg   , den   15. August   19 38.

         Der Standesbeamte

         In Vertretung   gn.

Die Geburtsurkunde des Sohns

Dr. Kaleko
Berlin-Charlottenburg,
Mommsenstr. 55
Pension Schwalbe.   Berlin, den 10. November 1937
                III/Br

Frau
Golda Malka Kaleko,
Charlottenburg,
Bleibtreustr. 10/11

    Hiermit bestätige ich, dass ich damit einverstanden bin,
dass unser Kind auch nach erfolgter rechtsgültiger Scheidung
einstweilen bei Dir verbleibt und Du auch berechtigt bist,
dasselbe bei einer Auswanderung ins Ausland mitzunehmen.

               Saul Kaleko

Saul Kalékos Verzicht auf den Sohn

Chemjo Vinaver mit Sohn

öffentlichung freigebe, so nur, um die schicksalhaften Verstrickungen aufzuzeigen, die den beiden Menschen, die sich so tief lieben, das Leben erschweren. Fast fünfzig Jahre später und als nicht Betroffene möchte man sagen: Wie verständlich, daß ein Künstler wie Chemjo Vinaver, nur gewohnt, sich und seinem Beruf, seiner Berufung zu leben, derart ungeeignet ist für ein bürgerliches Familienleben in kärglichen Verhältnissen. Dazu vergegenwärtige man sich die politische Situation. Hätten sie nicht längst Deutschland verlassen sollen? Wovon hier leben? Wovon in einem anderen Land? Gab

Zur erstenmal signiert sie: Mascha Vinaver-Kaléko.
Berlin, im Mai 1938

es überhaupt eine Zukunft? Für ihn, für die Geliebte, für den Sohn? Gab es Hoffnung? Die Angst war übermächtig.

Am 22. Januar 1938 wird die Ehe von Saul und Mascha Kaléko in beiderseitigem Einverständnis geschieden. Mascha behält den Namen Kaléko als Künstlernamen bei. Wenige Tage später, am 28. Januar, heiratet sie Chemjo Vinaver. Ihre Wohnung, in der sie längst gemeinsam lebten, war in der Björnsonstraße 27 in Berlin-Steglitz.

Dieses Tagebuch hat eine Geschichte. Ich bekam es in die Hand durch die Recherchen nach zusätzlichem Material für den vom Zweiten Deutschen Fernsehen gedrehten Film über Mascha Kaléko zu ihrem 10. Todestag am 21. Januar 1985. Beim Durchsehen von Papieren und Briefen kam mir auch ein schmales, in grobes Leinen gebundenes Buch in die Finger. Wie ein kleines Fotoalbum sieht es aus. Ich schlug auf. Nichts. – So legte ich es als »erledigt« andersherum ab, schlug nochmals auf und entdeckte das auf Seite 247 Wiedergegebene.

Ich hatte nicht gewußt, nicht bedacht, daß Mascha hebräisch schreiben konnte. Deshalb also die Notierung von hinten nach vorn, von rechts nach links. Ich setzte mich in Verbindung mit Laizer Ajchenrand, dem bekannten jiddischen Dichter in Zürich. Wenige Monate nach unserem Briefwechsel ist er verstorben. Er antwortete mir am 15. April 1985: »Die Tagebuch-Texte Mascha Kalékos sind mit hebräischen Schriftzeichen in deutscher Sprache (teils mit jiddischen Wendungen) niedergeschrieben. Mein Sohn und ich haben den Text gemäß der Sprache Mascha Kalékos wortwörtlich transkribiert ...«

Jiddisch galt in wohlgebildeten, assimilierten jüdischen Kreisen als nicht fein; doch für Mascha war es natürlich die Sprache ihrer Kindheit und Jugend, die Sprache im Elternhaus.

Das Tagebuch der Mascha Kaléko,
geschrieben für ihren Sohn

Avitar

Du bist jetzt ein Jahr alt geworden. Dein Vater hat dieses
kleine Buch gekauft, und wir wollen beide dann und wann
hineinschreiben für Dich. Wenn Du später, viel später einmal, alles lesen wirst, werden diese Jahre vor Dir auftauchen
mit ihrem Schimmer vom Vergangenen. Und Du wirst wie
durch einen schmalen Türspalt hineingucken in die Jahre,
die Deinem Bewußtsein noch verschlossen waren. Vielleicht

wirst Du Dich wundern, vielleicht wirst Du Dich freuen. Du bist noch so klein, und während ich das schreibe, liegst Du im Bettchen mit einem Verband um den Hals, denn auch das hast Du von Vater und Mutter geerbt, empfindlich zu sein im Hals. Es ist heute der 1. Januar 1938, draußen liegt Schnee, und die anderen feiern Neujahr. Dein Vater ist in der Synagoge, er dirigiert dort sehr ungern den Chor, aber er muß Brot verdienen, Avitarele, Brot für Dich – für uns drei. Einmal, sagt er, geschieht ein Wunder. Wie gut, daß Du noch klein bist, mein Avitarele, vielleicht erlebst Du das Wunder noch. Vielleicht herrscht Liebe und Gerechtigkeit in der Welt, wenn Du ein Mann sein wirst.

1. 2. 38

Ich gehe langsam aber sicher zugrunde. Ich weiß nicht, warum wir uns gegenseitig das Leben verbittern. Entweder er liebt mich nicht mehr – er schwört, daß das nicht stimmt –, oder er ist ein Mensch, der für das Zusammenleben im Alltag nicht geschaffen ist. Es vergeht keine Woche, in der wir uns nicht bis zur Verzweiflung quälen. Er ist sehr jähzornig, und wenn er in Erregung kommt, kennt er keine Grenze. Und ich bin nicht gewohnt, jedes Wort, das aus meinem Munde kommt, zu prüfen, ob es wer weiß vielleicht ihn »beleidigen« könnte. Wie kann man sich »beleidigt fühlen« von der angeblich geliebten Mutter seines geliebten Kindes? Unser Streit kommt aus kleinen Lächerlichkeiten, aber er endet mit großen Weinerlichkeiten. Heute wieder. Vorgestern haben wir uns geschworen, daß derartiges nicht mehr passieren darf und schon …

Heute fühle ich mich ganz ohne Schuld. Ich habe beim Füttern des Kindes beobachtet, daß das Kind sein Spucken wiederholt, wenn man beim ersten Mal darauf reagiert. Und das habe ich gesagt. Darauf kam er in eine mir unerklärliche Wut: »Du bist verrückt geworden. Ich glaube ganz ernst, daß du ›zermischt‹ bist«, usw. Dies alles in einem haßerfüllten Ton. Ich habe ihn »beleidigt«. Und das Kind spuckt nur, weil ich ihm zu essen gebe. Ich mache einen ganzen »Zimess« von Essengeben.

Ich kann mich bei solchen Szenen nicht mehr halten. Mir brechen die Tränen nur so aus den Augen, ich fühle, wie alles zerbricht, was ich in meinem Innern aufgebaut hatte, und auch was im Äußeren begonnen hat, mein Leben zu sein, ist im Grunde nur eine Qual. Es könnte alles herrlich sein und ideal, wirtschaftliche Not würde mich im Tiefsten nicht unglücklich machen, vielleicht unzufrieden im Moment, aber unglücklich – nie! Dieser Zustand aber macht mich tief unglücklich, und ich spüre, wie mir das Herz abstirbt. Ich habe alle Brücken zu meinem früheren Dasein abgebrochen, ich hatte bestimmt geglaubt, unser Leben würde sein wie im Paradies. Und bis auf Geldnot und die Verachtung der Spießer würde uns nichts fehlen. Aber es scheint, daß ich zuviel verlange vom Leben. Man muß nehmen, was man bekommt – allein darf man sich nichts nehmen. Was könnte uns fehlen, wenn wir uns liebten, wir haben ein herrliches Kind, das schönste und liebste auf Gottes Welt. Wir haben ein Dach über dem Kopf und Brot. Wir können froh sein. Es wird immer noch einen Weg geben für uns drei, aber wir haben keinen Frieden. Ich wünschte, ich hätte mir etwas vorzuwerfen. Ich forsche in mir nach Schuld, weil er sagt, nur ich sei schuld an allem, aber ich kann nichts finden. Ich sehe, daß es so nicht gut sein wird. Ich bin tief unglücklich, und ich will mir nichts vorspielen, ich kann nicht glauben, daß dies möglich wäre, wenn sein Gefühl für mich noch so wäre, wie es war. Vor vier Monaten haben wir begonnen zusammenzuwohnen, und zu Beginn gab es nur Störungen von außen. Aber kaum daß diese aufgehört haben, kam das andere, ich weiß nicht, wie ich das verhindern kann. Er ist so aufbrausend, und wenn er schreit, denke ich: Und das ist die »große

Liebe«, um die alle Welt uns beneidet. Ich habe einen unge-
liebten Mann verlassen, um dem geliebten Mann zu folgen
und um meinen und meines Kindes Frieden bei ihm zu finden. Ich habe keine Heimat gefunden und keinen Frieden.
Und er auch nicht, wie er sagt. Wenn er böse wird, spricht er
mit mir wie zu einer bösen Schlange, ich bin sein »Gaslen«
(Räuber), er läßt sich von mir nicht »tyrannisieren«. Ich will
ja so wenig ihn tyrannisieren, das weiß er selbst, aber er muß
irgend etwas gegen mich haben – und wer weiß, vielleicht
nicht gegen mich, sondern gegen die Einrichtung der Ehe –,
und so entspringt ein Zank nach dem andern. Ich habe mehr
gelitten in den letzten zwei Jahren, als es menschenmöglich
ist. Ich habe gelitten unter der Lebenslüge, die ich begangen
habe, jahrelang, weil ich mußte, aber ich habe mich geirrt,
als ich hoffte, es würde alles gut werden, wenn ich mit ihm
mein Leben beginnen kann in Wahrheit und in Liebe. Das ist
meine Enttäuschung im Leben. Und ich kenne mich gut genug, zu wissen, daß ich so nicht leben kann. Ich bin wie ein
kleines Kind, das Vater und Mutter verloren hat. Wenn ich
die Kraft hätte, fortzugehen mit dem Kind, irgendwohin ins
Ungewisse, das wäre ich meinem Stolz schuldig! Aber noch
habe ich diese Kraft nicht. Zu einem Kind gehört nicht nur
die Mutter, und der Vater ist nicht zu ersetzen. Er ist der Vater für mein Kind, so wie ich ihn mir erträumt habe.
Aber leider ist er nicht der Mann für mich, neben ihm sterbe
ich täglich einen neuen Tod. Ohne ihn würde ich nur einmal
sterben. Aber dafür einen gründlichen Tod, von dem man
nicht wiederkehrt. Ich möchte einschlafen, um nie wieder
zu erwachen!

2.2.38
Ich möchte mit dem Kind nach Palästina gehen. Vielleicht
kann ich es allein aushalten, wenn das Kind bei mir ist. Ich
weiß, daß es ihm leid tun würde, aber so halte ich es mit

ihm nicht aus. Er ist durch Arbeit und Gesundheitszustand nervös und überreizt, aber dennoch könnte er anders sein, als er ist. Eine Trennung würde ihm zeigen, was er verloren hat, aber wenn ich mich einmal zu dem Entschluß durchgerungen hätte, würde ich auch nie mehr zurückkehren. Das Leben hätte jetzt wenig Reiz für mich ganz allein, aber ich werde den Weg gehen müssen, wenn er sich nicht ändert. Auch für das Kind kann es nicht gut sein, unter solchen Bedingungen aufzuwachsen. Eine unglückliche Mutter ist kein guter Erzieher. Manchmal möchte ich tot sein, wenn ich daran denke, wie das weitergehen soll.

Ich liebe ihn so sehr! Er liebt mich auch nicht weniger, aber die Ausdrucksform seiner Liebe ist anders als die meine. So komme ich bald in Verzweiflung und meine, ihm schon ganz entfremdet zu sein, mache mir und ihm das Leben schwer, indem ich mich darüber beklage. Bis entweder alles heraus ist aus mir, oder ich ersticke. Dann aber plötzlich erlebe ich ihn wieder wie einst, und ich sehe, daß alles gut ist. Aber diese Qual – diese Qualen. Ich möchte, daß er manchmal etwas mehr an mich denken soll – warum habe ich immerfort das tiefe Bedürfnis, ihm eine Freude zu bereiten? Aber das liegt in der Hauptsache an der Erziehung. Er hat die Erziehung meiner Eltern, die sich auch geschämt hätten, einander Blumen zu schenken. Ich aber bin überströmend von Gefühl für ihn, ich möchte ihm die Welt zu Füßen legen, wer mehr liebt, leidet mehr.

28.2.38

Es ist alles wieder gut! Chemjo ist ein sehr teurer, meschuggener, aber der Liebste auf der Welt. Er und das Kind – das ist das Beste auf dieser Welt. Ich fahre zu meinen Eltern nach Palästina, für ein paar Wochen. Chemjo bleibt bei dem Kind mit Frau Zibel, die sehr zuverlässig ist. Chemjo ist so lieb und ein so »aufmerksamer Liebhaber«, daß ich ihn nicht wiedererkenne. Er bringt mir für die Reise alles, was man braucht, er bringt mir sogar Blumen und Schokolade …

Das kostet ihn große Überwindung – er hat eine schwer verständliche Scham dafür, seine Liebe zu zeigen in den kleinen rührenden Äußerlichkeiten, mit denen sonst die Liebenden sich zu beglücken verstehen. Für ihn gibt es nur vulkanartige Ausbrüche der Leidenschaft, und er ist herrlich in seiner Liebe – aber Gott hat mich doch nun mal als Frau geschaffen, und so liebe ich am Manne nicht nur die Leidenschaft, sondern auch die väterliche, die ritterliche Zärtlichkeit. Und weil Chemjo zwar tief im Innern ein Gentleman ist, aber im Äußeren oft verletzend unaufmerksam, bin ich beseligt wie ein kleines Kind, wenn er mir etwas mitbringt: eine kleine Blume für zehn Pfennig, ein Stück Schokolade.

Ich weiß, daß er mich sehr, sehr, sehr liebt, ich glaube ihm auch, wenn er sagt, daß ich die Frau in seinem Leben bin, die für ihn Heimat und Liebe zugleich sein kann. Aber ich bin doch nun mal trotz all meiner (guten) männlichen Eigenschaften ein weibliches Wesen, und das ist gut so.

Mai 1938

Ich bin im April aus Palästina zurückgekommen. Ich habe viel erlebt in den fünf Wochen, Schweres und Schönes. Die Tage sind wie im Traum verflogen – und ich war in all der Zeit so erregt, daß ich nervöse Erscheinungen in meiner Gesundheit erfuhr, ich bin erst jetzt meinen nervösen Husten losgeworden. Ich bin schrecklich sensibel, und ich bin verflucht (oder gesegnet), Freud und Leid tausendfach tiefer zu empfinden als die meisten anderen Menschen, die ich kenne. Ich habe in Tel Aviv so viel erlebt! Meine Mutter – eine tiefe Tragödie, von der niemand außer mir (und jetzt auch Chemjo) etwas ahnt. Fitel, das geliebte Wesen, dieses reinste Geschöpf auf dieser Erde! Und bevadai (selbstverständlich) sehr lieb ist, aufgeweckt, aber nicht sehr tief! Chemjos Bruder Jankl habe ich kennengelernt. Er hat mein Herz gewonnen und ich das seine. Chemjo hat sich sehr bewährt in meiner Abwesenheit, er hat Avitarele, mein geliebtes, behütet. Er hat eine Wohnung gemietet und fuhr mich vom Bahnhof direkt in unser neues Heim. Ich hätte ihm solche Tüchtigkeit nicht zugetraut. Er hat mir die süßesten Briefe geschrieben nach Tel Aviv, er ist überströmend vor Glück, daß ich wieder da bin, und wir drei sind wohl die glücklichsten Menschen auf der Welt. Es ist Frühling, der Flieder blüht uns ins Fenster hinein, abends stehen wir mit Avitarele am Fenster, und er »pustet den Mond aus«. »Ma ma« heißt in seiner Sprache Mond. Im Garten blühen die Gänseblümchen. Wir haben das Laufställchen auf den Rasen gestellt, aber unser widerspenstiger Sohn weigert sich entschieden, das »Gefängnis« zu betreten. Er ist so süß! Aber laufen will er nicht …

Das macht mir ein bißchen Sorgen. Ach, wenn er erst laufen würde, mein Leben wäre erfüllt! Ich habe bald Geburtstag, ich bin neugierig, ob Chemjo sich gebessert hat – oder ob er es fertigbringt, meine kindische Vorfreude zu zerstören. Wir haben wenig Geld – aber ein Brief oder eine Blume kostet nichts.

(Hier endet der in hebräischen Buchstaben geschriebene Teil des Tagebuchs. Die Fortsetzung, nun auf deutsch, beginnt Seite 269.)

Als Emigrantin in New York

Im April/Mai 1938 war also Mascha von Berlin nach Palästina gereist und wieder zurück! Ich staune, daß das möglich war. Ihre Eltern mit den zwei jüngeren Geschwistern Rachel und Chayim waren längst dorthin ausgewandert. Aus den Einbürgerungspapieren vom Jahre 1944 geht lediglich hervor, daß Chaja Aufen Engel mit zwei Kindern in Tel Aviv, 28 Mendelestraße, als Hausfrau und Schneiderin lebt. Demzufolge lebten die Eltern wohl getrennt. Der Vater – Mascha hat ihn doch sehr geliebt – wird überhaupt nicht erwähnt. Erst aus ihren Briefen erfährt man später von seinem Tod am 30. Oktober 1956.

Mascha fuhr also zu ihren Eltern, doch wohl, um Verständnis, wenn nötig und möglich Versöhnung, zu erwirken nach ihrer Scheidung und der neuen Eheschließung. Sie lernte auch Chemjo Vinavers Bruder Jankl kennen.

Für Mascha und Chemjo Vinaver kam ein Auswandern nach Palästina zum damaligen Zeitpunkt wohl gar nicht in Frage. Wenn er als Komponist und Dirigent weiterarbeiten und wieder einen eigenen Chor gründen wollte, dann konnte sich – wenn überhaupt – nur in Amerika eine solche Möglichkeit bieten.

Endlich im September 1938 verläßt Mascha Kaléko mit Mann und Kind Deutschland. Am 23. Oktober kommen sie in New York an.

»Die Fahrt ins Exil ist ›the journey of no return‹. Wer sie antritt und von der Heimat träumt, ist verloren. Er mag wiederkehren – aber der Ort, den er dann findet, ist nicht mehr der gleiche, den er verlassen hat, und er ist selbst nicht mehr der gleiche, der fortgegangen ist. Er mag wiederkehren, zu Menschen, die er entbehren mußte, zu Stätten, die er liebte und nicht vergaß, in den Bereich der Sprache, die seine eigene ist. Aber er kehrt niemals heim«, schrieb Carl Zuckmayer in seinem Buch über Abschied und Wiederkehr ›Als wär's ein Stück von mir‹.

Die »Katastrophe der Austreibung« widerfährt den Vinavers in einem Alter, in dem man noch Hoffnung auf einen Neubeginn haben kann: Mascha ist 31 und ihr Mann 42 Jahre alt.

Die Familie Kaléko/Vinaver vermeidet es, in einem Flüchtlingsquartier Wohnung zu nehmen. Die erste Adresse ist New York City, 378/385 Central Park West.

Wenigstens kann Chemjo Vinaver weiter in seinem Beruf wirken. Wie vielen Exilanten ist das versagt. Er dirigiert – dies allerdings abhängig von wechselnden Möglichkeiten und Aufträgen; er komponiert und setzt vor allem seine musikwissenschaftliche Arbeit fort. Bald gründet er den »Vinaver-Chor« und hat 1939 sein Konzertdebüt. Sein Chor gilt als der erste professionelle in den USA, der sich vor allem der jüdischen Musik widmet.

Für Mascha hingegen ist die deutsche Sprache das Element ihrer schöpferischen Tätigkeit. Sie lernt zwar schnell und gut Englisch; verdient sogar Geld mit englischen Texten. Doch Dichtung entsteht nur in der Muttersprache, die tiefere Quellen hat. In dem Gedicht ›Auf einer Bank‹ hat sie es selber formuliert:

> Weil ich der Kinder Spiel nicht hier gespielt,
> Der Sprache tiefste Heimat nie gefühlt
> In Worten, wie die Träumenden sie wagen.

Chemjo Vinaver, Leiter des »Vinaver-Chors«,
mit Mascha Kaléko. New Yorker Foto von 1939

Exil – das bedeutet für den Dichter unheilbarer Bruch im Leben. Musiker, Wissenschaftler, bildende Künstler können auch in fremden Ländern wirken: Dichter verlieren das Publikum, das ihre Sprache spricht; die Grundlagen ihrer Arbeit – Kultur und Tradition – sind ihnen entzogen.

Das traf politische Exilanten wie jüdische Emigranten gleichermaßen. Und doch gab es einen wesentlichen Unterschied: Erstere gaben die Bindung an Deutschland nicht auf, waren im Exil Gast auf Zeit, für die Dauer der nationalsozialistischen Herrschaft, für letztere stellten sich Identitätsprobleme. Was waren sie? Staatenlose? Würden sie sich jemals wieder als Deutsche fühlen können? War es nicht ganz ausgeschlossen, eines Tages in ein Land zurückzukehren, in dem Millionen der Ihren in Massenvernichtungslagern umgekommen waren? Der Ihren: Das war neu für viele – das Selbstverständnis als Jude. Es gab ja die große Masse derer, die, nur weil sie selber oder ihre Eltern in den standesamtlichen Registern als Juden geführt wurden, sich zur Auswanderung gezwungen gesehen hatten. Sicher, es gab viele Juden und Nichtjuden, die freiwillig gegangen waren, weil sie es von sich aus im Dritten Reich nicht aushielten, aber andere wären liebend gern in Deutschland geblieben, hätte man sie dort nur auf irgendeine Art ihr Leben fristen lassen.

Erst die veränderten politischen Verhältnisse forcierten für viele Menschen jüdischer Herkunft den Prozeß zur Identifikation als Jude. Die Tragik des deutschen Juden ist: Er verlor mehr als andere Juden irgendwo auf der Welt, die ebenso vertrieben und verfolgt wurden. Der deutsche Jude verlor vor allem die geistige Heimat, die Bindung und Zugehörigkeit des sich emanzipierenden Juden an die deutsch-österreichische Kultur, an deren Entwicklung er seit Moses Mendelssohn in den Künsten und Wissenschaften so bedeutenden Anteil hatte.

Das Ringen um bloßes Überleben in New York ist hart; härter das nicht Übereinstimmen mit der Umwelt.

Mascha Kaléko setzt sich mit dem jüdischen Glauben auseinander. Das beweisen einige in diesen Jahren entstandene Gedichte. Der kesse Ton der Berliner Großstädterin ist für immer verklungen. Im ›Aufbau‹ erscheint 1940 ›Enkel Hiobs‹, ein Gedicht, das später nicht in die ›Verse für Zeitgenossen‹ aufgenommen wurde.

Wie tief entbrannte über uns der Zorn!
Wo blieb die Feuersäule, die uns führte,
Dein Wunderfels, der, da man ihn berührte,
Uns Wasser gab, sich wandelte zum Born.

Wo bleibt die Stimme, da der Dornbusch flammt?
Nicht Land, nur Flut, wohin wir auch enteilen.
Wo bleibt der Stab, für uns das Meer zu teilen.
Sind wir auf Ewigkeit zum Irr'n verdammt?

Ist uns die letzte Arche schon zerschellt,
Gibt's kein Entfliehen mehr aus solcher Hölle,
Kein Ohr, das vor gewaltgem Schreie gelle,
Ist keine Liebe mehr auf dieser Welt?

Mit Tränen säten wir das erste Korn,
Und sieh, der Halm ist leer, den wir geschnitten.
Was willst du, Herr, noch über Hiob schütten?
– Gar tief entbrannte über uns dein Zorn.

1942 schreibt Mascha Kaléko zum Jom-Kippur-Fest (dem Versöhnungstag) ›Nachtgedanken‹; ein Gedicht, das später den Titel ›Kaddisch‹ (Gebet des Totengedenkens) trägt.

Chemjo ist nicht imstande, Englisch zu lernen. Seine Frau ist ihm als »Karrierehelferin«, wie er es zu nennen pflegte, unentbehrlich. Mascha rennt von Amt zu Amt, steht in Riesenschlangen an vor Konsulaten. Heute braucht man diese

Bescheinigung und morgen jene: Wichtig vor allem ist die Arbeitsgenehmigung, zu der man mit einem Besuchervisum nicht berechtigt ist. Flüchtlinge sind in allen Ländern unbequem und unerwünscht. Meistens werden sie schlecht behandelt, als hätten sie sich eines Vergehens schuldig gemacht.

Man hört von fremdenfeindlichen Publikationen, in denen die Furcht vor Überfremdung geäußert wird. Das vertieft die Kluft zwischen den Alteingesessenen und den Neuankömmlingen, verschärft deren Zusammenprall.

Letztere sind die Schwachen, die Gescheiterten. Und von dieser Klassifizierung ist es nicht weit bis zu rassistischen Thesen. Man behauptet auch, die Einwanderer beeinflußten die amerikanische Kultur; früher oder später würden sie zudem die Wohlfahrtseinrichtungen des Landes belasten. New York mit seinem hohen jüdischen Bevölkerungsanteil wird zum Inbegriff des Nichtamerikanischen.

Als Immigrant in Amerika braucht man zwei »Affidavit-Geber«. Ein »Affidavit« bedeutet, daß die Person, die es ausstellt, sich nicht nur für die moralische Führung und den Charakter der Einwanderer verbürgt, sondern sich auch verpflichtet, notfalls für den Unterhalt oder eventuelle Rückreisekosten aufzukommen, falls der Betreffende es in Amerika nicht »schafft« (s. S. 262).

Die Schwierigkeiten fangen erst an, wenn man überlebt hat. Auch das haben viele erfahren: Dem großzügigen Entgegenkommen zu Beginn folgt eine verletzende Abkühlung und die plötzliche Unerbittlichkeit des täglichen Lebens: Man hat dir mit Rat und Tat geholfen – nun sorge für dich selbst.

Da Chemjo sich auf englisch nicht ausdrücken kann, muß Mascha ihn zu Besprechungen, zu Proben und zu jedem Konzert begleiten und dolmetschen. Zum Dichten bleibt wenig Zeit. Mit einem Stoßseufzer schließt das Gedicht ›Die Leistung der Frau in der Kultur‹.

Gern schriebe ich weiter
In dieser Manier,
Doch muß ich, wie stets,
Unterbrechen.
Mich ruft mein Gemahl.
Er wünscht, mit mir
Sein nächstes Konzert
Zu besprechen.

Da Mascha viel unterwegs ist und sich um die beruflichen Belange ihres Mannes kümmern muß, ist ein Hausmädchen für den Sohn unentbehrlich. Wahrscheinlich zählten diese oft wechselnden Babysitter auch zu den Ärmsten der Armen, denn viel Geld können sie bei den Vinavers nicht verdient haben.

Aus dem Sohn Avitar – der nun auch ein Emigrantenkind ist, wie seine Mutter es in seinem Alter gewesen war – wird Stephen, schließlich Steven.

Mascha Kaléko notierte später in New York in ihren fragmentarischen ›Geschichten vom kleinen Steven‹:

»... zuletzt hatte die Bibel herhalten müssen für einen bedeutenden Namen. Der bedeutende Name war Evjatar. Klang gut. Und der so hieß – in der Bibel – war ein bedeutender Herr, ein Nachkomme des Propheten Jeremia. Ältester biblischer Adel, keine schlechte Abkunft. Ehe die Mutti die große Lederbibel zuschlug, stieß sie noch auf den Erzengel Michael und borgte sich den Namen von ihm aus für den künftigen kleinen Steven. Nun hatte der schon zwei Namen, zwei ordentlich lange. Aber dann kam noch die Pietät dazu: Der Vater des Vaters der Mutter sollte auch noch mitverewigt werden, und da er am längsten hieß – Alexander – um's kurzheraus zu sagen, warteten auf den kleinen Steven, noch ehe er da war, drei ausgewachsene Männernamen. Evjatar – Alexander – Michael und dazu der drei-

State of New York   :
City of New York   :SS
County of New York   :

GERALD F. WARBURG, Jericho, Long Island, being duly sworn, deposes and says:

I am an American Citizen.   I am a musician. My real and personal property, fully owned by me is worth "in excess of $100,000." some of the items in this valuation are:

    1   Securities and cash held in safekeeping for
        my account by the firm of Kuhn, Loeb & Co.,
        52 William Street, New York City, N. Y.

    2   Furnishing of my home in Jericho, L. I?

I am thirty-six years of age.   My dependents are my three children.

Mr. and Mrs. Chemja Winawer and their son Ewjatar-Alexander who are applying for an immigration visum, have a number of excellent and well to do friends in this country and are not likely ever to become a public charge.   Nevertheless, I desire to give my own sworn assurance, for the purpose of securing favorable action by the Consulate that Mr. & Mrs. Chemja Winawer and their son will never be permitted by me to become a public charge.   I am amply able to provide for their support should this ever become necessary.

Gerald F. Warburg

Sworn to before me this
sixth day of April 1938

LAWRENCE M. TILLFOOTT
NOTARY PUBLIC, N. Y. County
N. Y. Co. Cl'k No. 113 Reg. No. 9H650
Term expires March 30, 1939

Affidavit von Gerald F. Warburg für Mascha,
Chemjo und Evjatar Vinaver

silbige Familienname, na, das langte, da würde er im Winter nicht frieren. Als der kleine Steven brüllend seine Ankunft auf diesem Planeten ankündigte, ging der Papa aufs Standesamt, und der Beamte schrieb sämtliche Namen ins Geburtsregister, wie es sich gehört. Aber als er dann seinen Geburtstag feierte, hieß er weder Evjatar, Michael noch Alexander – und aus Evjatar war nichts weiter übriggeblieben als ›Tatar‹. Das war alles, was der einjährige kleine Steven zuwege brachte mit dem noch etwas beschränkten Vokabularium, das er auf dem Boden rutschend vor sich hinplapperte. ›Tatar‹, so hatte er sich selber genannt, und so hieß er fortan.«

In ihrem Gedicht ›Einem kleinen Emigranten‹ heißt es:

Du, den ich liebte, lang bevor er war,
Den Unvernunft und Liebe nur gebar,
Der blassen Stunden Licht und Himmelslohn,
Mein kleiner Sohn

Die Gedichte der ersten Emigrationsjahre sind voller Heimweh nach der verlorenen Heimat, sprechen von der Sehnsucht nach Deutschland. Kummer und Verzweiflung haben ihre Sprache härter werden lassen.

1934 war in New York am Broadway eine deutschsprachige Zeitung von Emigranten gegründet worden: ›Aufbau‹. Ihr damaliger Herausgeber war Manfred George. Die Tendenz des ›Aufbau‹ war, den Emigranten bei der Integration in die USA zu helfen. Die Zeitung war alles andere als ein nostalgisches Heimatblatt: Im Gegenteil, sie arbeitete für eine ins Land hineinwachsende Immigration, nicht für diejenigen, die nur ein vorübergehendes Refugium suchten.

Darüber hat der ›Aufbau‹ nie einen Zweifel aufkommen lassen. »Er ist für seine Leser die Brücke nach Amerika, nicht nach Europa«, war das Credo von Manfred George.

»Alle Immigranten aber müssen sich darüber klar sein, daß sie nicht auf zwei Schultern tragen können.«

Ab 1939 erscheinen im ›Aufbau‹ einzelne Gedichte von Mascha; solche, die dem Auftrag der Zeitung nicht widersprachen. – Im Ausstellungskatalog von 1984 anläßlich des fünfzigjährigen Bestehens des ›Aufbau‹ fehlt ihr Name. Maschas Heimweh nach Deutschland, nach Berlin war in ihren Versen zu offensichtlich. Sie war keine Amerikanerin geworden. –

Der ›Aufbau‹ riet seinen Lesern, nicht in der Öffentlichkeit Deutsch zu sprechen. Die Fremdenfeindlichkeit zur Zeit des amerikanischen Isolationismus war nicht zu unterschätzen, und als 1941 Deutschland Amerika den Krieg erklärt hatte, warnte man die Bevölkerung vor Spionen, die sich als Flüchtlinge tarnten.

Schon dem Kind zuliebe bequemte sich die Mutter zur Sprache des Landes. In dem ›Post Scriptum Anno Fünfundvierzig‹ vom ›Interview mit mir selbst‹ (s. a. S. 57 f.) heißt es vom Emigrantenkind Steven:

Das lernt das Wörtchen »alien« buchstabieren
Und spricht zur Mutter: »Don't speak German, dear.«
Muß knapp acht Jahr alt Diskussionen führen,
Daß er »allright« ist, wenn auch nicht von hier.

Leben konnte man von den sporadischen Veröffentlichungen im ›Aufbau‹ natürlich nicht. Geld ließ sich nur mit Werbung verdienen: für Parfüms, Büstenhalter oder Air-fresheners. Obwohl die Vinaver-Familie das Geld bitter nötig hat, können die Ablieferungstermine oft nicht eingehalten werden wegen Maschas miserabler Gesundheit. In den Briefen tauchen immer wieder Klagen über den kranken Magen auf, über unerträgliche Müdigkeit.

Ein einziges Mal kommt es zu einer Dichterinnenlesung

im »German-Jewish-Club«. Manfred George hält die Einführung. Außer ein paar Emigranten kennt hier niemand Mascha Kaléko.

Als Freunde der Vinaver-Familie Hoffnung machen, daß Chemjo in Hollywood als Komponist engagiert werden könnte, ziehen sie im Juli 1940 nach Kalifornien und wohnen am Winona Boulevard 1749. Wie Mascha erwartet hatte, endet der Versuch, beim Film zu arbeiten, mit einer Riesenenttäuschung.

Zurück also nach New York. Wieder wird ein Umzug notwendig, für den kein Geld da ist. 1941 heißt die Adresse 245 East, 11th Street, NY; dann, noch im selben Jahr im August, 253, 16th Street, Chelsea Hall.

Im ›Aufbau‹ erscheint am 26. Juni 1942 eine Reportage ›Hundertzwanzig Minuten ‚Minute-Man'*‹. Mascha Kaléko berichtet da über Erlebnisse beim Verkauf von Anteilscheinen für die amerikanische Kriegsanleihe.

Dieser Artikel, in dem Mascha Kaléko das patriotische Banner hißt, mußte dem ›Aufbau‹ ein willkommener Beitrag sein. Die Zeitung stand voll hinter dem amerikanischen Kriegsziel. Durch Titel wie ›I like America‹ und den Abdruck »vaterländischer« Aufsätze propagierte auch das Emigrantenblatt die Amerikanisierung.

»Abends von sieben bis neun, hundertzwanzig Minuten täglich, hab' ich einen neuen Beruf. Ich bin ›Minute-Man‹. Beziehungsweise: ›-woman‹.

– Was dazu für eine Vorbildung gehört? Keine. Oder: allerlei. Erstens muß man begriffen haben, wozu dieser Krieg geführt wird. Das geht noch. Zweitens aber muß man

---

* Minute-Man: Bezeichnung für Freiwillige im amerikanischen Unabhängigkeitskrieg, die von einer Minute zur anderen auf Aufforderung der Bürgerarmee beitraten. Im Zweiten Weltkrieg Bezeichnungen für Freiwillige, die in staatlichem Auftrag in den einzelnen Haushalten zur Zeichnung von Kriegsanleihen aufforderten.

dies wildfremden Leuten klarmachen, in möglichst einwandfreiem Englisch, wenns geht, und dies zu einer Tageszeit, da Vater endlich mal den durchgeweichten Kragen vom Halse reißen möchte und Mutter die traditionelle Hausfrauenangst kriegt, die Steaks könnten anbrennen.

Was man bei diesem ›job‹ verdient? Nichts, wovon einem Steuern abgezogen werden könnten; gar nichts. Aber dafür kommt man ja auch in den Himmel. – Nicht in die Hitlerhölle kommen, ist das nicht beinahe schon wie Himmel?

Das habe ich meinen Lieben daheim auch gleich klargemacht. Denn wenn Mutter gleich nach dem Kirschenkompott das Weite sucht, muß Vater halt abräumen und der kleine Steven auf das Ende von ›Pinocchio‹ bis nächste Woche warten. Dafür hat er auch heute früh einen Brief von keinem geringeren als dem Präsidenten erhalten, der dem Fünfjährigen seinen Dank für ›cooperation‹ ausspricht. Die Seligkeit war ohne Ende, und F. D. R., ich weiß es wohl, verzeiht mir diese Urkundenfälschung.

Siegesbewußt zog ich aus. Beinahe schuldbewußt entschuldigte sich mein Bezirksdirektor bei mir für den mageren Bezirk, den ich abzuernten haben würde. *Elevators* gedeihen in dieser Gegend nicht, hier heißt es treppauf, treppab, und überhaupt sei nicht zuviel zu erwarten hier, so viel rooming-houses …

Nun, mein erster Superintendent. New Yorker Portiers sind nicht immer sehr freundlich, wenn man ›Wohnung besichtigen‹ kommt. Aber probierts einmal mit einer Mission vom ›Government‹. Das klappt. Meine Premiere in der Portierloge war ein ›hit‹. Zwei Bonds im *Basement* allein. Und dann bekam ich noch gute Ratschläge über die Zahlungsfähigkeit. Ein Dutzend Wohnungen am ersten Abend. Keine einzige Enttäuschung. Kein unfreundliches Wort.

In einem *walkup* in Chelsea öffnete ein nettaussehender Irishman einladend, und erst, als die Tür hinter mir zufiel, begann es nach Whisky zu riechen. Die Wohnung war alkoholdurchduftet. Wacker schritt ich vorwärts und traf auf eine Dinner-Party unter Freunden. Keiner verließ mir diesen Raum, es sei denn, er segnete den Feldzug mit einer anständigen Zeichnung. Die Damen zeichneten extra. Die Unterschriften flogen aufs Papier und die Gläser in die Höhe. V for Victory, und W for Whisky. Das war dieses.

Na, und erst die Spanier in Chelsea. Die luden mich gleich zum Supper ein. Und es duftete so schön scharf nach Gewürz. Braunhäutige Murillo-Kinder hörten mir zu, und reizend waren diese kleinen Leute in ihren bescheidenen, sauberen Wohnungen, bunt und fremdländisch, und das Englisch noch so zaghaft. ›Lady, you write Vicente Vincent Novarro‹, sagte die rundliche Spanierin mit den unvorstellbar dunklen Augen. ›See –: Vincent is for his American name, but we still keep his Spanish name too, ›Vicente‹, you know. Some people thinking, we no good Americans 'cause we also keep Spanish name. This not true. See, young Lady: *He who keeps loving old country, will keep loving new country. He who forgets old country, will forget new country too.*‹

Dieses Haus werde ich so rasch nicht vergessen. Drei Stockwerke, zwanzig Möblierte, alles eine einzige große Familie. Sie nahmen mich an die Hand und zogen mit mir von Raum zu Raum. Zum Nachbar hinüber, der war in Hemdsärmeln, verlegen, denn von Beruf eigentlich Geistlicher. Und er wußte von einem Paar, das beschlossen hatte, soundsoviel Bonds zu zeichnen. Dort gingen wir hin und blieben gleich zum Kaffee, der schon auf dem Tisch dampfte, während Rodrigo sich den Text des Pledge-Formulars in ordentliches Spanish übersetzen ließ. Das Wörtchen ›Confidential‹, das so bedeutungsvoll über jedem Formular thront, machte hier gar keinen Eindruck. Alfonso weiß ohnehin, was Antonia nebenan verdient, und Vera, wenn sie zum Post Office geht, kauft gleich für die ganze Etage ein.

Ein Seemann, braungebrannt und schweigend, unterschrieb gleich für ein halb Dutzend Bonds. Das Geld wollte er mir sofort auf den Tisch zählen – er wisse ja gar nicht, wann und ob überhaupt er von der nächsten Ausfahrt zurückkehren werde ... Ein flaggengleiches Seidenband war über sein Bett genagelt, drauf stand, in Blau auf Gold: ›Torpedoed at Sea‹. – ›That's our hero‹, sagte der Super stolz.

›Auf Sie haben wir gerade gewartet‹, hörte ich oft, aber nicht etwa im Sinne des ›Uff Ihn' ham wa jrade jewartet, Frollein!‹, sondern freundlich: ›We've been waiting for you.‹ Das Radio war noch ganz warm vom Ansagen. Der Überfall des Minute-Man auf die Einwohner Manhattans war gut vorbereitet worden ... Oft warteten die Leute gar nicht erst auf den wohleinstudierten ›salestalk‹, sie wußten schon, worum es ging. Aber was ein gewissenhafter Minute-Man ist, der ist sich seiner Pflicht bewußt, und so legte ich los.

Alles hörte zu. Köpfe nickten. Blicke ermutigten. Und schon zückten Hände den Bleistift. An der Tür dann sagte der Hausherr mit liebenswürdigstem Lächeln: ›My dear young lady. You did a wonderful job. Now I'll confess: I knew all this by heart. I have been helping in turning out copy for this campaign, I practically wrote your speech. But it was delightful listening. You've got a charming accent.‹ Und ich hatte meine Erfolge auf das vollendete Englisch geschoben ...

Coca-Cola wurde mir angeboten, ein Glas Chianti und Zigaretten aus Cuba, italienischer Käsepie und Eiscreme, Kupferstiche wurden mir gezeigt, Bücher und ein auf Pergament geschriebenes vergilbtes Dokument aus der Zeit Maria Stuarts, ja, sogar die Bilanz eines schlechtgehenden Geschäfts – als Entschuldigung dafür, daß die gezeichnete Summe nicht größer war.

Ein einsames Fräulein hatte sogar vorsorglich ein Bier kaltgestellt für den abgerackerten Minute-Man, der sich nun als ein lumpiges weibliches Wesen entpuppte, das noch nicht einmal Milch trank.

– Wie die Leute im allgemeinen waren? Reizend.«

1944 zeichnet sie selber die 4. Kriegsanleihe der USA. Ob sie auch in diesem Jahr als »Minute-Man« gearbeitet hat? War der Anteilschein Teil ihrer Bezahlung oder Voraussetzung für den Job? Sicher stiegen die Verkaufschancen, wenn man in den »salestalk« einflechten konnte, daß man selber mit gutem Beispiel vorangegangen war und bereits einen Bond besaß.

Am 18. Februar stellt die Familie Vinaver einen Antrag auf Einbürgerung. Als ihre gegenwärtige Staatsbürgerschaft gibt Mascha polnisch an; denn die Geburtsurkunde, die sie vorlegen kann, ist eine Ausfertigung des Israelitischen Matrikelamtes Chrzanów aus dem Jahre 1938. (Die Urkunde hatte wohl in Berlin noch für die 2. Eheschließung beigebracht werden müssen.) Der galizische Geburtsort ist nicht mehr österreichisch, sondern polnisch. Den amerikanischen Einbürgerungsbehörden mutete man besser gar nicht erst zu, die Verschiebung europäischer Grenzen und das, was daraus folgte, zu verstehen.

Am 20. November 1944 wird die amerikanische Staatsbürgerschaft erteilt.

Vom Tage der Emigration an sind die Notierungen im Tagebuch für den Sohn nicht mehr jiddisch, sondern deutsch geschrieben.

Das Tagebuch der Mascha Kaléko
Fortsetzung

27. 1. 39

Von Mai bis Januar sind nur ein paar Monate. Für uns sind es Jahre. Jahrzehnte, wenn man die Zeit nach der Fülle der

Geschehnisse mißt. Am 23. Oktober 38 sind wir in New York angekommen. Nach Monaten angestrengtester Arbeit und täglichen Umherrasens nach den Papieren. Es ist wie ein Wunder, daß wir noch den schrecklichen Hitler-Pogromen vom 11. November entronnen sind. Die Nachrichten aus Deutschland sind entsetzlich, die polnischen Juden sind deportiert, die anderen verhaftet oder verfolgt.

Das wirft einen langen Schatten auf uns, die diesem Schicksal um Haaresbreite Entronnenen.

Die Reise: Bis Hamburg das erste, süße Kapitel mit dem Kind. Nach Wochen das erste Mal, daß wir beide ihn allein hatten, ganz für uns, im bequemen Abteil Zweiter, denn Emigranten aus Deutschland fahren nur Zweiter, weil das Geld ohnehin nichts wert ist.

Chemjo war selig und ich ganz im Himmel über den Kleinen. Und er jubelte unterwegs. Jede Station war ihm »Amegika«. Zuweilen entsann er sich traurigen Auges seiner verlassenen »Bauti«, aber bald gehörte ihm die Welt. Die Welt des Teddy und der Puppe, des Papi und der Mami.

Er erfand an diesem ersten Reisetage ein Spiel: »Mami a-tich« (artig) mit fragend schräggehaltenem Köpfchen und flehenden Augen. Ich hatte zu antworten: Ja. Und dieses Wort löste einen Freudenausbruch aus und wurde mit Dank quittiert: »Mami auch atich.«

Die Nacht in Hamburg begann nicht im mindesten harmonisch: Er weigerte sich, im fremden Bett zu schlafen. Ein böser Nachbar im Nazi-Hotel ängstigte uns, vor allem den Vater, beträchtlich.

Am nächsten Morgen: Mein Rundgang zum Reisebüro, Bahn, und den schicksalsschweren Weg zur Bank, wo alles klappte, so daß wir wahrhaftig für die Reise nach Paris Devisen hatten. Wie im Märchen! (1938!)

Reise nach Paris mit Avitar. Schön, aber anstrengend. Weinte, aß nicht. Ankunft im Hotel spät nachts, den Bengel zum Schlafen gebracht mit großem Bemühn. Dann minuit: Paris anstarren. Davon hatten wir geträumt: Den Bengel in gutem Schlaf zu wissen und zu zweien auf die Lichter der Place de l'Opéra zu staunen. In einem guten Pariser Restaurant die knusprigsten pommes frites, den saftigsten Braten, den rotesten Wein, dann ein Rundgang, und hinauf zum Frosch. Mitten in der Nacht erwacht er, stellt fest, daß dies Zimmer mitnichten sein Zimmer ist. Das Sofa, an das wir ihn mit Patentgurt gesichert hatten, wird von ihm als Bett abgelehnt. Er ist sichtlich sehr erregt, seine nervösen Proteste, seine erregten Gespräche, er redet ununterbrochen, all die Worte aus seinem kleinen Repertoire, machen mich unruhig. Wir beschließen, er muß wieder ein eigenes Zimmer haben mit Kinderbett.

Ja, das ist etwas anderes. Er beruhigt sich, aber mit dem Essen ist es schwierig. Entweder beschmiert er alle Restaurantgäste mit Spinat, oder er spuckt alles auf den Tisch, ohne Rücksicht auf die verzweifelnde Mami.

Hingegen ist er daheim – im Hotel – süß. Hat sich angefreundet mit der femme de chambre. Plappert ihr alles nach: Bonjour, au revoir. Kaum daß sie sichtbar wird, singt er: oh, mon bébé! Es ist ganz klar: Er hört die neue Sprache und weiß, daß dies etwas anderes ist, als was er bisher gehört hat.

Vierzehn Tage in Paris. Meistens: Dôme und Hotel. Angebunden tagsüber beim Kleinen. Des Nachts nur unruhig und schlechten Gewissens fort von ihm. Hauptvergnügen: Kein Museum.

Andenken an Paris: nichts als gutes Essen zu zweien, nicht zu verachten.

Über allem aber großgeschrieben: *Dennoch, dennoch, dennoch* haben wir »Paris« erlebt.

Am 14. Oktober bestiegen wir das Schiff.

»Britannic« in Le Havre. Ein mäßig gutes Schiff. Bemerkenswert: der Lift-Mann, von Evjatar »Hello«-Onkel gerufen. (Hallo, boy!)

Bemerkenswert: die Seekrankheit, die uns selbdritt erwischte. Auch den Kleinen, obgleich 1¾ jährige immun sein sollen … Ich war sterbenselend, richtete mich in »Agonie« auf, dem Kleinen den Brei zu geben. War aber nicht mehr nötig. Er erbrach vorher. Brüllte aber gleich darauf: »Namnam« und »Hunger da« mit dem Finger in den Mund weisend.

Bemerkenswert: die Haltung des heldenhaften Papi, der erklärte, er hielte es nicht mehr aus. Zugegeben, es war ihm elender als elend zumut, und er verschwand heimlich. Aber am liebsten hätte er erklärt: Ich steige aus.

Bemerkenswert: Schiffsgenossen: Prof. Jonas Elbogen. Der Chemjo eine Empfehlung gab, die vielleicht schicksalhaft werden kann, wie es jetzt aussieht.

(Die folgenden drei Abschnitte entsprechen zwei Tagebuchseiten, die – mitten im deutschen Text – in hebräischen Buchstaben geschrieben sind. Die Übertragung besorgte Hanna Frei-Liron.)

Ich habe es versäumt, die ersten New Yorker Eindrücke zu verzeichnen, schade. Nichts läßt sich so in die Erinnerung zurückrufen. Ich weiß jetzt nur: Alles ist anders, als wir es uns in Europa vorgestellt haben – vieles besser, manches böser. In den ersten Jahren erging es uns mit dieser Stadt wie einem »Flitterwöchner« mit seiner nagelneuen geliebten Frau. Alles war neu und schön, darum (manches nur darum) bezaubernd. Die Wolkenkratzer mitten aus der Nebel-Insel aufragend – unerwartet die hohen Türme funkelnder Lichtfenster, die glitzernde Liebe (?) am Broadway, ein bißchen wie Lust an Jahrmarktstreiben, Karussell und Lampion erfaßt mich beim Anblick des abendlichen Gewimmels am Broadway.

In den ersten Jahren sahen wir New York gehemmt durch Ws. Jakob W., der Komponist, mag sympathisch sein, der Mensch ist es nicht. Dumm, möchte raffiniert sein, stellt sich dumm an. Berechnend, geizig, quält Frau und Sohn. Wirkt auf uns beinahe erdrückend mit seinen ewigen Forderungen nach »Praktischkeit«. Er gehört zu denen, die alle Hintertüren kennen und doch nie Einlaß finden. Die Frau ist ein feiner, hilfsbereiter Mensch, aber der Preis für ihre Gesellschaft ist mit dem Ertragen seiner Anwesenheit zu hoch bezahlt.
An Musik haben wir in den ersten Wochen viel Neger-Gitarre gehört und Orchesterkonzerte, teils schön, teils mäßig. Für Chemjo müßten hier Möglichkeiten sein. Schwer ist es nur, durchzuhalten.

Sept. 1939
Rosch Haschana 5700. Krieg in Europa. Erst sah es so aus, als sollte dies der Beginn vom Ende des Faschismus werden, nun, da Japan und Rußland Hitler helfen wollen, verdüstert sich das Bild. Die Juden sind das erste Opfer. Überall. In Polen hat es – zum erstenmal seit Jahrtausenden wohl – kein gemeinschaftliches Gebet gegeben, wird auch kein »Kol-nidre« sein. Von den Verwandten in Polen kein Wort. Wir sind hier auf einer Insel, verschont – einstweilen noch. Wie lange?
Die Zeit schwimmt dahin, und wir müssen uns treiben lassen. Wie wäre eine solche Zeit zu ertragen ohne den Halt eines eigenen Lebens inmitten dieses Getümmels?
Meine Welt hat sich »verengt« auf zwei Menschen: Chemjo und Evjatar. Sie hat sich dennoch erweitert.
Ich arbeite nichts für mich, bin ganz dem zugewandt, was Chemjos Arbeit angeht und Evjatars kleines Glück. Und ich

fühle, es ist gut so. Dieser Zeitabschnitt, obgleich mein »unproduktiver«, ist tief und sehr ausgefüllt.

Das äußere Leben ist – obgleich sehr ungesichert in finanzieller Hinsicht – doch relativ gut. Wir führen kein Emigranten-Dasein. Wohnung etc. ist mehr, als wir je hier für uns erwarteten. Chemjos Arbeit, der Mittelpunkt, von dem alles abhängen wird.

Nach einigen Auftritten mit seinem Chor in verschiedenen Veranstaltungen wird er Ende Oktober sein erstes Konzert geben. Viel hängt davon ab. Chemjo erwartet, daß sich Großes ereignet. Ich glaube nur an den großen künstlerischen Erfolg, vorausgesetzt, daß alles, was von technischen Vorbereitungen abhängt, gut ausfällt. Ich erwarte keineswegs die großen Angebote von Managern, die einen mit Geld überschütten. Ich weiß, daß das Publikum für ernste Kunst nur dann zu haben ist, wenn sie »modern« ist, das heißt zum »guten Ton« gehört. Ich weiß, daß ein anderes, leichteres Programm erfolgreich sein kann.

Ich erwarte nicht das »große Glück« von diesem Konzert. Wenn es dennoch kommt, um so besser.

Der Junge ist wunderbar. Er entwickelt sich zusehends, es ist schwer, objektiv zu sein, wenn man so nah verbunden ist mit einem Wesen, aber mir scheint, er ist besonders begabt. Er faßt blitzschnell auf und vergißt es nicht. Sein Gedächtnis ist bemerkenswert. Er weiß lange Verse aus ›Mother Goose‹ auswendig nach wenigen Malen und Hören. Rhythmus und Reim sind ihm ganz natürlich. Er plappert in seinem Kauderwelsch Gedichte. Strophen, die reinen Rhythmus haben und Reim.

Er singt leidenschaftlich gern und hat für das Nachsingen von Intervallen ausgesprochenes Gehör, wie Chemjo sagte. Bisher stellten wir keine musikalische Begabung fest, aber nun beginnt sie sich zu zeigen. Da war immer etwas, das war abnorme Empfindsamkeit gegenüber jedem musikartigen Geräusch. »Musik« nannte er mit zwei Jahren schon alles, was quiekte und klang. Mit zwei Jahren rief er dem Radio zu, als das Lied zu Ende war: Bitte, Radio, noch singen! Die Sprachen. Eine Frage. Er spricht deutsch und Brocken englisch. Aber nicht im Gemisch. Er weiß die englischen Namen aller ihn umgebenden Gegenstände und vieles andere. Sein Deutsch ist von einer Anmut, die alle entzückt. Engländer und Deutsche gleichermaßen staunen über die Reinheit und Schönheit, mit der dieser 2¾jährige deutsch spricht. Schade, daß dies nicht seine Umgangssprache sein wird. Aber lieb ist mir, daß er einstweilen noch in dieser Sprache lebt und Englisch nebenher lernt. Hätten wir ein englisch sprechendes Mädel oder wäre ich konsequent, so spräche er vielleicht Englisch besser.

Wortbildungen dieser Wochen: Backronen – Makronen, nähkeln – häkeln. Mami: komm heißt auf englisch come on! Und Kamm heißt auf englisch comb.

Mit Strenge erreicht man selten etwas bei ihm. Mit Liebe alles. (Comme le père.)

16. Januar 1940

Schämen sollt' ich mich. Nichts notiert von all den Riesenschritten, mit denen Evjo in das Leben marschiert. Seit Ende Oktober geht er in den Kindergarten. In den ersten Tagen wollten sie ihn mir zurückgeben, da er nicht englisch sprach und für sich allein blieb. Nun ist er »sozusagen« die Krone des Königreichs.

Zu Chanukah malte der Sohn mir ein farbenfrohes Bild in Grün und Orange (»à la Picasso«). Er nennt es ›Das tanzt‹. Ein guter Titel.

Inzwischen ist ein für das Kind wesentlicher Personalwechsel eingetreten: Rosel, unsere treue, verließ uns. Sooft sie uns besucht, ist er voller Seligkeit. Jedes neue Mädel hat es schwer. »Die alte Rosel soll kommen.«

Rita, Margot usw. soll weggehen. Nicht in meine richtige Rosels Bettchen schlafen. Er hat sich um so fester an mich geschlossen, beinahe etwas zuviel des Guten.

Ich habe keine Minute mehr, sobald er das Haus betritt, bin ich nur für ihn noch da. Wir lesen, unglaublich, dieses Gedächtnis. Diese Auffassungsgabe! Ich weiß von Elternberichten her, daß ich kein Durchschnittskind war – aber so kann ich nicht gewesen sein. Ich tue nichts, ihn anzuregen, er ist übersprudelnd, voller Lebenslust, und ich bleibe gern im Hintergrund. Bin aber immer Adresse für ihn, an die alles gerichtet wird, was er schafft: Mami, guck mal das Haus, das ich gebaut habe! Vor dem Einschlafen lese ich ihm vor: Mother Goose, von der er dreißig lange Gedichte auswendig weiß. An Liedern singt und erkennt er bei den ersten Takten auf dem Klavier: 35.

Ich kam von Alabama. I went down south to see my Sal. Three blind mice, Matelot. Little Jack Homer, sure you sleeping. This is now the great big Indian. Someone is in the kitchen with Dinah. See saw. Hänschen klein. Freude schöner Götterfunken (Sing Beethoven!).

Vor acht Tagen bekam er das Abc-Bilderbuch. Er erkennt einige Buchstaben in Begleitung der Bilder und weiß alle 25 Verse fast auswendig. Versteht sie auch. An dem Austausch der Wörter, den er vornimmt, erkennbar: statt see – look, statt big – large usw.

28.12.1939 hatten wir eine – die erste – Birthday Party. Mit allem Zubehör. Candle, Cake und Freunden, die aus unserer Wohnung einen Spielzeugladen machten. Am bevorzugtesten sind Blocks, aus denen herrliche Häuser, Gärten und Möbel gebaut werden. Und Crayons, aus denen er lieber »Candles« macht, als daß er malt. Malen muß feucht sein. Mit Pinsel und flüssiger Farbe. Im Kindergarten ist's richtig. Mit Gummischürze und Farbflecken auf dem Schuh. Gern gespielt wird: Wasser umgießen. Von der Leitung in ein Gefäß und von da ins Klo. Flaschen sind seit dem zweiten Lebensjahr ein begehrtes Objekt. »Kann ich die Flasche haben? Wann ist sie leer?«

Eifersucht tritt stärker hervor neuerdings. »Papi, du sollst nicht immer küssen. Ich will das bei der Mami tun! Die Mami soll den Evjo küssen. – Was macht ihr beiden schon wieder?« Der Vater ist unpädagogisch und nimmt ihn nur als Spielzeug, wenn er gerade mal Lust hat. Erziehen muß Mami. Im allgemeinen nicht schwierig, nur schön. Doch wehe an nervösen Tagen, da ich selbst ins Bett gebracht werden möchte! Da ist keiner, der versuchen würde, mich zu ersetzen. Papi könnte es, wenn er wirklich wollte. Aber Papi hat den Kopf oft so voll. Verzeihen wir's ihm. Ist ja selbst auch nicht ganz erwachsen. Gott sei Dank. Wird's auch nie. Hoffen wir, wenn's auch schwerfällt. Zwei kleine Jungen im Haus, Preisrätsel: welcher ist der dickere Dickkopf? – Wehe, wenn sie losgelassen. Ich, Madame Vulkan, bin ein Lämmerwölkchen dagegen!

Lillian und Sidney, unsere neuen Freunde hier, sind von Evjo geliebt. Lillian, da sie so schön Matelot sagen kann, und Sidney, weil er meist dabei ist. Mascha B. wird nur wegen Eisenbahn-Invitation gewünscht. Problem der Amerikanisierung des Namens: Evjatar und Chemjo gelöst durch Beibehaltung von Chemjo und Kürzung des Evjatar in Evjo, was ein normales Hirn behalten kann. (»Chemjo«, *von Managern nicht geliebt,* soll etwa Vincent Vinaver heißen??)

Paul Dessau hat Evjo einen Kanon komponiert zum 3. Geburtstag. Der Kindergarten gab ihm auch eine Party. Des Glückes viel für einen kleinen Knaben.

Alles andere ist schwierig. Konzert war künstlerisch ein großer Erfolg – Reviews voller Superlative. C'est fou. Kein Manager. *Chemjo sieht ein,* er muß ein internationales Programm machen. (Nach 1 Jahr Ablehnung.) So ist alles. Nicht zu überzeugen, eh die Tatsachen nicht zwingend vor ihm stehen. Gehört zu seiner Art.

Seine 2. Konzert-Christmas in Town Hall hatte noch bessere Kritiken, aber nichts rührt sich. Wir müssen einen Dritten finden, der Geschäfte mit dem Chor zu machen versteht. Es muß werden. Es wird werden. Aber Ch. macht alles schwer, er ist ein großer Musiker – ein kleiner Business-Mann. Darum dauert alles lange.

Evjo: »Mami, du bist so gut. So gut als Brot und Butter.«

30. Jan.

Seit zwei Tagen: Sandra, das erste colored girl. *Sauber.* Einstweilen das Charakteristischste für meine Augen. – Evjo relativ zutraulich. Die letzte, eine schlampige transusige Margot aus Augsburg, haßte er. »Go and be sick again. Then mami will wash and dress me.« Er hängt wie eine Klette an mir, seit Rosel, seine erste Liebe, uns verließ. Sandra auf dem Wege zu Evjos Kindergarten zu mir: »Ist das eine jüdisches Kirche!« – Nein. – »Sehen Sie, wie schön der Pastor es hier hat. Ein eigenes Heim. Blumen am Fenster. Und so nah zur Arbeitsstätte. – Aber erst der Papst in Rom: Er hat jeden Sonntag turkey. Und alle Tage roast duck. Soviel er mag. Das hab' ich mit eigenen Augen gelesen. That's what I was reading myself.«

Sie hat die schönsten Kleider. Elegante Wäsche. Bilder und Kinkerlitzchen. Alles blitzend sauber. Nie mehr will ich ein Refugee-Ferkel. So hart es klingen mag. Mein Mitleid muß mit mir und meinem Kind und Mann beginnen. Nie mehr! Der Stall wird wieder zur gepflegten Wohnung. Sandra liebt ihre Arbeit. Das ist so wesentlich. Den anderen war Tellerspülen ein notwendiges Übel, ihr ist es Inhalt, sie spielt damit wie mit allem und fühlt die Härte der Arbeit nicht. Ein blanker Kessel, das heitert sie auf wie einen Maler ein schönes Bild. Gefügig, natürlich. Ein Wesen, das vor Leben sprüht.

Wie sie mit Evjo sein wird, muß man abwarten. Sie nimmt ihre Pflicht ernst und fordert ebenso Rechte. Fühlt sich keineswegs inferior. »Die weiße Haut, I tell you frankly, gefällt mir nicht so sehr … gelblich, das ist richtig: so wie der Evjo ist und Sie alle.«

Hätten wir nicht so viele Sorgen, wäre es herrlich.

7. Feb.

Le roi est mort, vive le roi. Sandra, die blitzsaubere, ist eine ganz große Märchenerzählerin, wir mußten sie fortschicken, sie ist mit dem Kind unzuverlässig.

Alma beherrscht jetzt das Feld. Sie ist zwar nicht so quick, dafür aber bescheiden, soweit sichtbar nett mit dem Kind. Evjo, der Arme, muß sich immer wieder an ein neues Gesicht gewöhnen. Beim Anblick der Schwarzen: »Mami, I do not want a brown Alma, I want a pink one.«

Evjo soll Lillian telefonisch sagen, wir können nicht zu Sidney kommen. The girl left. Evjo: »We cannot come – too many girls left.« (Stimmt!)

1940

Februar ist traditionell ein Monat, in dem Ch. unausstehliche Tage hat. 5. Feb. ein solcher Tag. Das Mädchen fort, ich schufte mich ab. Ch. beleidigt, daß ich ihn bitte zu helfen. Abend in Hut und Mantel. Geht Belassky und Grober singen zu hören. Ich antworte ihm nicht beim Aufwiedersehn. Er geht. Zerknirscht, als er mich nachts nicht antrifft. Schreckliche Nacht. Schrecklicher Tag.

Wenn er gut ist, ist es herrlich. Hat er seine Tage, möchte man sterben.

Inzwischen stimmungsmäßig besser als vor kurzem. Nun besteht unser Leben aus Warten. Warten, daß Hurok, der einzige Manager, der in Betracht kommt, aus Florida kommt. Warten, daß er ein Appointment gibt …

Ich hoffe nichts mehr in dieser Beziehung. Es ist zu spät für die 1940/41 Saison. –

Einstweilen lebt man vom Pump bei Lillian und Sidney. Tage, in denen es nicht zu Orangensaft reicht. Lillian ist einzigartig. Großzügig und frei. Sidney ein guter Kerl, aber sich selbst gegenüber auch nicht großzügig. Dennoch von Güte und Hilfsbereitschaft erfüllt.

Ch. hat den Plan, im April das neue Programm im Konzert vorzuführen. Hofft, Manager zu interessieren. *Ich bin skeptisch, ob April* der rechte Zeitpunkt ist. Vielleicht erst Herbst? Man sollte einen Fachmann fragen. – Das Leben inzwischen voller Misere. Schulden. Der Wirt. Der Kindergarten. Die entlassene Alma. *Ich habe keine Schuhe. Ich wasche Wäsche.* Das alles macht nichts, wenn man nur *ein Ziel* sähe. Nun kommt der böse Sommer. Im Herbst kann nur durch ein Wunder ein Engagement werden.

Chotziaff versucht, Kontakt zu Hurok für uns anzubahnen. H. hat aber schon die Donkosaken.

Chemjo ist in verzweifelter Stimmung. Ich bin auch nervös. *Leben ohne Geld macht mir nicht so viel aus, wenn ich meinen Chemjo habe. Aber er hat sich selbst nicht* in diesen Tagen und Wochen. Ohne Hilfe im Haushalt. Ch. bringt früh den Kleinen zum Kindergarten. Ich hole ihn. Ch. deprimiert. Ich kaputt. Der Junge ist die größte Freude in unserem Leben. Das Problem Name ist gelöst. Er heißt Stephen. Ich glücklich über den Wechsel. Stephen ist ein normaler Name. Keiner fragt. Schön. Stephen ist lieb. »Mami I like you. I love you« mit wilder Umarmung. »Mami take your lipstick off I want to kiss you on your mouth.«

Achtung, *Hochspannung!* Eines Tages erklärt Stephen, er habe drei Kinder in Palestine: Jo, Willegau und Pülse. »Die spielen mit Blocks.« – Naß machen leider noch regelmäßig. »Stephen, wenn du dieses Sheet naß machst, muß der Dad-

dy, dem es gehört, auf einem nassen Laken schlafen.« Am anderen Morgen auf die Frage nach trocken oder naß keine Antwort. Statt dessen: »Wenn meine Kinder in Palestine das Sheet naß machen, sage ich dem Chemjo kein Wort!«
Travestie auf zwei Lieder: »I came from Alabama with my banjo on my hand (knee).« – »Any fair Gentleman (lady).«
Zwei Stunden, bis er einschläft. Erzählt Geschichten. Gibt Konzerte. Macht selbst Geschichten.
Einstweilen hilft Sidney. Wenn aber aus Hurok nichts wird, was soll werden?
Wir leben so dahin. Daß in Europa Krieg ist, daß Elend überall ist – soll das uns Trost sein?

Hollywood, Anfang Oktober 1940
Wir sind hier seit Ende July. Buchner, der uns herlog, ein betrogener Betrüger. Keine Arbeit. Chemjo hat mehr Mut als ich, seltsam.
A. Granachs umstrittene »Freundschaft« hat sich hier sehr nackt gezeigt. Wie abschreckend!
Chemjo ist der reine Tor. Schwer, ihm so viel Illusionen zu nehmen. Aber soll man dem Kinde verschweigen, daß Wölfe beißen? Quälende Mission, Lehrer solcher Weisheiten zu sein.
Ich bin in Ohnmacht gefallen.
Nach 13 Jahren. Fühle mich verändert. Schwach. Meine Nerven haben viel ertragen. Ich bin auf Wanderschaft seit vielen Jahren. *Gehetzt. Unstet und flüchtig seit Chemjos Erscheinen.* Gesegnet der Tag, da er kam!
Stephen, ein Wunder! Ein Sonnenkind mit Sturm und Regen. Immer herrlich. Sein flammendes Temperament frißt meines. Das Wachsen seiner Seele, seines Hirns miterleben zu dürfen ist unaussprechlich. Wie er sich von den anderen Kindern hier unterscheidet. Oft höre ich Mütter: »Don't be selfish!« – Nie kann ich das zu Stephen sagen. »Be selfish« wäre mehr

angebracht. Er hat die Schenkeritis. Muß alles teilen. Und voller Liebe. Und voller Vernunft. Lieder. Gedichte. Geschichten. Seine Seligkeit. Stimmung nachts. Von Babyzeit her, als uns seine sechs Monate alte Klugheit fast erschreckte. Chemjo ist lieb. Alle drei harmonisch, bis auf meine Nervosität, begründet durch Verhältnisse.

Darf man klagen? Nein! Wir sind alle beieinander: Und überall ist Krieg. *Krieg!* Keine Nachricht aus Tel Aviv. Und denk ich an Lea, bin ich tot. Armes kleines Schwesterchen! Und ich sitz hier, mit gebundenen Händen.

In zwei Wochen audition bei Liersties. Ich erwarte nichts von Hollywood. Chemjo sagt auch, er sei kein Film-Mensch. Also zurück in das Nichts.

Keine Wohnung in New York. Aber Lillian ist dort und Sid.

Setzen wir einen dicken Grabstein auf die Hoffnungen. Sidney und Lillian: Ihre »Freundschaft« erweist sich als ein Bluff. Lillian ist Sidneys Mätresse. Sie haßt und verachtet ihn. Er ist impotent als Mann und Mensch. Aber sie liebt sein Geld. Sie ist Abschaum. Von Kindheit an Parasit und immer auf der Ausschau nach Nestern, in die man schlüpfen kann. Lügt. Stiehlt. Betrügt. Die »Idealehe« mit Richard ist Bluff. Eine Tragödie, vor der sie weglief. Sie hofft, daß er in England fällt, dann wird sie Sidneys Millionen heiraten. Ihre Kinder liebt sie nicht. Sie sind ihr eine Last, und sie weiß sich gut ihrer zu entledigen. Sie ist pathologisch in vielen Dingen. Rachsüchtig, klatschsüchtig und zerstörend, wo immer sie auch hinkommt. – Ihre Freunde fürchten sie, sie trauen ihr Kriminelles zu. Sidney und Lillian – Schmutz.

Nur in fremdem Lande kann es geschehen, daß man Menschen so verkennt.

Weil ihre Physiognomie uns fremd ist und ihre Seele sich

uns nicht im Ausdruck kundgibt. Und weil man sie *braucht!*
Grabsteine auf andere »Freunde«.

1) Joachim. Auf SOS aus Deutschland nicht reagiert. Den
   Posten in Cleveland an Jospe verschoben.
   Chemjo ausgenützt.
   Nun, da er an seinem Tempel einen Posten, den Posten für
   Chemjo hat, gibt er ihn an einen fremden, der schon drei
   andere Posten hat. Wir sind in großer Not.
   Er läßt sich nicht sprechen.
2) Dessau. Hat von uns nur Gutes erfahren. Beziehungen.
   Aufführung. Geld.
   Hat Ch. verraten. (Binder)
   Ist falsch. Nun, da wir nichts haben, sehen wir alle nackt.
3) Buchner. Lügner. Betrüger.
4) Granach. So wie Joachim.
5) Lillian (und Sidney).
   Herrgott, gibt es hier keine *Menschen?*
6) Epsteins vom Central Park nicht zu vergessen. Erst die
   Ticketgeschichte. Als ich sie zurückerbitte, will sie sie haben. »Success heißt die Zauberformel. Sonst häng dich
   auf.«
   Chemjo macht den Gang nach Canossa und pumpt ihn
   um 25 Dollar an. Er sagt kalt nein. Haben wir halt nischt
   zu essen.

20. Juni 1941

Es wird immer schlimmer. Das Konzert im April war
schön – aber nun haben wir kein Geld, darauf aufzubauen.
Buttenweichs hat Lillian gegen uns beeinflußt, Warburg
ist uns auf diese Weise auch verlorengegangen. Fluch den
»Freunden« Sidney und Lillian, die uns nur für ihre Zwecke
ausnutzten. Und dann am Ende teuflische Gemeinheiten gegen uns begingen.

Wir sind ohne Geld. Ohne Freunde. Ohne Verbindungen. Ohne Hoffnung.

Fahrgeld fehlt. Schuhe fehlen. Medizin für Stephen fehlt. Schule wird ihn nicht halten, wenn wir nicht zahlen können.
Verfluchtes Geld. Demütigend, keines zu haben. Oh, wie die »Freunde« weichen, wie von Pestkranken.

Mittelmäßigkeit ist meist mit Ellbogenkraft verbunden. Chemjo ist ein Genie. Er ist weltfremd. Er kann nur Musik machen. Kein Business. Oh! Liebster Chemjo!
Geld haben ist nicht schön. Aber Geld nicht haben ist schrecklich.

Ein Bankkonto ist eine gute Vorbeugung gegen Depression.

Stephen ist wunderbar. Singt, tanzt, spielt und »improvisiert«. Dichtet so begabt. Und fragt, fragt! »Mami, wie hat Gott mich gemacht? Hat er beim kleinen Finger angefangen? Wird Gott uns poor machen, wenn ich das Lambchop ausspucke? Wie kriegt man Geld? Hat money wings? – Wenn man Musik macht und sie verkauft, dann kriegt man Geld.« Entsetzt: »Aber wenn man Musik weggibt, hat man doch keine mehr.« – Ja, dann macht man neue. – »Aber die alte, die hat man dann doch nicht mehr.«

Irene und Jimmy – das sind die letzten Reste aus der Lillian-Epoche. Sie sind verliebt in Stephen. Fahren ihn im Auto aufs Weekend.
Er malt. Den morning sunshine und den evening sunshine – (gelb). Selbst beobachtet.

Zärtlich besorgt um mich, kann keine traurige Miene vertragen. Lach doch! Zutraulich. Spricht Fremde an und findet Liebe.

Die Mandeln hat ihm der Doktor Thaler entfernt. Nun spuckt er nicht mehr am Morgen. Sieht besser aus. War tapfer. Der Doktor sagte: »Das erste Mal in meiner Praxis, daß ein Kind bis zum letzten Moment der Narkosewirkung lustig und intelligent sprach. Auf einmal war er weg. Ohne Zählen.« – Stephen am 1. Tag: »I really don't see how Dr. Thaler managed to cut my tourils out. He said to me: ›Say: one, two ...‹ And when I was going to do it, I was again in the bed!«

»Mammy, I'm not hungry, but I'll eat, because I want to make you happy.« – Im elevator: »Ladies first.« Sehr höflich. Sehr lieb. Sehr energisch. Aber schlecht in der Defensive. Und ein miserabler Esser. Ohne Geschichten keine Mahlzeit. – Nun sind Ferien. Wie ich die Schule für ihn vermisse. Hitze. Und wir müssen packen, bald haben wir auch keine Wohnung mehr. Noch nie waren wir so »refugees« wie jetzt.

Selbst die Pfandleiher scheinen sich verschworen zu haben. Wenn wir kommen, ist zu. Mit gezähltem Fahrgeld reisen wir ins jüdische Forum. Wenn wir uns aber verfahren? Organisierte Wohlfahrt macht die Menschen verantwortungslos dem leidenden Einzelwesen gegenüber. Sie haben ihren Beitrag gezahlt. Ihr Gewissen ist rein. Du verrecke. Warum bist du nicht successful? Wobei success – nur Geld heißt. Ein wohlverdienender Gangster ist ein nützliches Glied der Gesellschaft, ein hungernder Genius eine nuisance. Ein Künstler bist du nur, wenn du die Kunst des Dollarwachsens verstehst. – Ein Rabbi geht beseligt an seine Tafel, nachdem er einen hungernden Bittsteller abgewiesen hat. Schamlos. Schamlos.

Ein Glück, daß schon Größere vor uns darunter litten. Das hilft.

Ich entfliehe. Bücher. Nietzsche, Heine, Wolfe, Steinbeck, Whitman.
Ich glaube nicht, daß wir hier je zur Ruhe kommen. Und Chemjo hätte *so viel* zu geben.

Stephen auf sein Babyfoto blickend: There I was a baby. Then I was no year old.
Er ist schöpferisch von früh bis spät. Spricht und singt sich in Schlaf.

Mitte August 1941
Wir leben in der Gartenwohnung in Chelsea beim Greenwich Village (nachgemachtes Montmartre). Der »Garten« ist umgeben von Fabriken und Häusern, doch ist er unsere Rettung. Wir leben draußen. Stephen »grow«t – carrots, parsley. Unser Dasein ist unbeschreiblich. Chemjo versucht, Posten zu finden. *Für WELD Radio wird er abgelehnt.* Zu gut. *Er ist für alles anscheinend zu gut.* Und dabei möchte er alles, alles tun. Aber man hält ihn für einen big shot, dem man dergleichen nicht zumuten kann.
Nach hartem Kampf hat er jetzt die Zusage, einen Dirigentenposten bei der *Spanish Portug. Synag.* zu bekommen. Zur Probe. Mit lächerlichem Probegehalt, von dem man nicht leben kann. Aber daraus kann später etwas werden. Vielleicht. Der Krieg. Rußland blutet, um Hitler totzumachen. Was wird werden? Mein Gefühl sagt: Das ist das Ende des Teufelsregimes. Auch wenn große Opfer nötig sind.
Trunks sind aus Polen über Rußland gekommen. Er ein schwerer Psychopath, der Bücher frißt, nur um seinen Minderwertigkeitskomplex mit »Wissen« zum Schweigen zu bringen. Armer Teufel. Möchte so gern ein Schriftsteller sein. Sie ist ein armes, armseliges Wesen, mißhandelt, getreten, aber wäre sicher nicht sehr angenehm, gehörte sie zu den Tretenden. Nicht großzügig. Das ist bös. Sie rauben mir viel

Zeit, und mehr: Energie. Chemjo ist wehrlos gegen »Selbstinvitation«.

Stephen: »Zwei Trunks sind zu viel!«

Stephen ist so herrlich. Er beschäftigt sich allein. Mit nichts. Ein Bindfaden, ein Stück Papier. Er malt. Er singt. Er tanzt. Ist musikbesessen. Und intelligent.

Tunkeler – sehr sympathisch, echt. Ein Bohemien ohne die Absicht, es zu sein. Er spielte schön mit Stephen. S. beantwortete seine Intelligenzfragen erstaunlich!

Zwei Gänse begegnen einander. »Guten Tag, wie geht's?« fragt die eine. »Ich kann dir nicht antworten, weil ich nicht sprechen kann«, erwidert die zweite.

Darauf Stephen: »Aber wenn sie nicht sprechen kann, wie konnte sie das sagen?«

Das mit *viereinhalb.* Er löste fast alle Rätsel, die mir für Zehnjährige noch schwer erschienen. Fraglos: Da wächst etwas heran. Etwas!

Er ist ein großer Redner und Logiker. Und dabei musikversessen. Was wird daraus werden? Einstweilen soll er nur so gesund und normal wie möglich heranwachsen. Wir halten uns fern von »Anregungen«. Er bekommt sie ohnedies, er greift sie aus der Luft. Sein Drang zur Selbständigkeit ist beglückend. Beseligt geht er in den Nachbarladen nach Milch, Brot.

Von der Geldnot weiß er zuviel. Wenn er einen Stern erblickt, sendet er einen »wish upon a star«: Bitte schick uns Geld. Ich will gut sein. I promise, I promise, I promise (sein Zauberspruch).

Chemjo ist jetzt sehr klug mit ihm. Große Liebe zwischen ihnen. Stephen macht fremdsprachige Lieder.

Zärtlich ist er und besorgt. »You look so tired, mammy dear.« – »Come, my honey!« Er geht mit zur library. Sucht sich allein Bücher aus im Kinderlesesaal. Bevorzugt werden Musiknoten.

Ich erzähle ihm, meine Eltern leben in Palestine. »Wie heißen sie? Ich weiß: Mr. Jiwueh and Mrs. Hagalil.«

»Mammy, I want to send my words too to the radio: Pepsi cola makes you bright, Brings you pleasant dreams at night. Will he give me 12 Dollars for it?«

Er kopiert Salvation Army Preacher: »Jesus wants you to pray and be good«, brüllt er hysterisch.

Union Square, wo er mit Chemjo politisieren hörte, nennt er »Politics Park«.

»Mammy, wozu sind churches and what for synagogues. Are there two different Gods to pray to?«

Ungewöhnlich sensibel: Ohr: Nase: Auge:

Ohr: Er kann den Kratzlärm des Topfausscheuerns nicht leiden. Hält sich die Ohren zu. Ist aber nicht »nervös« anderen, lauteren Geräuschen gegenüber.

Nase: Mami, das ist ein schönes perfume. Du riechst wie eine Blume. Zu Chemjo – ungewaschen –: »Geh weg, dein Pyjama riecht nach Vomit.«

Auge: Er sieht ungewöhnlich scharf, Dinge, die uns entgehen. Zärtlich und schmeichelnd: »Please, I'm pleasing you so nice.« (Mit verschmitzten Augen.)

»Irene, du hast zu dicke Beine. Das ist nicht schön.«

»Mami, haben alle Ladies so warme Haut?«

»Ich küsse dich lieber als Chemjo, weil du bist so warm!« (Chemjo ist viel »wärmer«.)

Er haßt die bargain-shops on Fourteenth Street.

»Hier riecht es schlecht. Zu viele Leute!«

Hollywood hat er nicht vergessen. Die Schule dort – altmodisch – liebt er noch immer. »There I learned how to count. In school we do not learn that.« Lernhungrig. Sein Liebstes: Vorgelesen bekommen. Oder erzählt. Oder *Lieder:* einmal etwas hören, genügt. *Das Gedächtnis!* Und ein Wort-Jongleur. Ungewöhnlich. Danke, Gott! Danke!!

Er singt bei allem, was er tut. Summt sich eins. Erfindet sich eins. Ist auch raffiniert und um keine Ausrede verlegen. Sprechinteressiert: »Wie heißt das auf deutsch, french, hebrew?« Behält es auch.

Badet leidenschaftlich gern. Planscht sauber, wischt den Mund, sowie ein Krümchen dran ist. Liebt Ordnung, wenn in Güte dazu angeregt. Nur in Güte. Sonst: Zornesausbrüche, und wie: »Du scheußlicher Vater! Du dumme Mutter, I'll kill you!« Zehn Minuten später sanftes Lamm, liebevollste Umarmung und Reue. (Papa!) *Strafen* schwer durchzuführen. Nur ablenken hilft. Und *Liebe,* Güte, Verständnis.

Er bleibt abends allein. Wir fragen und erhalten Erlaubnis. »Where have you been? Was it nice?« Wir lassen Licht an, und er geht allein ins Bad. Ist sehr vernünftig. Zu vernünftig manchmal. Aber dabei babysch süß. Naiv.

Columbia University. »Columnia University, because there are so many Columns.«

»Mammy, I love you so! I love you even more than God, I hope he do not mind.«

August 1942 Mount Vernon, N. H.

Stevie ist der Liebling. »They all say I am so cute.«

»Hillel – that sounds like a name from the Bible. So Hebrew. Like Shma Jisrael – Hillel.«

»Gisela« sounds Italien.

Hawdalah – »Ach so: Half – Dollar – you can spend it!«

Breastnut – Chestnut. »Are Chestnuts a He or She? I know: He. If they were a She they'd be called Breastnut.«

June 1943

Viel angesammelt an Steven-Aussprüchen letztes Jahr. Nichts notiert.

»I never say a lie. Just now I said one.«

Magic pot. »Why didn't the pot start boiling when the fairy said: When you say, Little pot, boil.«

Chemjo: »It did start boiling, but it stopped soon, when the fairy said, and if you say: little pot stop ...«

Steven: »Oh no, had the pot started to boil, then the woman would have dropped it, so hot it would have been.«

Zu Mothers Day: Ring. Von seinem Geld.

Januar 1944

»Alice in Wonderland: I like it, but too many ›knotted‹ words.« Komplizierte Wörter. »This birthday was wonderful. I'll never forget my 7ᵗʰ birthday.«

»I know someone who had no parents and was no orphan.« – »Adam! Who took care of Adam when he was born? Or was he born ›grown up‹?« (Voriges Jahr.)

Miss Hawkins sagt: »*He is unusually gifted. So generous. He raises the level of any group.* Discusses Mozart and Beethoven with his friends. Likes only classical music. Sings continually. Dances remarkably ... Painting. And so unspoiled. No inhibition as to his being Jewish – contrary to our other Jewish children.«

Discussion about churches. Steven gets up.

»My father when he wants to pray doesn't go to church, we are Jews, so he goes to the SAJ – which is a Synagogue.«

Zum erstenmal: Metropolitan Museum. Sehr interessiert. Zu Haus schleppt er sämtliche Reproduktionen aus dem Bücherregal und studiert sie intensiv. Viel Sinn für Form und Farbe.

Das Liebste: Puppet Show. Ich habe ihm ein Puppentheater gemacht.

Macht fortwährend Vorschläge zur Rettung der Kinder in Europa.

Seit Oktober 1943 hat er Klavierstunde. Irma Wolpe. Sie versteht ihn gut, und er liebt sie. Er hat jetzt eine besonders gute Zeit, entwickelt sich gut, ist groß und kräftig. Sein Essen ist keine Sorge mehr, er ist rund und rosig. Der Unterschied im Benehmen zwischen dem Sechs- und Siebenjährigen ist groß. Nicht mehr so zapplig.

Steven ist ein sehr edler Charakter, scheint mir. Reiner Tor. Voll leidenschaftlicher Liebe. Zu seinem Spielhund »Flufty« spricht er allabendlich. Umarmt ihn: »I love him so dearly.« Schade, daß ich all die schönen Dinge nicht aufgeschrieben habe.

7. Januar 44

Es sieht nach Frieden aus in diesem Jahr. Was wird in Europa werden. Wer wird noch am Leben sein von allen Verwandten und Freunden? –

Steven: »Will I be classical, when I grow up. (Er will Musiker werden) Like Mozart and Beethoven?«

Jan 21th 44

»Mammy, when you write a poem do you have the same happy feelings as I when playing piano?«

»When I play music I have kind of a *singing* heart.«

»The children in school say my painted flowers are much too big. But I want them to be almost as big as the tree. They are not trees, they are giant flowers. Isn't that o. k.? It's just like there are true stories and fairy tales. My flowers are like fairy tales.«

Jan. 22nd – 1944

Chemjo lost fountainpen. I am angry.

Steven: »You should not be angry with him, mammy, you know he did not mean. He has only music in his mind, not fountainpens. When he walks he always sings and ... and thinks up some music. So it is not his fault. – But perhaps you should not let him have such an expensive pen.«

Letzten Sonnabend beim Arzt mit Chemjo. Das Herz macht ein paar Unregelmäßigkeiten. Dr. Koebner sagt, es kann in ein paar Wochen behoben sein. Ich bin unruhig. Immer hatte ich Angst um sein Herz. Er regt sich so auf beim Arbeiten. O Gott. Laß ihn mir gesund sein, alles andere wird schon werden. – Ohne ihn ist mein Leben zerstört.

Hier endet das Tagebuch, das über Jiddisch und Deutsch ins Amerikanische hinübergeglitten war.

Das erste Gedicht in den ›Versen für Zeitgenossen‹, die 1945 im Schoenhof-Verlag, Cambridge, Massachusetts, erscheinen, heißt ›Memento‹. Es entstand eben im Jahr davor, als die Sorge um den herzkranken Mann sie zu erdrücken schien:

> Vor meinem eignen Tod ist mir nicht bang,
> Nur vor dem Tode derer, die mir nah sind.
> Wie soll ich leben, wenn sie nicht mehr da sind?

Dr. Frankenstein, Tel Aviv, schreibt: »Dies mag wohl der einzige Band deutscher Emigrationslyrik sein, der in Amerika veröffentlicht wurde.«

Das Jahrzehnt nach dem Krieg:
New York 1946–56

Der Zweite Weltkrieg war zu Ende gegangen. Maschas engste Freunde hatten den unvorstellbaren Holocaust überlebt. Sie selbst war mit Mann und Kind kurz vor der »Reichskristallnacht« entkommen; die Mutter mit Maschas beiden kleinen Geschwistern überlebte in Israel. Doch mit der zwei Jahre jüngeren Schwester Lea gab es noch keine Verbindung, von den Verwandten in Polen keine Spur. Ihr geschiedener Mann Saul Kaléko war nach Israel emigriert und hatte seinen Namen hebräisieren lassen.

Die ›Verse für Zeitgenossen‹ haben Mascha Kaléko 1946 zu einem Jahreseinkommen von etwa 1000 Dollar verholfen. Wenn sich über die Vorjahre keine Zahlen finden ließen, so kann das nur bedeuten, daß die Einkünfte sehr viel geringer gewesen sein müssen.

Von 1947 bis 1948 übernimmt sie als Personal Manager die Public Relations für den Vinaver-Chor mit einem Gehalt, das nie die Summe von 1500 Dollar im Jahr übersteigt. Mascha macht die Werbung für die Konzerte, schreibt und lektoriert die Programme.

Wenn sie dann diese Tätigkeit mit der Begründung aufgibt, sie wolle sich mehr dem Schreiben widmen, so kann das nicht die ganze Wahrheit sein, denn Chemjo Vinaver hat nur ein kleines, sehr unregelmäßiges Einkommen. Der Gedanke liegt nahe, daß es mit dem Chor nicht so lief, wie beide gehofft hatten. Wahrscheinlich konnte sich das Unternehmen gar keinen Promotor mehr leisten. Oder war am Ende keiner mehr nötig?

Da hört es sich doch besser an, wenn man sagt, man wolle sich »wieder mehr dem Schreiben widmen«. Schreiben. Hat sie das nicht immer gewollt? Nur das? Aber es entstand nicht viel in diesen Jahren.

Das Leben stockt, die dichterische Produktivität auch. Mascha Kaléko ist entmutigt vom Leben in einer feindlichen Umgebung, ohne Unterstützung, ohne Anerkennung. Sie versucht sich an Kindergedichten und Limericks. In diesen spielerischen Gedichten gibt sie den Anspruch auf zeitbezogene Lyrik ganz auf. Sie entfernt sich von ihren Erlebnisgedichten, weil sich vieles aus ihrem Emigrantenschicksal dem sprachlichen Ausdruck entzog. Sie weicht aus ins Reich der Phantasie. Die heiteren Verse von ›Papagei und Mamagei‹ oder die ›Feinen Pflänzchen‹ wirken wie ein Gegenpol zur bedrückenden realen Lebenssituation.

Mit den Chansontexten, die ebenfalls in den fünfziger Jahren in New York entstehen (›Ich bin von anno dazumal‹), knüpft sie wieder an den Stil der dreißiger Jahre an.

Ihr Mann, Komponist und Dirigent, ist vor allem Musikwissenschaftler. Er arbeitet an seinem großen Werk, einer Anthologie für chassidische Synagogalmusik. Chassidim sind Schüler des Chassidismus, der großen mystisch-religiösen Bewegung, die im osteuropäischen Judentum um die Mitte des 18. Jahrhunderts entstand.

Chemjo Vinaver war der letzte Sproß eines jahrhundertealten Rabbinergeschlechtes, dem der Vorka aus Polen.

Viele Namen weiser Rabbiner sind überliefert. Baal Shem, der Begründer des Chassidismus, wird zu Recht »der Große« genannt; er brachte durch seine Lehren und sein Beten, Singen und Tanzen den Menschen Zuversicht, die in unvorstellbarer Armut und in ständiger Furcht vor Pogromen lebten.

Chemjo Vinaver hatte sein Leben lang der chassidischen Musik nachgespürt. Die religiöse Musik der Chassidim ist keinem strengen Formgesetz unterworfen. Sie läßt dem Vorsänger in der Synagoge (oder in einem frommen Hause, wo ein Gottesdienst stattfinden kann, wenn jeweils zehn Männer beieinander sind) alle individuelle Freiheit. Dadurch ergibt sich eine unendliche Vielfalt des religiösen Gesangs.

Diese Melodien hat Chemjo Vinaver als erster aufgeschrieben und für mehrstimmigen Chor bearbeitet. Israel mit seinen zu Vinavers Lebzeiten nur drei Millionen Einwohnern war für den Wirkungskreis des Musikers eher zu klein.

In Amerika, wo er von 1938 bis 1959 arbeitete und mit verschiedenen Chören Konzerte gab, Tourneen unternahm, fand sich ungleich mehr und vor allem jüdisches Publikum, das Interesse für chassidische Synagogalmusik hatte.

1955 wurde der 1. Teil der ›Anthologie der chassidischen Musik‹ in 2000 Exemplaren aufgelegt. Sie ist heute nur noch antiquarisch und zu hohen Preisen zu finden. Den Schutzumschlag des repräsentativen Bandes schmückt eine von Marc Chagall eigens hierfür entworfene ›Davidsfigur mit der Leier‹.

Diese Anthologie enthält auch eigene Kompositionen von Vinaver und die Vertonung des 130. Psalms von Arnold Schönberg, der für dieses Buch seine letzte Komposition überhaupt schuf.

Mascha Kaléko verbrachte halbe Tage in Bibliotheken. Sie holte an Lektüre und sogenannter Bildung nach, wozu ihr das Leben bisher keine Zeit gelassen hatte. Um Bücher zu kaufen, reichte das Geld nicht. Der heranwachsende Sohn, an Spielen mit Gleichaltrigen wenig interessiert, begleitete sie meistens. Steven galt als frühreif, introvertiert, hochbegabt und schrieb im Alter von elf Jahren schon selbst Gedichte. In englischer Sprache, versteht sich.

Es existiert ein ledergebundenes dickes Notizheft von Mascha, in dem sie – manchmal nach Themen geordnet – ihre Lektüre aufschrieb. So kann man verfolgen, daß sie die französische Literatur des 19. und 20. Jahrhunderts auf englisch las, die deutschen Philosophen ebenfalls, und schließlich wendete sich ihr Interesse betont östlichen Religionen zu. Es mehren sich Notierungen Zen-buddhistischer Weisheiten.

Als ihre ›Verse für Zeitgenossen‹ in den USA erschienen, sandte sie das Buch einigen ihr wichtigen Zeitgenossen. Der erste, der ihr antwortete, war Thomas Mann.

1550 San Remo Drive, Pacific Palisades, California
(Poststempel vom 24.12.1945)

Sehr verehrte Frau,

haben Sie Dank für Ihren Gruß und Ihre ausdrucksvollen Gedichte, an denen ich eine gewisse aufgeräumte Melancholie am meisten liebe. Gewiß haben Sie vielen Tausenden aus der Seele gesungen hier draußen; aber ich wollte doch, Ihre wohllautend-mokante Stimme erklänge auch wieder in Deutschland, wo es gewiß weniger als je an Sinn dafür fehlen würde. Ich habe das Gefühl, daß mit Gedichten die Seele dieser unglücklichen Menschen, die wahrscheinlich an kein gesprochenes Wort mehr glauben, noch am besten zu erreichen ist. Zwar ist die neue deutsche Presse wenig erfreulich. Die sitzengebliebene Mittelmäßigkeit darf dort prahlen, was sie als Innere Emigration alles erlebt und erlitten hat, während es sehr leicht war, aus den Zuschauer-Logen des Auslands – etc.

<u>Beglaubigte Erklärung</u>

Vor dem Unterzeichneten erschien heute

Frau Mascha K a l é k o - V i n a v e r , wohnhaft:

1 Minetta Street, New York City, New York, U.S.A.

und erklärte:

Ich bin deutsche Schriftstellerin, Autorin mehrerer deutschsprachiger
Bücher, die seinerzeit von den Nationalsozialisten verböten wurden.

Meine Versuche, hier meinen Lebensunterhalt zu verdienen, scheiter-
ten wiederholt, insbesondere, da ich seit nun etwa 20 Jahren schwer
leidend bin. (Zu einem Magen- und Gallenleiden, und schweren Ohn-
machtsanfällen kam eine neuerdings sehr plagende Allergie der At-
mungswege hinzu).

In den Jahren 1938 bis 1945 hatte ich <u>kein Einkommen</u>.

1946 betrug mein Einkommen (umgerechnet)   R M 4.300.-

1947 "   "   "   "   "   "   R M 6.770.-

In den Jahren 1948 bis 1955 hatte ich wieder <u>kein Einkommen</u>,
sondern musste von meinem selbst schwerleidenden Manne, der ein
kleines unbeständiges Einkommen hat, erhalten werden.

Im Jahre 1956 erschien(zum erstenmal wieder in Deutschland)mein
Taschenbuch im Rowohlt Verlag, Hamburg. Im Zusammenhang damit
hatte ich *eigene* Einnahmen (Veröffentlichung u. Radio) von
rund DM. 10.000.- Dieses Einkommen wurde natürlich von den
Kosten meiner persoenlichen Anwesenheit (Rundfunk-Auftritte etc.)
vollkommen aufgezehrt (Überfahrt, Aufenthalt, etc.)

Amtliche Steuerbescheinigungen habe ich heute hier vorgelegt.

New York City, den **11. APRIL** 1957

STATE OF N. Y.   } SS
COUNTY OF N. Y.

Sworn to before me
this..11..day of...April....1957

VITO A. DI LUCIA
Notary Public, State of New York
No. 31-9961800
Qualified in N. Y. County
Certs. filed with N. Y. Co. Clks. & Reg.
Term Expires March 30, 1958

Mascha Kaléko-Vinaver

Beglaubigung geprüft im Generalkonsulat
der Bundesrepublik

APR 11 1957

DEUTSCHLAND IN NEW YORK

Mascha Kalékos Erklärung über ihre
Einkommensverhältnisse in den Jahren 1938 bis 1956

Trotzdem sollten Sie versuchen, über irgendeine militärische Adresse etwas von dem Ihren in diese armen Blätter zu lancieren. Ich glaube, daß es Freude erregen würde.

Mit wiederholtem Dank
Ihr ergebener
Thomas Mann

Diesem Appell verschließt sich Mascha Kaléko nicht; sie versucht es mit Einsendungen an Zeitungen, so wie es vor einem halben Leben einmal begonnen hatte. Sie braucht Kontakte, versucht, die Isolation aufzubrechen. An Alfred Polgar, der auch nach New York emigriert war, hatte sie – um an Gemeinsames aus vergangenen Berliner Tagen anzuknüpfen – ein Foto von Franz Hessel geschickt. Dem »Heiligen Franziskus«, wie sie ihn nannte. Als maßgeblicher Lektor des Verlages hatte er 1933 Ernst Rowohlt bewogen, Maschas in der ›Vossischen Zeitung‹ erschienene Gedichte unter dem Titel ›Das lyrische Stenogrammheft‹ als Buch herauszubringen.

Am 5. März 1945 antwortet Alfred Polgar:

Schönen Dank auch für das Bildchen. Ich darf es, nehme ich an, behalten, bis wir uns sehen?
Hessel, der Gute, sieht als Knabe genauso wunderlich brav drein, wie er als Mann dreingesehen hat und war. Ich liebte ihn sehr. In Paris waren wir noch während des Krieges viel mitsammen, bis Frühjahr 1940. Da fuhr er zu seiner Familie nach Sanary, und ich sah ihn nicht wieder. Als die Nachricht von seinem Tod kam, schrieb ich ein paar Zeilen über ihn. Ich lege sie hier bei, auch eine kleine Hessel-Geschichte

aus seiner letzten Pariser Zeit. Beide M. S. erbitte ich zurück; gelegentlich.

Ich freue mich, Sie kennenzulernen. Herzl. Ihr

Alfred Polgar

Mascha Kaléko bedankt sich mit ihren ›Versen für Zeitgenossen‹ für die Franz-Hessel-Geschichte und Alfred Polgars Nachruf auf ihn.

3. Dez. 1945

Liebe Mascha Kaléko:

Ich danke Ihnen sehr für Ihr Buch und die freundliche Widmung. Manche der schönen Gedichte kannte ich schon; aber sie wurden beim Wiederlesen noch schöner. Und der liebenswerte Mensch, der sie schrieb, schimmerte durch wie das Wasserzeichen durchs Papier.

Hoffentlich bringen wir's nun doch bald zuwege, einander wiederzusehen. Ich bin derzeit mit einer Arbeit beschäftigt, die eine nahe dead line hat. Sowie ich das Ding los bin, rufe ich bei Ihnen an.

Seien Sie und Ihr Mann – nicht bekannt und doch gekannt – herzlich gegrüßt, auch von meiner Frau,

Ihr Alfred Polgar

Polgars dritter Brief nun stellt den lang unterbrochenen Kontakt mit Ernst Rowohlt wieder her.

Liebe Frau Kaléko:

Von Rowohlt bekam ich einen langen Brief, in dem er u. a. schreibt:

»Kannst Du mir vielleicht die Adresse von Mascha Kaléko verschaffen? Sie ist mit einem ganz bedeutenden Musiker verheiratet. Ich habe ihr schon zweimal geschrieben über die Adresse ihres Verlags, aber offenbar hat sie diese Briefe nicht erhalten. Ich möchte ihr einmal vorschlagen, ihre Bücher neu zu drucken, will dies aber nicht ohne ihre Zustimmung tun.«

Rowohlts Adresse:

24a Hamburg 1, Rathausstraße 27 II.

Herzlichsten Gruß Ihr
Alfred Polgar

Ernst Rowohlt, der an seinem 50. Geburtstag im Jahre 1937 noch eine Rede ›An meine lieben Juden‹ gehalten hatte, bekam damals von Mascha Kaléko ein blaues Hemd geschenkt. 1938 erhielt er Berufsverbot. Unter anderem wurde ihm angelastet, die Autorin Mascha Kaléko verlegt zu haben. Nach dem Krieg schreibt Rowohlt an sie einen Brief, den sie erst zwei Jahre später erhält:

»Es gehört mit zu den drei Hemden, die ich bei meinem Abrücken aus Grünheide mitnehmen konnte. Sie werden vielleicht meinen, das sei ein richtiger Rowohlt-Schwindel, aber es ist wirklich die reine und nackte Wahrheit.«

Auch an Albert Einstein schickt Mascha Kaléko ein Exemplar ihrer ›Verse für Zeitgenossen‹. Er antwortet am 17.12.1949.

Sehr geehrte Frau Kaléko:

Ich habe Ihre Gedichte mit wirklicher Bewunderung gelesen. Sie haben mir solchen Eindruck gemacht wie Weniges aus unserer Zeit. Ich kenne die Tücke des Reimens aus eigener primitiver Erfahrung und fühle dadurch besonders intensiv die Grazie und Treffsicherheit Ihres Ausdruckes.

Freundlich grüßt Sie
Ihr
Albert Einstein

Einen Brief vom 30.4.1952 widmet er Maschas Gedicht ›Die Zeit steht still‹ (s. S. 31), das erst Jahre später im ›Himmelgrauen Poesie-Album‹ veröffentlicht werden sollte:

Liebe Frau Kaléko:

Ich finde Ihr Gedicht sehr schön und gehaltvoll. Es rührt übrigens an eine tiefe metaphysische Problemstellung, die durch die Physik besonders aktuell geworden ist und hauptsächlich Bergson beunruhigt und angeregt hat.

Mit freundlichem Dank und Gruß
Ihr
Albert Einstein

Hier sei noch erwähnt, daß Einstein später vor allem an Maschas Kindergedichten seine große Freude hatte, die unter dem Titel ›Wie's auf dem Mond zugeht‹ (s. S. 157 ff.) nachzulesen sind.

Eine tiefe Freundschaft verband Mascha Kaléko mit dem Schriftsteller Johannes Urzidil, den es aus Prag nach New York verschlagen hatte. Die Briefe gingen von New York nach New York, und man muß annehmen, daß nur Teile des freundschaftlichen Schriftverkehrs bis in meine Hände gekommen sind. Man sah sich, besuchte sich, telefonierte.

27. Mai 1952

Ein Satz für Mascha

Erreicht mich einmal
    von Dir ein Gedicht,
        Ist es ein wärmender Strahl
            Und freundliches Licht
                Wie aus Deiner Augen Schimmer,
            Oder als sprächest Du nahebei,
            Oder gingst auf der Straße lächelnd vorbei,
                Oder säßest schweigend im Zimmer;
            Und singst stets treu das gleiche Lied
        Wie der Vogel, der frühlings wiederkehrt
    Und läßt nicht ab und wird nicht müd
Denn immer ist jemand, der hört.

Johannes Urzidil

Die guten Mascha und Chemjo

müssen nicht denken, daß wir ihre liebe Karte ... nicht erhalten und uns ihrer nicht gefreut hätten ...
Wir hoffen, Euch beide bald zu sehen, auch von neuen
Schöpfungen des begabten Sohnes weiteres Erfreuliche zu
hören.
(Welch ein Glück übrigens, von seinen Eltern geschätzt zu
werden! Mir hat während meiner ganzen Jugend kein
Mensch jemals gesagt, ich sei begabt, vermutlich mit Recht,
und später sagte man es erst recht nicht, wo doch mit fünfzig
begabt zu sein das Allerwichtigste wäre.)
In diesen Tagen werde ich mein sechzigstes Lebensjahr beginnen. Ist das nicht eine Bizarrerie? Eben hat man sich erst
ein wenig umgesehen und, schwupp, sieht man schon den
Bodensatz des Bechers.
Nun gut! Alles Schöne jedenfalls und die herzlichsten Grü-
ße und Wünsche von

Johannes und Trude

Darauf antwortet Mascha am 10. Februar 1955:

Lieber Johannes,

dank für den lieben Brief in Moll. Den Tag müssen wir –
wenn auch verspätet – doch »begehen« ... darf man um das
Datum bitten – hab keinen Kürschner oder dergleichen.
Bin selber ein wenig in Wolken, beabsichtige aber das un-
erfreuliche Domizil da oben zu wechseln, sobald der Himmel es zugibt. Muß im vorigen Leben (unter anderem) auch

ein Bär gewesen sein – Körper und Seele scheinen sich jeden
Winter daran zu erinnern … und jeden Winter mehr.
Dazu kommen noch die sogenannten plasterer und Maler –
sie »kommen« seit Wochen schon, sind aber noch nicht da.
Und miscellaneous other things.
Hoffentlich seid Ihr wieder grippenlos und munter.
Apropos »… und, schwupp, sieht man schon den Bodensatz
des Bechers«:

>   Mein lieber Johannes!
>   Das Sein – wer ersann es,
>   Das Endziel – wer kann es
>   Ergründen, uns künden?

>   Das Schicksal des Zechers,
>   Den Boden des Bechers,
>   So schwupp zu erspähen
>   Wird allen geschehen.

>   Ein Jüngling erfrecht sich,
>   Zu klagen mit Sechzig:
>   – Man sagt mir, das gibt sich
>   So rund um die Siebzig.

>   P. S. Was neckt sich, das liebt sich.

>   Herzlichst und auf bald
>   Eure Mascha und Chemjo

JOHANNES URZIDIL
83-39 · 116TH STREET
KEW GARDENS 18, NEW YORK
VIRGINIA 7-8066

den 14. Juli 1955

Liebste Mascha:

Ich bin sehr gerührt, ein so schönes Gedicht von
Ihnen erhalten zu haben. Ich wollte, ich verdiente es.
Es ist wie ein Kuss;und ich werde ihm immer fühlen.

Mein sechzigster Geburtstag ist freilich erst
nächstes Jahr. Heuer bin ich neunundfünfzig geworden
und daher erst ins sechzigste Jahr getreten.
Aber das tut nicht zur Sache. Neunundfünfzig oder
Sechzig: wer eine so liebe Freundin hat,ist zu
allen Zeiten gut daran.

Ich habe ein mühevolles aber ergiebiges Jahr hinter
mir (ich rechne nach Schuljahren).Von den Ergebnissen
werden Sie von Herbst an noch hören.

Wir werden, von kleinen Unterbrechungen und einem
Wochenaufenthalt in Vermont abgesehen, den Sommer
hier verbringen. Wir können uns nicht entschliessen,
die relative Behaglichkeit unserer Wohnung mit
irgend einem Hotel zu vertauschen,wo man unter dem
Kommando der Angestellten steht und dies auch noch
teuer bezahlen muss.

Ich hoffe,es geht Ihnen, Chemjo und Steven recht gut
und bin mit allen herzlichen Wünschen ,die durch
die Gertruds verstärkt werden,

Ihr getreuer
Johannes

---

12. Dezember 1957

Mein lieber Johannes Urzidil!

Vorgestern kam Ihr gehaltvolles und liebreich verpacktes
Paket an, und ich bin sehr beglückt, Wiedersehen feiernd
mit »Stief und Halb«, »Die Fremden«, das noch viel schöner
wurde, knapper erscheint als in meiner Erinnerung von da-

mals. Das Neue schlürfe ich geradezu in mich hinein, Unbekanntes, aus dem ich den kleinen Johannes im Schnee kennen und lieben lerne, und das andere, auf das ich mich noch freuen darf, in Vers und Prosa.

Wer doch auch so eine schöne Handschrift hätte, zu allem anderen – so aber muß ich auf Ihre feinsinnige Inschrift in die ›Memnonsäule‹ plump per Schreibmaschine antworten:

Menschenwort und Nachtigallenfuge
Sind das Beste an dem kurzen Feste.
Sieh, im Fluge wandelt sichs zum Truge:
Fahl der Kranz und schal im Glas die Reste.

(Dankes voll am letzten Licht sich labend,
Lobt der Mensch den Tag erst wohl am Abend ...)

Ich wage es kaum, Ihnen das so ärmlich in Holzpapier gekleidete Büchlein anzubieten, nevertheless, hier ist es, nehmen Sie einstweilen damit fürlieb.

Im Jahre 1957 hatte sich überdies zwischen Johannes Urzidil und Mascha Kaléko ein Briefwechsel in Versen angebahnt, eine Hommage, die wie die von Suleika – Hatem anmutet – ins Scherzhaft-Heitere gewendet – und sich sicher auf Gespräche über den ›Westöstlichen Divan‹ bezog. Schließlich hat Urzidil volle dreißig Jahre an seinem Goethebuch (›Goethe in Böhmen‹) geschrieben.

Mein lieber Urzidil Johannes
Dies Verslein hier, ach, ich begann es
Vor leider ein paar Tagen schon.
Doch fehlte die »Inspiration«.

In diesem Fall gemeint: verbatim
Der große (und der kleine) Atem.
Das kommt von meiner Allergie;
Ich niese wieder wie noch nie.
Da hilft nur Antihistamin;
Doch schläfert selbiges mich ein.
Was mag nun unbequemer sein:
Die Krankheit oder Medizin?
Schluck ich sie, bin ich nicht vorhanden,
Doch – sine – nies ich mich zuschanden.
Gern hört ich vom Erzählen Sie erzählen,
Tät mich nur meine »Allergy« nicht quälen.
Behalten Sie mich lieb, dear Pascha!
(Auf »Chemjo« reimt sich nichts als
                              »Mascha«)

Johannes Urzidil antwortete:

Ein jeder läuft bei Odalisken
In diesen Zeiten schwere Risken,
Doch wär ich, wie vermutet, Pascha,
So wählt ich mir vor allen Mascha.
Zu ihren vielen Haremspflichten
Zählt selbstverständlich Versedichten.
(Ich nenne dies als Nebenpflicht;
Die Hauptpflicht diskutier ich nicht.)
Sie wäre mir Scheherazade,
Von ihrer Stirn blüht die Charade,
Ihr Wandeln tönt als wie Sonaten
Die Lippen leuchten wie Tomaten
Und grenzenlos wär die »Romanze«
Von Mascha aus dem Pascha-Haus.

Doch allezeit und jeden Orts
Die schlimmste Art des Liebesmords
Ist Schnupfen. – Wer hätt gerne nah
Verschnupft selbst Lollobrigida?
Drum war es klug, daheim zu bleiben
Und dem Johannes hübsch zu schreiben,
Der Verslein so charmanter Art
Höchst schätzt und sorgsam aufbewahrt.

Und aufbewahrt hat sie auch Mascha Kaléko.

Worauf sich der folgende »Hymnus« genau bezieht, bleibt verborgen.

den 4. April 1958

Mascha,

Sie ungeheuer begabte, ich bin stolz und froh, Sie zur Freundin zu haben! Ich bewundere Sie, wie Sie sich aufrecht halten! Ich erschrecke fast, wie viel Kraft in Ihnen ist! Und wie viel Klugheit! Nein, Weisheit, indem Sie Ihre eigene Bedeutung überlegen durchbrechen, um liebenswert zu bleiben. Wie gerne werde ich Ihre Verse immer wieder lesen, solange ich dies kann und mich ihrer süßen Schwermut hingeben.

Ihr
J. U.

New York, den 7. März 1959

Liebe Mascha,

wir denken sehr an Sie und hoffen, daß es Ihnen jetzt wieder
gutgeht. Es hat mich bekümmert, Sie krank in einem Hos-
pital zu wissen, dem halben Wissen und viertel Wohlwollen
ausgeliefert, am Ende freilich vermöge der Kraft der eigenen
Natur siegend, aber nicht ohne Einbußen. (Ich spreche auf
Grund *meiner* Erfahrungen.)

Während des letzten halben Jahres war ich mit dem Ab-
schluß und der Reinschrift meines Romans (›Das große Hal-
leluja‹, Anm. G. Z.-W.) beschäftigt, der endlich vorige Woche
an den Verleger ging und im Herbst in München erscheinen
wird. Es ist ein Buch von 500 Seiten. Am Postamt wollte
man es als First Class Mail betrachten und errechnete, daß
es per Air Mail 17 Dollar kosten würde. Auf meinen Ein-
wand, daß man ein Buchmanuskript nicht als »message« an
den Verleger betrachten könnte, suchten die Postangestell-
ten in vielen Vorschriften herum, konnten aber keinerlei Angaben über Kulturwerke ausfindig machen. Für den Versand
von Unterhosenmustern hätten sie ein Dutzend umfassende
Möglichkeiten. Schließlich einigten wir uns auf den Begriff
»Commercial Papers«, was die Kosten auf etwa $1/3$ reduzier-
te. (Vielleicht werde ich auf das Titelblatt unter »Roman« in
Klammer setzen lassen: »In U. S. A. Commercial Papers«).

Gegenwärtig habe ich mir einen achttägigen Urlaub an-
geordnet, den ich damit verbringe, allerlei »odd jobs« zu
Hause auszuführen, im Schlafrock umherzugehen und auf
Leute zu schimpfen, gelegentlich einmal auch – wenn sich
ein Anlaß ergibt – jemanden zu loben. Dazu gehören momentan Sie.

Wie begann Ihre Krankheit? Hatten Sie vielleicht zunächst
bloß ein »common cold«? Wofür ein amerikanischer Arzt
hier in Kew Gardens einem Patienten riet: »The Best is to

walk around on your balcony in your pyjamas in subfreezing temperature.« – »Well, but I will get pneumonia.« – »Yes, but pneumonia I can cure.«
Leben Sie wohl, Liebste, gedenken Sie unser mit Nachsicht und kommen Sie bald.

Herzlichst auch in Trudes Namen –
Ihr Johannes

Gemessen an der Fülle und Komplexität, die jedes Leben von seiner Nacherzählung trennen, wissen wir immer nur wenig. Doch die verschiedenen Bekanntschaften und Freundschaften lassen davon wenigstens etwas ahnen, auch wenn wir von einer Beziehung nur noch wissen, daß es sie gab, und nicht, wie sie war.

»Als ich Europa wiedersah ...« – Reisen in die alte Heimat

Als ich Europa wiedersah
Nach jahrelangem Sehnen –
Als ich Europa wiedersah
Da kamen mir die Tränen.

1938 auf der Flucht war Hamburg die letzte deutsche Station gewesen auf dem Weg in die Emigration. »Mein Rundgang zum Reisebüro ... und den schicksalsschweren Weg zur Bank ...« hatte sie damals im Tagebuch notiert. Jetzt ist Hamburg die erste deutsche Stadt, die sie wiedersieht nach achtzehn Jahren der Emigration. Sie kommt zurück – wenn auch nur vorübergehend.

Am letzten Tag des Jahres 1955 schifft sich Mascha Kaléko in New York ein. Der aktuelle Anlaß ist die Wiederauflage ihres Erstlings, des ›Lyrischen Stenogrammheftes‹ bei Rowohlt, das ab Februar 1956 wieder im Handel ist.

Sie widmet es Franz Hessel.

Dem »Heiligen Franziskus«
vom Rowohlt Verlag anno dazumal

Dies Versbuch, lang vergriffen und verboten,
Widme ich dem Gedächtnis eines Toten –
Franz Hessel, Dichter, Heiliger und Lektor,
Mein Schutzpatron und lyrischer Protektor,
Der milde tadelnd, und mit strengem Lob
Das ›Stenogrammheft‹ aus der Taufe hob.

Er ruht voll Sanftmut und Melancholie
In Frankreichs Erde, nah bei Sanary,
Und redigiert im Schatten edler Palmen
Fürs Paradies die allerneusten Psalmen.
– Und wenn sein ferner Blick sich erdwärts neigt,
Dann lächelt er geheimnisvoll, und schweigt ...

Im Februar 1956

Mascha Kaléko

Nach der vom Berliner ›Abend‹ monatlich herausgegebenen
Liste ist der Gedichtband schon nach zwei Wochen unter
den Bestsellern.

An Kurt Pinthus, den Herausgeber der bedeutendsten
Lyrik-Anthologie des Expressionismus ›Menschheitsdämm-
merung‹, schreibt sie aus Berlin am 19. 3. 1956:

»... Ich hatte eigentlich eine Menge Erfolg, auch in München, Stuttgart und Frankfurt. Überall gibt es Redakteure,
die meinen Namen kennen von damals, und wo ein *junger*
Mann sitzt, taucht irgendwo doch ein Greis auf, der sagt:
MK – na klar kenn ich die, usw. Ich bin voll von Erlebnis-
sen, erzähle ich Ihnen, wenn ich heimkehre. Die Zeitungen
schrieben überall und druckten Sachen von mir, ich hatte
Funk-Interviews über Lyrik (mit Willy Haas, bei dem ich
auch las) und in Stuttgart ein langes Interview und Lesung
etc. etc. Überall tauchen Leute auf, die einen noch kennen –
na, Sie wissen ja. Von den ganz persönlichen Wiederbegeg-
nungen mit der Vergangenheit – davon kann ich nicht schreiben, so erschüttert bin ich im Augenblick ...
Schön war übrigens, wie ich fremd und einsam in diesem

zerbombten Berlin als erstes beim Funk Freier Sender Berlin anrief (der ein Interview mit mir machen wollte und tat) und mich der Leiter am Telefon mit folgendem Satz ansprach ›Ick bejrüße Ihn' in Ihr altet Berlin …‹

Der gab mir auch 'ne ›Party‹; und auch sonst kann ich nicht klagen, was die Leute angeht. Aber der Mann uff die Straße – das ist oft ein erschütternder Anblick! Auf die erste Frage im Interview: Na, wie finden Sie denn Berlin so mit den Bombenruinen? sagte ich erst: Von *finden* kann keine Rede sein, ich *suche* es immer noch. Ein andermal sagte ich: Berlin mit seinen Ruinen – das kommt mir vor wie eine Art Pompeji. Ein Pompeji ohne Pomp. – Das gefiel. Satire, Esprit und so was sind ja meistens Mangelware.«

Davon erzählt auch das Gedicht ›Wiedersehen mit Berlin‹ (s. S. 38 f.) aus dem ›Himmelgrauen Poesie-Album‹.

Mascha gibt Rundfunk- und Presseinterviews. Sie wird herumgereicht, hält Vorträge und liest ihre Gedichte. Die vollen Säle überall sind ein Beweis, daß sie in Deutschland nicht vergessen ist. Junge Leute fragen wiederholt: »Warum lernen wir Mascha Kalékos Gedichte erst heute kennen …?«

Wo immer sie auftaucht, in Berlin, in Stuttgart, in Frankfurt, in Kassel, in Zürich, schlägt sie die Zuhörenden in ihren Bann. Schmal und zierlich, immer in Schwarz, fast verschwindend klein hinter Pulten und Tischen, stellt sie sich ihrem Publikum.

Sie hatte den Reiz einer Zigeunerin mit ihrem halblangen schwarzen Haar, den tiefdunklen Augen und einem sprühenden Charme, der ihr bis in die letzten Lebensjahre erhalten blieb.

Als Belohnung für die anstrengende Tournee erfüllt sie sich einen alten Wunsch: Sie macht Ferien in Ascona. Die

23. Oktober 1957

Herrn Professor Dr. Martin Buber
Hebrew University
Jerusalem

Sehr verehrter Herr Professor Buber ;

Ich gehöre zu jenen jüdischen Menschen aus Deutschland, denen Ihre Schriften, und als allererste, Ihre
Chassidischen Geschichten das Tor zum jüdischen Mystik
öffneten, - als ich viel später Zen kennenlernte, war
mir nicht alles darin neu wie den meisten meiner Zeitgenossen.

Ich habe Ihnen all diese Jahre hindurch schweigend, und
in meinem engeren Kreise etwas weniger schweigend, Dank
gezollt, denn der Chassidismus, dem ich elterlicher Ab-
stammung nach zuaghörte, dem ich aber durch Erziehung
und Umgebung entrückt war, ist mir durch Sie wieder so
nahe gerückt, wie er offenbar von Urbeginn in meinem Leben
geplant war. Ich habe durch ihn Entscheidendes erlebt, und
es ist mir gelungen, auch meinen nun 20jährigen Sohn, dieser
Welt nahezubringen, obgleich er, in Berlin geboren, in New
York erzogen, diesen Dingen zunächst nicht allzu nahe war.

Wenn ich nun an Sie schreibe, so geschieht das, weil ich
Rat brauche. So oft ich junge Menschen auf den Chassidismus verweise, erlebe ich, dass sie die Frage an mich rich-
ten: "Now we have read your Buber and even Scholem, -where
do we go from here...?" Ich pflege dann zu sagen, es gebe
keine "Gebrauchsanweisungen" , sondern es müsse jeder seinen

---

sen Aufenthalt kann sie sich leisten, da die Neuauflage des
›Lyrischen Stenogrammheftes‹ 10 000,– DM gebracht hat.
Schriftstellerische Frucht dieser Tessiner Wochen ist ihr
›Novemberbrief aus Ascona‹ (s. S. 117 ff.), veröffentlicht in
›Heute ist morgen schon gestern‹.

In dieses Jahr ihres ersten Europaaufenthaltes – 1956 –
fällt der siebzigste Geburtstag von Gottfried Benn. Er dankt
Mascha für die Gedichte, die sie ihm geschickt hat, und
spricht die Hoffnung auf eine persönliche Begegnung aus,

Weg finden. Aber damit geben sich die jungen Menschen
nicht zufrieden. Zen Buddhismus gibt ihnen etwas zu
"tun", (mit der Zazen-"Meditation", die eigentlich die
Kunst des Nicht-Tuns darstellt.) Im Yoga haben sie etwas
zu "leisten", und die Rastlosigkeit sucht man einmal
immerfort nach "Aufgaben". Auch die"Kabbala massit"
wäre der Weg, den die meisten dieser jungen Menschen
(und es sind wertvolle darunter) als einen Weg akzep-
tieren würden. Aber das gibt es doch kaum in unserer
Zeit, Safed, Kastilien, - all das ist doch nicht mehr
zugänglich. Oder doch ? Ist es nicht so, dass das
ernsthafte Studium der Kabbalah nur über den traditionellen Weg möglich ist ? Und den Frauen doppelt verwehrt ?

Laotse, Buddha, Bodhidarma, - ein Ziel aufs innigste
zu wünschen, warum nicht, -aber führt wirklich kein
"praktischer" Weg der Übung und Meditation zur Welt
jüdischer Mystiker ?

Verzeihen Sie diese Frage. Sie scheinen mir der einzige
Mann in dieser Welt, der, wenn es sie gibt, die Antwort
darauf geben kann.

            Und dafür, auch für eine "Antwort" statt einer
Antwort wäre Ihnen von Herzen dankbar,

                Ihre Sie verehrende

                Mascha Kaléko

zu der es jedoch wohl nicht mehr gekommen ist. Gottfried
Benn starb zwei Monate später. Mascha Kaléko konnte ihm
nur noch die letzte Ehre erweisen.

Mosaiksteine aus Mascha Kalékos Leben sind es, die ich
zusammentrage. Details, die nur durch ihren Briefwechsel
erhalten sind. So hat sie den auf den Seiten 314/315 repro-
duzierten Brief an Martin Buber geschrieben, der von ihm
handschriftlich beantwortet wird.

Talbiyeh, Jerusalem, Israel

5.11.1957

Verehrte Frau Kaléko –

Einen allgemeinen lehrbaren »Weg« gibt es gar nicht. Die
jungen Leute, von denen Sie schreiben, kriegen es nicht billiger, als daß sie sich, jeder in den eigentümlichen Situationen
seines persönlichen Lebens, bewähren und mit den Wesen
und Dingen, denen sie begegnen, heiligen Umgang pflegen.
Andere Lehren mögen »günstigere« Angebote machen, von
der chassidischen haben sie dergleichen nicht zu erwarten.
Was hier allein gilt, finden Sie in meinen Büchern aufs deut-
lichste ausgesprochen; vgl. z. B. in ›Erzählungen der Chassidim‹ die kleinen Geschichten ›Der Weg‹ und ›Das Wich-
tigste‹. Jede andere Auskunft erweist sich früher oder später,
zuweilen allzu spät, als illusionär. Alle »Anweisungen« führen in die falsche Sicherheit hinein, die schlimmer ist als die
echte Verzweiflung.
Ich habe Ihnen das so hart und streng hingeschrieben, wie
es eben ist: weil Sie Ihren zwanzigjährigen Sohn erwähnten.

Mit guten Wünschen
Ihr
Martin Buber

1958 erscheinen die ›Verse für Zeitgenossen‹ auch endlich
bei Rowohlt. Die Ausgabe stimmt nicht mit der 1945 bei
Schoenhof in den USA erschienenen überein. Zwei Gedichte, die in der Originalausgabe zweisprachig – auch in Englisch – zu lesen sind, fehlen ganz. Der Verleger und seine
Autorin werden Gründe dafür gehabt haben, diese beiden
Gedichte nicht zu übernehmen.

Hoere, Teutschland (Hear Germany)

(In memoriam Maidanek und Buchenwald –
on reading the pogrom documents)

Der Tag wird kommen, und er ist nicht fern,
Der Tag, da sie ans Hakenkreuz euch schlagen.
Da wird nicht eine Seele um euch klagen,
Und nicht ein Hund beweinen seinen Herrn.

Umsäumt von Stacheldraht und Kerkermauern,
Sind euch die frischen Gräber schon gerichtet,
Voll feister Würmer, die auf Nahrung lauern.
Habt ihr die Gier in ihnen doch gezüchtet.

Geschändet habt ihr selbst die gute Erde.
Sie hat das Höllentreiben wohl gesehen.
Und auch die Raben wissen, was geschehen,
Als ihr wie Wölfe einfielt in die Herde.

Sie werden kommen aus dem Land im Osten,
Wo eure Panzertanks im Blute rosten.
Im Schlaf umzingeln werden euch die Scharen,
Die eurer Mordlust stumme Opfer waren.

Ihr Wimmern wird euch in den Ohren dröhnen,
Wenn sie vereint der Massengruft entsteigen.
Noch braust der Sturmwind, gegen euch zu zeugen.
Er hörte Nacht um Nacht das grause Stöhnen.

Grell schreit von eurer Stirn das rote Zeichen.
Verflucht auf ewig sei Germaniens Schwert!
Verhaßt ward mir der Anblick eurer Eichen,

Die sich von meiner Brüder Blut genährt,
Verhaßt die Äcker, die da blühn auf Leichen.

Wie haß ich euch, die mich den Haß gelehrt ...

Bittgesuch an eine Bombe

Wenn du niedergehst,
Bombe Nummer Achtundvierzigtausendneun-
                                    hundertundzehn,
Über die bayrischen Berge oder die märkischen Seen,
Laß alle Fabriken in Flammen aufgehn,
Zersplittre die Tanks und zermalm die Kanonen,
Auch der Räuber Paläste wolltest du gefl. nicht
                                    schonen,
Noch der Mörder und Huren auf wackligen Thronen.

Jedoch, die Gänseblümchen und Samtanemonen,
Die am mitteleuropäischen Wiesenpfad
So schuldlos verträumt und gänzlich privat,
Auch garantiert ohne politische Absichten wohnen,
Die Anemonen –
Bombe Nummer Achtundvierzigtausendneun-
                                    hundertundzehn,
Die Anemonen, die laß mir stehn.

Gott wird dirs lohnen.

Die weggelassenen Verse sind nicht gut. Ist es der Haß, mit dem
sie geschrieben sind, der nur zu verständliche Haß auf Nazi-Deutschland, der fehlende zeitliche Abstand, der sie verdirbt? Die »dritte Dimension«, die nach Manfred Hausmann
ein Gedicht erst ausmacht, erreicht sie in diesen Versen nicht.

Das Buch wurde von der Presse glänzend besprochen. ›Der Telegraf‹ in Berlin schrieb: »Seit sie dichtet, haben sie viele Menschen, die sie nie gesehen haben, lieb: Mascha Kaléko. Sie macht Gedichte, die so einfach sind, daß sie jeder kapiert, weil es Dinge sind, die wir alle erleben: die Kindheit, die kleine und die große Liebe, die Traurigkeit beim Gedanken an gestern und morgen. Das Quentchen Spott bei allem Gefühl vertreibt jegliche Sentimentalität aus ihren Versen, macht sie so reizvoll und bemerkenswert, daß es viele Leute gibt, die man aus dem Schlaf wecken könnte und die dann fähig wären, gleich eines ihrer Gedichte herzusagen. Hier werden aus bitterem Emigrantenleben Töne angeschlagen, die den Hörenden und Lesenden ergreifen. Sie untertreibt, das ist ihre Art. Heine hat es nicht anders gemacht. Der echte Schmerz, zurückgedrängt und durch einen durchaus geistigen Prozeß in die kleine Melancholie verwandelt: Das ist eine künstlerische Bewältigung, die ihr überzeugend gelang.«

In der ›Frankfurter Allgemeinen Zeitung‹ schreibt Karl Krolow: »Was anziehend geblieben ist, ja, suggestiv in Reim und Lied und unmittelbarem Ausdruck, ist dieses von der Person gleichsam gelöste Erinnerungsheimweh, ein Herz-Weh, das süßliche, sentimentale Wort sei erlaubt. Es trifft für manches zu, was gar nicht sentimental gemeint sein konnte, als es entstand, vielmehr trauernd, resignativ, ganz sicher ernst und schmerzvoll, so leicht die Zeilen und Reime auch kommen und gehen, von Gedicht zu Gedicht ... Gefühl ist hier als das Gefühl einer gleichsam Ertrinkenden zu verstehen. Aus diesem Grunde klingt es wie Forderung, wie ein erstickter Schrei mitunter, denn die ›Verse für Zeitgenossen‹, so keß und so keck sie immer noch sein können, zeigen ebenso unverhüllt dieses bare und blanke Gefühl.«

Und aus New York schreibt Jacob Picard zu den ›Versen für Zeitgenossen‹ in einem Brief vom 23.4.1958:

Liebe Mascha Kaléko,

darauf muß ich sogleich reagieren, muß sofort herzlich danken für Ihr Buch, das so überraschend kam. Sie haben mir eine wahrhafte Freude gemacht.

Sie wissen ja, daß ich Ihre Verse schätze, ja liebe in ihrer besonderen, unverkennbaren Art, die es ja ist, was ihnen Dauer gibt.

Ich habe sonst nicht viel übrig für das, was man »Gebrauchslyrik« einst nannte mit einem falschen Clichéwort; denn was anderes ist etwa Mörikes oder Liliencrons oder, ja, Rilkes als das, was man mit diesem Wort bezeichnen könnte? Doch Sie werden mich verstehen. Sie selbst wissen sicher genau, was Ihre Verse bedeuten; in ihrem Besten sind sie eben reine Lyrik. Ich würde auch das, was ihnen ihren Reiz gibt, nicht einen feinen Zynismus nennen; viel eher ist es die zarte Resignation und Melancholie, die ich liebe, und die das Besondere sind. Von dem eigen-artigen Melos, der so viel talentlos nachgeahmt wurde, nicht zu reden; er bezaubert mich immer von neuem. Und wie klug ist das alles, welchen Charme hat es durchweg! In der Tat: eigentlich müßten diese Verse ja in Frankreich entstanden sein, aus jenem Geist; nun Heine, zu dem Sie sich ja bekennen, in ein Neues verwandelt. Von der perfekten workmanship will ich gar nicht reden gleichfalls. – Dank also noch einmal. Ich hab's natürlich noch nicht ganz durchgelesen, nur einiges Neue, und bin auch Vertrautem begegnet. – Aber ich schreibe umgehend, weil ich in einigen Wochen wieder nach Europa, Holland, zu meiner Tochter gehe und vielleicht später nicht mehr dazu komme. Wahrscheinlich werde ich dieses Mal länger bleiben. Sollten Sie dieses Jahr auch wieder hinüberfahren, so ist meine Adresse dort: c/o Dirk v. Dyk, Den Haag, Theresiastr. 52. Es wäre schön, wenn wir ein wenig von Europa gemeinsam erleben könnten.

Mit besten Wünschen und freundschaftlichen Grüßen für
Sie und Ihren Mann

der Ihre
Jacob Picard

Die kleine Auflage ist rasch vergriffen. Eine zweite kommt
nicht zustande. Nach Ernst Rowohlts Tod 1960 fühlt sich
Mascha Kaléko vom Verlag sehr vernachlässigt.

Fast 20 Jahre bis 1978 fehlten die ›Verse für Zeitgenos
sen‹ im Buchhandel. Erst die Eremiten-Presse in Düsseldorf
brachte dann eine kleine Auflage in hübsch aufgemachter
Broschur heraus. Und – es ist kaum zu glauben – Rowohlt
erwarb dann von diesem kleinen, aber sehr wachen Verlag
1980 die Taschenbuchlizenz.

Die zweite Europareise unternimmt das Ehepaar Vinaver-
Kaléko 1958 zusammen. Sie bleiben viele Monate in Europa. Im Juli ist Mascha allein in Paris, dann begleitet sie ihren
Mann nach Reichenhall. Sein Asthma wird von Jahr zu Jahr
schlimmer, und eine Kur dringend notwendig.

In Berlin verbringen sie neun Monate. War das ein Versuch, wieder in Deutschland zu leben? In der Stadt, in der
ihr gemeinsames Leben begonnen hatte? Was band sie an
New York? Der Sohn war erwachsen und brauchte die Eltern nicht mehr.

Chemjo und Mascha halten sich in oft wechselnden kleinen Pensionen auf. Ein ziemlich freudloses Leben. Die Zim-
mernachbarn fühlen sich durch Maschas Schreibmaschine
gestört; sie beanstandet bei unwirschen Vermieterinnen, daß
tagsüber in den Zimmern die Heizung kalt bleibt. Schließlich sind sie keine Vertreter, die nur zum Schlafen ins Hotelzimmer kommen. Chemjo und sie müssen hier leben und

möglichst auch arbeiten. Geraten sie in ein Nordzimmer, bekommt Chemjo seine entsetzlichen Asthmaanfälle.

Glücksmomente sind die Vortragsabende, die sie immer wieder gibt; denn Bestätigungen und Erfolgserlebnisse sind vornehmlich die Reaktionen ihres Publikums. Bei Partys und Veranstaltungen der Akademie der Künste lernen sie neue Menschen kennen. So auch Martin Heidegger, der von Mascha Kaléko fasziniert ist. Sie wisse alles, was Sterblichen zu wissen gegeben, schreibt er ihr (27. 2. 1959).

Ihr Comeback soll auch öffentlich dokumentiert werden. Die Akademie der Künste in Berlin beabsichtigt, ihr den mit 4000 DM dotierten Fontane-Preis zu verleihen!

Mascha zieht aber ihre Kandidatur zurück mit der Begründung, das Jurymitglied Hans Egon Holthusen sei von 1933 bis 1937 in der SS gewesen und es sei ihr nicht möglich, den Preis aus seiner Hand anzunehmen.

Dem Vertreter der Akademie der Künste, Freiherrn Dr. von Buttlar, versucht sie ihre Einstellung verständlich zu machen. In dem Gesprächsprotokoll heißt es:

»Ich habe es auch nicht leicht, als emigrierte Autorin. Überall im Ausland hat man sich dagegen zu verteidigen, daß man sich wieder mit dem deutschen Schrifttum identifiziert. Daß man in einem Lande wirkt, das noch immer an exponierter Stelle einstige Nazis fördert. Wie soll ich nach dieser Erfahrung hier solchen Vorwürfen entgegentreten?«

Holthusen war längst durch amerikanische Behörden rehabilitiert, die Akademie sah keine Veranlassung, gegen ihn Partei zu ergreifen, aber Mascha lehnte den Preis endgültig ab.

Als sie den ihr befreundeten Nahum Goldmann um seine Ansicht fragt, antwortet dieser: »Ich persönlich sehe nicht ein, warum Sie den Literaturpreis der Stadt Berlin nicht annehmen konnten trotz der Gründe, die Sie angeben, aber die Entscheidung muß natürlich Ihre persönliche sein.«

Kein Lorbeerkranz vom Bund der Belletristen;
Kein Kunstvaein hat mich in seinen Listen,
Kein Dichtazirkel … Sagen wir es schlicht:
Gesellig war die sanft Entschlafne nicht

dichtete sie bereits in ihren ›Versen für Zeitgenossen‹.

Man kann nur sich selber treu bleiben. Das allerdings *hat* seinen Preis, *bringt* aber keinen.

Diese Zurückhaltung aus Gewissensgründen akzentuiert im Rückblick einen unkorrigierbaren Wendepunkt in der Biographie der Dichterin.

Israel. Die letzten Jahre

Nach der Ablehnung des Fontane-Preises – ich konstatiere das nur und will auf keine kausalen Zusammenhänge hinaus – ist das Comeback vorbei. Andere Dichter werden gekrönt, andere Verse als moderner, zeitgemäßer betrachtet.

Dazu kommt, daß Mascha Kaléko auch geographisch wieder aus dem Gesichtsfeld der Literaturszene gerät.

Im Oktober 1959 übersiedelt das Ehepaar Vinaver nach Israel. Und damit vollzieht sich eine einschneidende Veränderung im Leben der Dichterin. Sie geht ins »Land der Väter« ihrem Mann zuliebe, der sein Lebenswerk, eine vollständige Anthologie der chassidischen Synagogalmusik, nur dort vollenden kann. Für ihn bietet Jerusalem mit seiner Vielfalt an Synagogen auf musikalischem Gebiet ein wahres Babylon aller chassidischen Richtungen. Chemjo Vinaver geht von einer Synagoge zur anderen, um die freie Intonierung der Vorsänger in den frommen Häusern zu notieren, wissenschaftlich auszuwerten und einzuordnen. Der erste Band war bereits 1956 erschienen, ein zweiter sollte folgen.

Während ihr Mann »temporary resident« in Jerusalem wird – sie haben in Rehavia, 7 Gaza Road, eine Wohnung genommen –, behält Mascha ihren »tourist status« bei. Ein deutlicher Vorbehalt also, in Israel Heimat zu suchen. Aber kann man finden, was man nicht sucht? Sie bleibt fremd, vor allem, weil sie kaum Hebräisch lernt und sich dadurch eine lebenszerstörende Isolation ergibt. Nicht aus Absicht geschieht das, sondern aus Kraftlosigkeit. Sie ist schwach und

Mascha Kaléko Anfang der sechziger Jahre
beim Signieren ihrer Bücher

elend. Der kranke Körper wirkt auf die Seele, die Seele wirkt zurück auf den Körper.

»Man kommt nie aus dem Vorgezeichneten heraus. Steigend kommt man immer wieder an den gleichen Punkten vorbei, dreht sich über dem vorgezeichneten Grundriß im Leeren wie eine Wendeltreppe.« Robert Musils Satz aus den ›Schwärmern‹ fällt mir ein, wenn ich den Versuch unternehme, mir die verbleibende Lebensspanne Mascha Kalékos von 1959 bis 1975 zu vergegenwärtigen.

Dem Grundriß der Musilschen Wendeltreppe ist nicht mehr zu entkommen. Äußere Fakten können noch aufgezeigt werden, aber was bewirken sie?

Da ist noch ein Umzug zu vermerken (1962) in die King George Street 33, eine Eigentumswohnung. Inzwischen war wohl von der Bundesrepublik eine Wiedergutmachung gezahlt worden.

Da erscheint noch ein schmales Buch (1961) beim Fakkelträger-Verlag: ›Der Papagei, die Mamagei und andere komische Tiere‹. Die Verse waren schon in New York entstanden.

1967 muß ein besonders schlimmes Jahr gewesen sein, wie die folgenden Ausschnitte aus Briefen an ihre Literaturagentin Ruth Liepman in Zürich zeigen:

»War gestern beim Arzt: Das meiste, wo mir fehlt, ist ›psychisch‹; was aber gemein physische Auswirkungen hat: Ich kriege so viel Medizin, daß ich mir keine Nylons mehr leisten kann, soviel kostet das Zeug: Anti-Ulcus-Flüssigkeit, Vitamine und Kalkspritzen, teuer, aber nötig, sagt mein Arzt …
Natürlich muß ich auch leben, als wäre ich über siebzig, nichts unternehmen, keine Altstadt-Explorations, etc. Und brav Kochen und fürs Solide sein. Bin meist so müde, daß

das Leben-Schwänzen nicht schwerfällt – leider. Mein Arzt
gab mir ein medizinisches Buch zum Lesen, bevor er mich
behandelte ... Ein kluger Mann, da stand nun alles drin, die
Müdigkeit, die Vitalität – alles, was ich stets für paradox hielt
in meinem körper-seelischen Betrieb, ist ›symptomatisch‹.
Janus, nicht bloß von wegen Lyrik-Satyrik. Janus auch vom
Physiologischen her ... ›Sensibel wie ein feiner Apparat
und keine Kraft, das Aufgenommene zu verarbeiten‹ – darum müde. Zuviel Zores, sagt der Arzt. Ein Außenseiter wie
wir ... (Wenns man so einfach wäre. Hebs auf, in 20 Jahren
ist das ›kulturhistorisches Material‹ für *MK-Forscher. Gibts
dann auch*, gewiß! Aber uns? – Kaum.)«

»19. 11. 67

Ruthchen,

es war *doch* Hölderlin, ich finde den Vers eben.

> ... zürnen zu gerne doch
> Deine Dichter, Natur! trauern und weinen leicht,
> Die Beglückten; wie Kinder,
> Die zu zärtlich die Mutter hält,
> Sind sie herrisch und voll herrischen Eigensinns.
>   Hölderlin
>   ›Die Launischen‹

Auf der gleichen Seite meiner ›Privat-Anthology‹ steht auch
der mitteilenswerte Satz aus der Antigone des Sophokles:

> Behold me what I suffer and from whom,
> Because I have upheld that which is high.

Im übrigen: Ich hoffe auf baldigen Brief, damit ich endlich beschließen kann. Das Placzek-Manuskript des ›Himmelgrauen‹ liegt noch *unbeantwortet* hier. Was ist mit Blanvalet ...? Und bitte, sende mir doch die 4 Originalbriefe zurück – auch sie sind unbeantwortet, und wenn ich nicht bald an *Urania* schreibe, ist es mit Lesung nichts. Ich lebe nur noch mit der Hoffnung, daß diese Lesetournee rettet, was zu retten ist. Dazu muß aber bald das kalte Klima für ›Verse in Dur und Moll‹ in ein normales verwandelt werden. Hier sagte einer: ›Das bezaubernde Büchlein (*der großen Dichterin* MK?: Elisabeth Castonier im gestrigen Brief) scheint unter Ausschluß der Öffentlichkeit erschienen zu sein. Wie entsetzlich schade!‹

Ich hoffe, es geht Dir gut, und Du läßt Dich von keinem und nichts unterkriegen. Evi erzählte mir einiges – auch von der Büromisere.

Ruthchen, trotz allem: vergiß nicht, ich habe *Jahre* gewartet auf das ›comeback‹ und bin so bitter enttäuscht worden. Erinnere Dich des Tages, da Du strahlend, die Bertelsmann-Ausgaben unterm Arm, im Augustinerhof erschienst und wirklich Weihnachtsmann warst. Was für Hoffnungen begannen da wieder zu sprießen –. Du *mußt* einfach *sofort alles* tun, sonst sind wir, wo wir vor Jahren waren, und ich halt's einfach nicht aus. Bin in einem seelischen Erschöpfungszustand, der sich so auswirkt, daß ich *nichts* beginnen kann, sondern um 6 PM mit Mogadon der Welt Gutnacht sage. Und das 6mal wöchentlich. Chemjos Arzt muß *mich* jetzt rannehmen, Montag bin ich dran. Mehr, sobald ich ein Wort von Dir habe. Daß es Tante Päuli gut geht, schrieb sie Dir – schrieb sie mir damals.

Chemjo ist Dir zugetan und ich wie Juli 1967 ...«

Der Ullstein-Verlag wird gefragt, hat aber kein Interesse.

1967 erscheint im Walter-Verlag eine Auswahl aus den vergriffenen Büchern ›Lyrisches Stenogrammheft‹ und ›Verse für Zeitgenossen‹. Das Echo ist gering. Auch der Verlag Kiepenheuer & Witsch ist nicht interessiert. 1968 erscheint ›Das himmelgraue Poesie-Album‹ beim Blanvalet-Verlag. Das Buch erreichte aber seine Leser nicht. Der Verleger Lothar Blanvalet war schon krank und konnte das vorzügliche Buch nicht mehr ausreichend fördern. Nicht besser ergeht es dem bezaubernden Kinderbuch ›Wie's auf dem Mond zugeht‹ bei Blanvalet.

Hilfreich in diesen Jahren – so mein Eindruck nach Durchsicht der Verlagskorrespondenz – war nur einer: Kurt L. Maschler, der Doyen unter den europäischen Verlegern, der seit 1939 in London lebte. Seine Bemühungen für eine DDR-Ausgabe mit Mascha Kalékos Gedichten schienen zunächst erfolgreich, dann wurde das Vorhaben ›Horoskop gefällig‹, eine Anthologie mit 43 Gedichten, auf Eis gelegt. Der Verlag hatte erfahren, daß die Autorin in Israel lebte, dem der DDR nicht genehmen Staat. Nach ihrem Tod wurde das Buch ohne Schwierigkeiten sofort gedruckt, und seine Auflage war rasch vergriffen, eine zweite erschien 1979.

Ich bin »K.L.M.«, wie Mascha ihn zu nennen pflegte, dankbar für manchen klugen Rat, den er mir väterlich-freundschaftlich gab, wann immer ich mich an ihn wandte. Er starb im Alter von 88 Jahren im April 1986.

1973 bringt die Eremiten-Presse eine schmale Broschur heraus: ›Hat alles seine zwei Schattenseiten‹. Das war verdienstvoll, für die Autorin aber praktisch wirkungslos.

Hätte Mascha Kaléko in diesen Jahren viel geschrieben, die verlegerischen Querelen und die Enttäuschung über die nicht mehr gutgehenden Bücher wären zu verkraften gewesen.

Wären ihr die Verse zugeströmt wie damals in der Jugend in Berlin, wie in den ersten Emigrationsjahren in New York, die fremdsprachige Umgebung hätte positiv wirken können, abschirmend.

Aber in dieser Lebensphase, als kaum ein Reim sich einstellt – ein paar Epigramme werden notiert –, muß die Unfähigkeit, mit der Umwelt zu kommunizieren, schwer erträglich gewesen sein.

Sie hatte so viel zu sagen, sie sprach – glaube ich – gern, teilte gern mit, was unter Menschen mitteilbar ist. (Man erinnere sich an die beschriebene Szene im »Romanischen Café«. Kaum zu bremsen war sie in der Unterhaltung.)

Und Jahre später, als ich sie alljährlich im Herbst von 1968 bis zu ihrem Tode erlebte: Man hörte ihr zu, fasziniert. Neben ihr saß meist schweigend Chemjo Vinaver, liebevoll einverstanden mit der Lebhaftigkeit seiner Frau. Ihre scheinbare Dominanz täuschte. Er war es, an dem sie lehnte. – Die Freude am pointierten verbalen Ausdruck erhielt sich selbst in Todesnähe im Umgang mit Schwestern und Ärzten im Krankenhaus. Wie sehr also entsprach es ihrer Natur, Menschen im Gespräch zu begegnen.

Natürlich hatte Mascha Freunde, aber überall eher als in Jerusalem. Und Briefe schreiben war in ihrem elenden Zustand schon eine enorme Anstrengung. Rafft sie sich endlich auf und schreibt, dann kommen erst lange Erklärungen, warum so lange nicht, und gesundheitliche Bulletins. Und die sind in der Tat betrüblich. Bei ihr, bei Chemjo. Sie klagt auch über den Sohn, der wenig von sich hören läßt. Steven ist sehr erfolgreich in London tätig, in New York, in Italien, einmal auch in Berlin. Neue Formen des Theaters reizen den jungen Steven Vinaver. Mit Erfolg setzt er seine Ideen der satirisch-literarischen Revue durch, die er schreibt, komponiert und inszeniert. Er bringt einen ganz neuen Stil: Pantomime, Tanz, Rezitationen und Lieder eint er unter dem Titel »Diversions«.

Für diese neue Form theatralischer Aussage wird er, zweiundzwanzigjährig, mit dem ersten Preis der »Off Broadway Revue 1958« ausgezeichnet. Das künstlerische Erbe beider Eltern trägt er weiter und ist nicht nur, wie Vater und Mutter, hochtalentiert, sondern auch zum Erfolg begabt. Nach Herder ist ja Glück oder Unglück eine subjektive Eigenschaft. Wie Gesundheit, Körperstärke. Das Glück ist eine geheimnisvolle Fähigkeit an sich.

Und nun erkrankt dieser Sohn ganz überraschend – einunddreißig Jahre alt; bricht bei einer Premierenfeier plötzlich zusammen. Er wird in Pittsfield, Massachusetts, in ein Krankenhaus eingeliefert mit Pankreatitis. Die Eltern sind gerade in der Schweiz. Die Mutter fliegt zu ihrem Sohn, der vier Tage nach ihrer Ankunft, am 28. Juni 1968, stirbt. Mascha Kaléko wartet seine Beerdigung nicht ab, um ihren Mann nicht allein zu lassen, der sterbenskrank in Zürich auf sie wartet.

Die Literaturagentin Ruth Liepman, die mitfühlend und hilfsbereit sich der Vinavers annimmt, muß rasch einsehen, daß diesen beiden Unglücklichen nicht mehr zu helfen ist. Sie sind »durch den Schock von Stevens Tod noch ganz außerhalb von sich selbst, und die Verzweiflung und Wut über das Schicksal hat sich in Aggressivität und Mißtrauen umgesetzt«, schreibt sie einer Freundin. Die Eltern – in ihrer Fassungslosigkeit – verdächtigen den Agenten ihres Sohnes, dessen Tonbänder unterschlagen zu haben. Als Frau Liepman den Agenten verteidigt, wendet sich die Aggression gegen sie, und das berufliche wie private Verhältnis zwischen ihnen ist unwiderruflich beendet.

Von dem Schicksalsschlag, dem Verlust des Sohnes, haben sich weder Mascha noch ihr Mann je wieder erholt. Außer der zunehmend schlechten Gesundheit der beiden beherrscht ab jetzt eine resignative Lähmung ihr Leben.

Dazu kommen die Schulden! Auf Bittbriefe antwortet kein Verleger mehr. Aus einem Brief vom 30. März 1970 an Gabriele Tergit:

»Habe keine Kraft. Zu nichts ... Doch Sie, Bewunderns-
werte, sind ein Dynamo, und ich, an Jahren einiges jünger,
bin dahin ...

Was uns noch geblieben ist nach den Katastrophen wie
Augenlicht, Bewegungsmöglichkeit etc. und sehr pflegebe-
dürftigen Gesundheiten etc. – wollen wir dankbar pflegen –
aber das Rechte ist es nicht mit den ›2 Augen‹, man zittert
zu schlimm und lebt nicht, bei ›lebendigem‹ Leibe. Ich bin
dauernd in Behandlung – obendrein.«

Wohl werden noch alljährlich Reisen nach Europa unter-
nommen, damit Vinaver in ein erträglicheres Klima kommt,
als Israel es während der heißen Jahreszeit zu bieten hat,
wohl gibt Mascha noch Vortragsabende, wohl nehmen sie
noch teil an kulturellen Veranstaltungen, doch sie sind Ge-
brochene. Einer hat Angst um den anderen.

Und das Schicksal will es, daß Mascha auch ihren Mann
noch überlebt. Chemjo Vinaver erliegt im Dezember 1973 in
Jerusalem seinem schweren Leiden. Seines Schutzes, seiner
Liebe und menschlichen Güte beraubt, war Mascha Kaléko
nun einem Grad von Einsamkeit ausgesetzt, den zu ertragen
ihr nicht mehr möglich schien.

Suse Weltsch – eine Freundin – schrieb über Mascha und
Chemjo in einem Brief an mich: »Mascha konnte Chemjos
Abwesenheit nicht überleben. Sie waren einfach eine Einheit, nicht Mann und Frau, nicht Bruder und Schwester –
von all dem waren sie auch etwas –, aber das Unsagbare und
Einmalige war das tiefe und nie unterbrochene Einverständnis in jedem Blick und jedem Augenblick. Manchmal konnte
man glauben, sie beten sich gegenseitig an, aber es war eine
andere ungewöhnliche Art des Betens ... ein Überströmen,
dankbar für jeden Augen-Blick.« (1979)

Er war eine ganz einzigartige Erscheinung: Er strahlte die
Sicherheit eines Propheten und die Weisheit eines Patriar-

Foto von 1972

Ich und Du wir waren ein Paar
Jeder ein seliger Singular
Liebten einander als Ich und als Du
Jeglicher Morgen ein Rendezvous
Ich und Du wir waren ein Paar
Glaubt man es wohl an die vierzig Jahr
Liebten einander im Wohl und Wehe
Führten die einzig mögliche Ehe
Waren so selig wie Wolke und Wind
Weil zwei Singulare kein Plural sind.

chen aus. Die Verbindung von Gelehrsamkeit und Künstlerschaft, beides nicht zu seinem, sondern zum Ruhm Gottes eingesetzt, gaben ihm eine Größe, die man nicht vergißt, wenn man ihrer einmal gewahr geworden ist.

Ihre Wohnung verließ Mascha nach dem Tod ihres Mannes kaum noch. Oben im siebten Stock lebte sie mit dem Blick weit über die Altstadt von Jerusalem, hinter deren Dächern sich die Silhouette der Judäischen Berge abzeichnete.

An ihre Mutter, Chaja Engel, die in Tel Aviv in einem Altersheim untergebracht war und die ihre Tochter überleben sollte, schreibt sie, ihr sei durch den Tod ihres Mannes der letzte Halt im Leben genommen und sie sei »mehr zu Bett gewesen als in meinem ganzen Leben«.

Und trotz des elend schwachen Körpers, trotz ihrer ohnmächtigen Verzweiflung, geschieht etwas Außerordentliches: Sie wird noch einmal produktiv. Es entstehen ganz wesentliche Gedichte, in denen sie ihren Schmerz, ihre Einsamkeit artikulieren kann; sie schreibt mehr Gedichte als in den Jahren davor, als das Talent zu schwinden schien. Eine ganze Mappe aus dem letzten Lebensjahr fand ich in Jerusalem, von denen Mascha nie gesprochen hatte; auch nicht kurz vor ihrem Tod, als sie mir die Verantwortung für ihr dichterisches Werk übertrug.

Was hier aufgezeichnet werden kann, ist der äußere Verlauf ihres Lebens. Das Entscheidende hat sich der Wahrnehmung entzogen. Was sich im Innersten vollzog, bleibt verborgen. Alice Goldmann, Witwe von Nahum Goldmann (Präsident des World Jewish Congress), sagt über Mascha: »Sie war weiter als wir. Mascha hatte eine andere Stufe erreicht.« So war es. – Wie? Auch das bleibt ihr Geheimnis über den Tod hinaus.

Noch einmal unternimmt sie im Spätsommer 1974 eine Reise nach Europa und gibt in der Amerika-Gedenkbibliothek in Berlin einige Wochen später einen Vortragsabend zusammen mit Horst Krüger. »Ihm verdanke ich die letzten drei guten Tage«, sagt die Todkranke wenige Monate danach.

Die geliebte, dann verlorene und später so veränderte Stadt hatte es ihr von neuem angetan. Horst Krüger und dessen Freund Norbert Gass, genannt Michael, »badeten mit Mascha Kaléko in Berlin-Nostalgie«: fuhren mit ihr nach Schloß Glienicke, fuhren zum Kleist-Grab, fuhren hoch im Norden in das märkische Dorf Lübars, das zu den absurden Kuriositäten der geteilten Stadt gehörte. Die Begegnung war so intensiv, als müßten sie alle Zeit nachholen, die sie sich nicht gekannt hatten. Horst Krüger schrieb später ›Meine Tage mit Mascha Kaléko‹ (s. S. 339 ff.). Hatte sie wirklich mit dem Gedanken gespielt, neben dem Jerusalemer Domizil eine kleine Wohnung in Berlin zu nehmen, um dort zu leben, wo sie weniger fremd war? An Israel hatte sie nach dem Tod ihres Mannes nur noch ein Gefühl der Zugehörigkeit zur jüdischen Schicksalsgemeinschaft gebunden. Oder wollte sie nicht sagen, daß es für Entscheidungen zu spät war, daß über sie schon entschieden worden war?

Im August war sie in einem Zürcher Spital – angeblich am Blinddarm – operiert worden. Auf der Rückreise von Berlin machte sie wieder in Zürich Station. In ihrer Jerusalemer Wohnung funktionierte der Lift nicht. Für sie spielte er Schicksal, denn er verhinderte Maschas Heimreise dorthin. Sie wußte, daß sie nicht mehr die Kraft haben würde, täglich sieben Treppen hinauf- und hinabzusteigen. Deshalb harrte sie aus im Hotel Butterfly im Quartier Seefeld, immer gewärtig, vom Hauswart eine positive Nachricht über den Fahrstuhl zu bekommen. Ihre Krankheit, Magenkrebs, verschlimmerte sich so, daß sie dringend einer Hospitalpflege bedurfte. Eine großherzige Freundin sorgte für einen verständnisvollen Arzt, Herrn Dr. Karrer, und ermöglichte die Aufnahme in die Privatklinik Hirslanden.

Die Todesgewißheit nahm Mascha Kaléko klaglos an und schien erleichtert, daß es dem Ende zuging.

Was einzig zählte in ihren letzten Wochen, war die Sorge um das nachgelassene wissenschaftliche Werk ihres Mannes. Sie allein wußte um den Wert dieses einzigartigen Kulturdokumentes und wollte es den richtigen Händen anvertrauen. Aus Israel kam Eli Dovev, Ehemann von Chemjo Vinavers einziger Nichte. Da keine Foundation mehr aufzutreiben war – wir telefonierten mit verschiedenen Stellen in New York und London –, kein Sponsor wie ein Deus ex machina erschien, übernahm Eli Dovev die Jerusalemer Wohnung und vor allem, was sich darin verbarg: das kostbare Archiv. Das ganze Material wurde nach Maschas Tod der Jerusalemer Universität überlassen mit der Auflage, den zweiten Band der Anthologie für chassidische Synagogalmusik gedruckt herauszubringen; ein teures Unterfangen bei der Fülle an Notenbeispielen. Erst als Mascha Kaléko die Nachricht von dieser sicherstellenden Regelung erhielt, konnte sie sterben. So lange hatte ihr Wille sie am Leben gehalten. Ärzte und Schwestern haben mir bei meinen täglichen Besuchen immer wieder von dem Rätsel gesprochen, vor dem die Medizin hier stehe. Mascha Kaléko verweigerte meist schmerzstillende Injektionen. Sie lehnte es ab, in den Tod zu dämmern.

Die Gespräche der letzten Wochen – sie war in diesem Zustand des nahen Todes unverhüllter – schenkten mir nie zuvor Erfahrenes. Das Erlebnis wirkt bis heute nach. Viel war von ihrem Sohn die Rede, von seinem Sterben. Gegen das Ende hin zählte nur noch Chemjo: Vinaver wurde allmählich so gegenwärtig, daß ihre Trauer zu schwinden schien.

Sie starb in der Gewißheit, daß der physische Tod nicht das Ende des Seins ist.

Das war am 21. Januar 1975. Schmucklos wurde der einfache Holzsarg zwei Tage später an einem regnerischen Morgen auf dem Israelitischen Friedhof Friesenberg in Zürich beigesetzt. Alle Reden hatte sie sich verbeten. Nur der Vorsänger intonierte die rituellen Gesänge ihres Volkes.

Meine Tage mit Mascha Kaléko

ESSAY VON HORST KRÜGER

Warum soll ich es verschweigen? Ich hatte von ihr kaum etwas gehört, kannte den Namen nur flüchtig – eine Zufalls-
bekanntschaft. Es war in Berlin, im Herbst 1974. Wir hatten
gemeinsam eine Lesung zu bestreiten, und als ich sie dort
zum erstenmal sah, spürte ich sofort ihren seltsamen Reiz.
Sie war schon als Erscheinung – ja, was war sie? Ich meine,
sie war genau wie ein Gedicht von Mascha Kaléko. Entwaff-
nende Wahrheit des Authentischen: Ein Gedicht, ein lyrisches Ich stand vor mir, klein, schwarz, zierlich. Ironie und
Spottlust waren da mit Melancholie sehr anmutig gemischt.
Sie war schon gut in den Sechzigern; man sah˙es ihr aber
nicht an. Von weitem hätte man sie gut für eine Frau Ende
Dreißig halten können. Sie hatte noch immer die Grazie, die
Geschmeidigkeit und die nervöse Unruhe junger Wildkat-
zen an sich. Der fast lolitahafte Charme sehr junger Mädchen ist ihr bis zu ihrem Tod geblieben.

Dann ihre Lesung. Sie saß neben mir. Sie veränderte sich
dabei etwas. Das Mädchenhaft-Kindliche ging jetzt verloren. Sie wurde bewußter, ernster, strenger. Sie ließ sich
viel Zeit zwischen den einzelnen Gedichten, machte größere
Pausen, scheinbar suchend, scheinbar unschlüssig blätternd.
Doch solche Unschlüssigkeit schien mir kunstvoll gewollt.
Sie wußte genau, was sie jetzt tat und wollte: vortragen, das
feine Gespinst ihrer Verse zum Klingen bringen. Es war keine große Lyrik. Es war der frech-sensible, traurige und doch
schnoddrige Ton Berlins kurz vor Hitler. Sie trug diese Ge-

dichte in der leisen, hohen Stimmlage einer Dozentin vor, die etwas vermitteln will: Schule des Lebens. Das ging bis zu der gemessenen Strenge der Frau Lehrerin. Sie sagte Gedichte auf – von Mascha Kaléko.

Noch einmal: Warum soll ich es verschweigen? Warum tue ich hier jetzt so, als sei da nichts weiter gewesen? So, als hätte ich sie nur gesehen, gehört, aus kritisch-aufmerksamer Distanz beobachtet? Es war aber mehr. Schwer zu sagen, was und wie und warum. Es gibt wohl so etwas wie die Forderung des Augenblicks: Tu es jetzt, jetzt oder nie; nur jetzt ist die Gelegenheit gegeben. Die Griechen nannten das Kairos. Hatte ich es geplant? Hatte sie es wirklich gewollt? Es ergab sich jedenfalls wie von selbst zwischen uns, daß wir nach diesem Abend noch drei Tage zusammenblieben, mit nichts als der Stadt befaßt.

Natürlich, für zwei alte Berliner von einst ist die Stadt wie ein Roman, eine nicht enden wollende Kitsch- und Schmerz- und Glücksgeschichte, viel Stoff zu wechselseitigem Spotten. Berlin war für uns eine Badeanstalt in Vergangenheit. Sieh all die Reste hier: die Kirchen, die Plätze, die Namen von damals – das war einmal unsere Jugend, das war einmal unsere Hauptstadt, das hier des Reiches Mitte, der Sandkasten und Spielplatz unserer Kindheit. Hier hockten wir doch, wuchsen auf, spielten, fuhren mit Bolle auf dem Kutscherbock, gingen zur Schule, wanderten im Grunewald, badeten im Wannsee. Täglich fuhr ich mit der S-Bahn von Eichkamp zur Friedrichstraße. Ich fuhr an den hohen, kahlen Mietskasernen vorbei, sah auf dem zugigen Bahnsteig die Leute stehen, verweht, vereinzelt, hörte das »Bitte zurückbleiben!« des Bahnbeamten und wie der Zug anruckte und schnell fortzog, hell aufsingend. Mascha verstand das alles. Es waren auch ihre Erinnerungen, ihre Geräusche. Musik der Kindheit, könnte man sagen. Wir waren ihren Reizen waffenlos ausgeliefert. Wir hörten nur immer und sahen.

Man brauchte sich kaum zu verständigen: tiefe Badelust in Vergangenheit.

Es wurden drei ruhelose Tage, unvergeßlich. Vergangenheit und Zukunftshoffnung schoben sich ineinander. Warb ich nicht mit der Stadt um sie? Wollte ich nicht eigentlich sagen: Komm wieder, kehr hierher zurück? Sieh es dir an – das ist doch der Ort deines Ursprungs. Was irrst du herum in Amerika? Was willst du jetzt allein in Jerusalem? Berlin ist für solche Heimatlosen und Weltwanderer wie geschaffen. Zum Schluß soll man immer heimkehren, nicht wahr? Heimkehr – es gibt keine Heimkehr für dich? Doch, es gibt sie, be harrte ich immer. Wo wir Kindheit und Jugend spüren, wo ein paar Menschen uns mögen, wo wir vertraute Geräusche hören, die uns beruhigen, zum Beispiel des Nachts das Singen der S-Bahn: Da ist man nicht fremd. Da ist man zu Hause.

Waren meine Werbungen zu direkt, zu plump? Mascha jedenfalls ließ sich auf so einfache Weise nicht einfangen. Es blieb immer etwas Schwebendes und Unentschiedenes um sie. Sie stand jeden Morgen pünktlich um zehn in der Bleibtreustraße in ihrer Hotelhalle: zierlich, graziös, etwas umdunkelt. Ein schönes Nachtschattengewächs mit Morgenstörungen. Wie ich das kannte! Sie hatte immer schlecht geschlafen, aber ließ es sich nicht anmerken. Sie fand immer ein freundliches Wort, eine Geste der Aufmunterung: Nun laß uns den Tag beginnen, trotz allem. Was soll's? Sie muß damals schon schwer krank gewesen sein, immerhin war es nur vier Monate vor ihrem Tod, aber sie wirkte nicht krank, nicht einmal leidend. Sie wirkte damals sehr allein auf der Welt. Ich sage nicht einsam, sondern allein, abgesondert, zu Hause und doch nicht zu Hause. Sie hatte manchmal etwas von einem ratlosen Kind, das sich verlaufen hat. Träume ich? Wache ich? Ist dies mein Ort? Wohin denn ich?

Vielleicht war auch alles zuviel. Vielleicht bedrängte sie so viel aufgestaute Zeitgeschichte. Der Augenblick am Potsdamer Platz zum Beispiel. Das war einmal ihr Berlin, die quirlende Mitte der zwanziger Jahre. Jetzt ist hier alles tot, leer, ein Museum der deutschen Teilung. Staub der Vergangenheit liegt auf den breiten Straßen ins Nichts. Kioske mit Ansichtskarten und Souvenirs, Touristen-Omnibusse, die davor parken: die Schrift an der Mauer. Sie sah das alles lange, fast andächtig an, sie schwieg, schüttelte manchmal den Kopf. Wir kauften ein paar Fotos vom Potsdamer Platz, wie er früher war, zu ihrer Zeit. Was ist Berlin heute? Ein Tiefkühlfach großdeutschen Wahnsinns. Hitler und Stalin, hier ist das eingefroren, sagte ich, eingeeist diese ganze Geschichte. Sie nickte, sie schwieg. Sie hat als Jüdin nie ein Wort der Anklage oder der Bitterkeit gefunden. Worüber man nicht reden kann, darüber soll man bekanntlich schweigen.

Wir fuhren nach Eichkamp. Wir standen vor dem Haus meiner Kindheit. Mascha wollte es sehen. Direkt gegenüber wohnt heute der Cineast Ulrich Gregor. Und es war wie bestellt, eine kleine Kinoszene für Heimkehrer. Die Tür öffnete sich. Frau Gregor trat heraus. Sie fuhrwerkte mit Mülleimern und Besen herum, war offenbar mit Hausputz befaßt, sah uns, erkannte uns und rief plötzlich über den Gartenzaun weg: Ach, Frau Kaléko, nein, so etwas! Wie seltsam! Sie werden es nicht glauben: Vorhin, beim Reinemachen der Bibliothek, bin ich seit Jahren zum erstenmal wieder auf einen Ihrer Gedichtbände gestoßen. Sie kommen doch herein? Sie müssen mir einen kleinen Gruß, eine Widmung reinschreiben. Und Mascha tat das dann auch in ihrer aufrechten, steilen Schrift. Einen Augenblick war sie glücklich. Sie strahlte, ein tiefes Kinderglück Mitte Sechzig. Das war wieder ein Pluspunkt für mich. Ich sah meine Aktien steigen. Wo auf der Welt passiert Ihnen das? sagte ich triumphierend. Bitte, so direkt und herzlich sind nur die Berliner.

Ja, so ungefähr sind wir drei Tage durch die Stadt gefahren, immer kreuz und quer. Ich zeigte ihr Schloß Glienicke und

die DDR-Grenze dort, direkt auf der »Brücke der Einheit«.
Ein amerikanischer Militärwagen fuhr eben, aus Potsdam
kommend, in West-Berlin ein. Wir fuhren zum Kleist-Grab,
hörten Schüsse dort hallen. Kasernenhofschüsse, Abschieds-
schüsse. Die Windböen rissen und knallten wie Peitschen-
hiebe. Wir waren im Norden. Ich zeigte ihr das Märkische
Viertel, diese Gebirge aus Beton, die sie nicht schreckten.
Sie kannte das aus Amerika. Wir fuhren weiter nach Lübars,
dem märkischen Dorf am Rand der Inselstadt. Wir saßen
dort in einer Gastwirtschaft, sahen weit in die flache Fließ-
landschaft hinaus und wie sich die Mauer dort durchzieht.
Mascha erzählte von ihrem Sohn, ihrem Mann. Sie sprach
von Toten. Es kamen nur spärliche Erinnerungen und spröde Sätze. Die literarische Begabung ihres Sohnes lobte sie
und wie er dann plötzlich gestorben sei im ersten Aufbruch.
So wiederholen sich Schicksale, anders. Der musikalische
Nachlaß ihres Mannes bewegte sie. Er war ein sehr erfolg-
reicher Komponist für jüdische Sakral- und Volksmusik gewesen. Es sei da noch so vieles zu ordnen und zu regeln in
Zürich, London, Jerusalem, Berlin. Ja, wenn das einmal alles geregelt sei, sagte sie. Gleich danach. Es war, als spräche
sie von einem großen bewunderten Berg, von dem sie doch
wußte: Er ist nicht mehr zu nehmen, für mich.

Letzte Erinnerung, letzter Augenblick dieser drei späten
Tage. Wir haben uns schon getrennt. Ich weiß längst, meine
Werbekampagne, unser altes Berlin genannt – nicht wahr,
Mascha, unser schönes altes Berlin? –, sie ist zu Ende, und
ich habe verloren. Ich kann sie nicht halten. Ich kann sie
nicht umstimmen. Ahnte sie vielleicht, daß es Augenblicke
im Leben gibt, da wir uns nicht mehr entscheiden müssen,
weil über uns schon entschieden ist? Fühlte sie schon das
Ende? Roch sie den sehr nahen Tod?

Ich stehe an meinem Hotelfenster. Kurfürstendamm,
Ecke Joachimstaler Straße. Ich sehe ihr nach. Sie war noch

hier oben bei mir und ging dann weg. Sie steht unten vor der Ampel. Sie geht über den Zebrastreifen. Sie geht sehr allein, aber doch zielbewußt, beinah streng. Sie geht energisch, als wolle sie sich losreißen von so viel schnöder Berlin-Verführung, durch mich. Noch ein Termin, noch ein Treffen mit alten Bekannten hier in der Stadt. Was weiß denn ich? Sie geht direkt gegenüber auf das Café Kranzler zu. Berliner Kaffeehaus, ihr Ort, ihre Bühne, ihre Liebe einmal. Ich kann sie schon nicht mehr erkennen. Sie ist im Gewühl der Berliner verschwunden. Sie ist weg, weggewischt wie ein dunkler, schöner Traum. Sie war etwas Schwebendes, Unwägbares, das man nicht halten kann, wie ein Gedicht. So etwas ist immer nur da – im Vorübergehen.

Nachwort

Am 14. Januar – eine Woche bevor sie starb – übertrug mir Mascha Kaléko die Verantwortung für ihr literarisches Werk.

Zweimal war es der Tod, der meine Beziehung zu ihr enger geknüpft hat. Wir hatten uns 1968 bei einem gemeinsamen Essen kennengelernt, es war nicht mehr als eine flüchtige Begegnung gewesen. In mir hatte der Abend allerdings nachgewirkt. Ich mußte die Gedichte dieser faszinierenden Frau lesen, die ich bisher nicht gekannt hatte, und kaufte mir die wenigen im Handel befindlichen Bücher.

Als dann im Herbst 1968 überraschend Maschas Sohn starb, sagte sie einen Autorenabend in Zürich ab. Sie sah sich physisch und psychisch außerstande, eine Lesung zu halten.

Radio Zürich fragte bei mir an, ob ich Mascha Kalékos Gedichte kenne und einspringen könne. Ich bejahte beides.

Mascha kam zu dem Vortragsabend und hörte mir zu. Damals begann unsere Freundschaft. Wir sahen uns nun regelmäßig, wenn sie alljährlich, um der heißen Jahreszeit in Israel zu entgehen, nach Europa kam und mit ihrem Mann stets einige Wochen in Zürich im Hotel lebte.

In ihren letzten Lebensmonaten – sie war unheilbar krank – wurde ich ihre Vertraute. Diese Zeit sehr intensiver Freundschaft verband mich ihrem Werk.

Sie hatte mir aufgetragen, nach ihrem Tode ihren Nachlaß aus Israel zu holen. Ich suchte die Wohnung der Vinavers in der King George Street 33 auf. Zwischen einem Delikatessengeschäft und einem kleinen Café war der Eingang. Höl-

zerne Briefkästen bezeichneten die Bewohner. Nr. 28: Vinaver-Kaléko. Er war leer.

Der Lift funktionierte noch immer nicht. Er hatte im
Herbst 1974 Schicksal gespielt, nämlich Maschas Heimkehr
nach Jerusalem verhindert.

Ich stieg die hohen Steinstufen des verwohnten Trep-
penhauses hinauf. Im ersten Stock ein Kosmetiksalon, im
zweiten ein Dentist, im dritten ein Anwalt, im vierten ein
Künstler: Blum, Artist. Im fünften und sechsten waren die
Namen nur hebräisch geschrieben. Im siebten Stock, Wohnung Nr. 28, stand in Iwrith: Vinaver-Kaléko; darunter war
ein Ausschnitt aus einer Visitenkarte geklebt: Mascha Kaléko. In der Tür ein Guckloch. Eine Treppe höher schlug
die Tür zum Dach hin und her. Chamsin, der heiße Wüstenwind, fegte über die Stadt.

Ich zwang mich, die Tür aufzuschließen, ging nach dem
von Mascha gezeichneten Plan in ihr Zimmer und betrat
einen schlichten Raum, einer Mönchsklause nicht unähn-
lich. Die Möbel – ein Tisch, ein Schrank, ein Feldbett, zwei
Stühle – waren mit Zeitungspapier abgedeckt, um Sonne
und Staub abzuhalten, die Teppiche aufgerollt. Ein großer
metallener Karteischrank, wie ich ihn nur aus Arztpraxen
kenne, barg ihre Korrespondenz; private in einem Kasten,
Verlagsdinge im anderen, darunter Veröffentlichtes, daneben
Unveröffentlichtes. Penibelste Ordnung, wohin ich sah. Was
immer ich in die Hand nahm, war bezeichnet. Die einzelnen
Vorgänge hatte Mascha in schmalen Ordnern verwahrt.

Der Verzicht auf jede Bequemlichkeit, das Sichbeschrän-
ken auf absolut Notwendiges, ist Ausdruck einer Lebensein-
stellung, die wenig mit ökonomischen Verhältnissen zu tun
hat. Sie scheint mir typisch für die Geisteshaltung von Intellektuellen der älteren Generation in Israel, der unfreiwil-
lig-freiwilligen Ankömmlinge, die im Gegensatz zu den in
Israel geborenen, den Sabres, unauslöschlich den Stempel

der Verfolgung tragen und nirgends mehr eine Heimat fanden.

»Zur Heimat erkor ich mir die Liebe.« Dies ist die für mich schönste Verszeile Mascha Kalékos. Mit Liebe will ich meine Arbeit fortsetzen und ihre Gedichte weiter Lesern und Hörern nahebringen.

Zeittafel

1907	Am 7. Juni wird Mascha Kaléko in Chrzanów (Schidlow) geboren
1914	Übersiedlung nach Deutschland. Sie lebt mit Mutter und Schwester Lea in Frankfurt a. M.
1916	Umzug nach Marburg a. d. Lahn
1918	Die Familie Engel/Aufen zieht nach Berlin, Grenadierstr. 17
1922	Am 28. April heiraten die Eltern. Aus Golda Malka Aufen wird Mascha Engel
1925	Mascha wird im Büro der »Arbeiterfürsorge der jüdischen Organisationen Deutschlands« in Berlin, Auguststr. 17, angestellt
1928	Am 31. Juli Heirat mit Saul Aron Kaléko
1929	Erste Veröffentlichungen von Gedichten im ›Querschnitt‹
1933	Beim Rowohlt-Verlag erscheint im Januar ›Das lyrische Stenogrammheft‹
1935	Das ›Kleine Lesebuch für Große‹ erscheint bei Rowohlt
1936	Am 28. Dezember wird Maschas Sohn Evjatar Alexander Michael geboren. Der Vater ist Chemjo Vinaver
1938	Am 22. Januar wird die Ehe von Saul und Mascha Kaléko geschieden (der Name Kaléko wird als Künstlername beibehalten)
	Am 28. Januar heiratet Mascha Kaléko Chemjo Vinaver
	Im September verläßt sie mit Mann und Kind Deutschland
	Am 23. Oktober kommt die Familie in New York an
1939	Mascha Kaléko veröffentlicht in der deutschsprachigen jüdischen Exilzeitung ›Aufbau‹
	Sie schreibt Werbetexte für Toilettenartikel und Unterwäsche
1940	Die Familie Vinaver/Kaléko zieht nach Hollywood
1941	Rückkehr nach New York
1942	Neue Adresse in New York: Greenwich Village, 1 Minetta Street
1944	Die Familie Vinaver/Kaléko erhält die amerikanische Staatsbürgerschaft

1945	Im Schoenhof-Verlag, Cambridge, Massachusetts, erscheinen die ›Verse für Zeitgenossen‹
1947	Mascha Kaléko übernimmt die Public Relations für den Vinaver-Chor
1948	Alfred Polgar stellt die Verbindung zu Ernst Rowohlt wieder her
1955	Am 31. Dezember tritt Mascha Kaléko ihre erste Europareise an
1956	Im Februar erscheint die Neuauflage des ›Lyrischen Stenogrammheftes‹
1958	›Verse für Zeitgenossen‹ erscheinen bei Rowohlt
1959	Mascha Kaléko wird für den Fontane-Preis nominiert Am 10. Oktober treffen Chemjo Vinaver und Mascha Kaléko in Israel ein. Sie nehmen Wohnung in Jerusalem, Gaza Road
1961	›Der Papagei, die Mamagei und andere komische Tiere‹ erscheint beim Fackelträger-Verlag
1962	Umzug in die Eigentumswohnung 33, King George Street, Jerusalem
1963	Mascha Kaléko läßt sich vom Rowohlt-Verlag die Rechte für ›Das lyrische Stenogrammheft‹ und die ›Verse für Zeitgenossen‹ zurückgeben
1967	›Verse in Dur und Moll‹ erscheinen beim Walter-Verlag, Olten
1968	Tod des Sohnes ›Das himmelgraue Poesie-Album‹ erscheint beim Blanvalet-Verlag
1971	›Wie's auf dem Mond zugeht‹, Verse für Kinder und ihre Eltern, erscheint beim Blanvalet-Verlag
1973	›Hat alles seine zwei Schattenseiten‹, Sinn- und Unsinngedichte, erscheint bei der Eremiten-Presse Im Dezember stirbt Chemjo Vinaver
1974	Im Sommer letzte Europareise. Krankenhausaufenthalt nach Operation im Waidspital, Zürich Im September Lesung in der Amerika-Gedenkbibliothek Berlin zusammen mit Horst Krüger Anfang Dezember – Klinik Hirslanden, Zürich
1975	21. Januar. In den ersten Morgenstunden stirbt Mascha Kaléko

Bibliographie

Werke von Mascha Kaléko

Das lyrische Stenogrammheft. Verse vom Alltag. Rowohlt, Berlin
  1933 – Dto. rororo 1784, Rowohlt Taschenbuch Verlag, Reinbek
  bei Hamburg 1974 – Dto. Mit Zeichnungen von Werner Klemke.
  Rowohlt-Nachttisch-Büchlein. Rowohlt, Reinbek bei Hamburg
  1978 – Zusammen mit ›Kleines Lesebuch für Große‹. rororo 1984,
  Rowohlt Taschenbuch Verlag, Hamburg 1956 – ›Das lyrische
  Stenogrammheft‹ (Ausz.). Illustriert von Heinz Schubert. Kalender
  1963. Schönwald, Essen 1962
Kleines Lesebuch für Große. Gereimtes und Ungereimtes. Rowohlt,
  Berlin 1934 – von 1956 an zusammen mit dem ›Lyrischen Stenogrammheft‹ (siehe dort)
Verse für Zeitgenossen. Schoenhof, Cambridge (Mass., USA) 1945 –
  Dto. Rowohlt, Hamburg 1958 – Dto. Hrsg. und mit einem Nachwort
  von Gisela Zoch-Westphal. Eremiten-Presse, Düsseldorf 1978 – Dto.
  rororo 4659, Rowohlt Taschenbuch Verlag, Reinbek bei Hamburg
  1980 – (Unter dem Titel:) ›Der Stern, auf dem wir leben‹ (siehe
  dort)
Der Papagei, die Mamagei und andere komische Tiere. Ein Versbuch
  für verspielte Kinder sämtlicher Jahrgänge. Illustriert von Günther
  Simon. Fackelträger, Hannover 1961 – Dto. Mit Zeichnungen von
  Lilo Fromm. Eremiten-Presse, Düsseldorf 1979 – ›Papagei und Ma-
  magei und andere komische Tiere‹ (ohne Untertitel). Hrsg. und ein-
  geleitet von Gisela Zoch-Westphal. Bilder von Lilo Fromm. arani,
  Berlin 1982 – ›Papagei und Mamagei und andere Verse‹ (ohne
  Untertitel). Hrsg. und mit einem Vorwort von Gisela Zoch-Westphal.
  Mit Illustrationen von Lilo Fromm. Deutscher Taschenbuch Verlag
  (dtv), München 1986
Verse in Dur und Moll. Mit Illustrationen von Bele Bachem. Walter,
  Olten und Freiburg i. Br. 1967 – Dto. Bertelsmann-Lesering,
  Gütersloh 1967

Das himmelgraue Poesie-Album der Mascha Kaléko. Illustriert von Bele
Bachem. Blanvalet, Berlin 1968 – Neuausgabe bei arani, Berlin
1979 – Dto. Erweitert um die ›Sinn- und Unsinngedichte‹ aus ›Hat
alles seine zwei Schattenseiten‹ (siehe dort). Mit Federzeichnungen
von Horst Wolniak. Deutscher Taschenbuch Verlag (dtv), München
1986

Wie's auf dem Mond zugeht und andere Verse. Mit Bildern von Her-
bert Lentz. Blanvalet, Berlin 1971 – Dto. mit Zeichnungen von Rolf
Köhler. Thorbecke, Sigmaringen 1982

Hat alles seine zwei Schattenseiten. Sinn- & Unsinngedichte.
Eremiten-Presse, Düsseldorf 1973 – Dto. ›Sinn- und Unsinngedichte‹
und der Kasseler Vortrag ›Die paar leuchtenden Jahre‹. Hrsg. und
mit einem Nachwort von Gisela Zoch-Westphal. Mit Federzeichnungen von Horst Wolniak. arani, Berlin 1983. Daraus sind die ›Sinn-
und Unsinngedichte‹ in der dtv-Ausgabe von ›Das himmelgraue
Poesie-Album‹ (siehe dort) und der Kasseler Vortrag ›Die paar leuchtenden Jahre‹ in der dtv-Ausgabe von ›Der Gott der kleinen Webefehler‹ (siehe dort) enthalten

Feine Pflänzchen. Rosen, Tulpen, Nelken & nahrhaftere Gewächse. Mit
Zeichnungen von Helga Gebert. Eremiten-Presse, Düsseldorf 1976.
Enthalten auch in ›Ich bin von anno dazumal‹ (siehe dort)

Der Gott der kleinen Webefehler. Spaziergänge durch New Yorks
Lower Eastside und Greenwich Village. Eingeleitet von Gisela Zoch-
Westphal. Graphiken von Gertrude Degenhardt. Eremiten-Presse,
Düsseldorf 1977 – Dto. ›Spaziergänge … Village‹. Hrsg. und ein-
geleitet von Gisela Zoch-Westphal. Mit einem Beitrag von Horst
Krüger ›Meine Tage mit Mascha Kaléko‹ und mit Federzeichnungen
von Horst Wolniak. arani, Berlin 1981 – Dto. (wie arani). Außerdem
der Kasseler Vortrag ›Die paar leuchtenden Jahre‹ (siehe ›Hat alles
seine zwei Schattenseiten‹). Deutscher Taschenbuch Verlag (dtv),
München 1985

In meinen Träumen läutet es Sturm. Gedichte und Epigramme aus dem
Nachlaß. Hrsg. und eingeleitet von Gisela Zoch-Westphal. Deutscher Taschenbuch Verlag (dtv), München 1977

Horoskop gefällig? Verse in Dur und Moll. [Anthologie] Hrsg. von Hilde
Arnold. Illustrationen von Peter Nagengast. Eulenspiegel, Berlin
(DDR) 1977 – Dto. arani, Berlin 1979

Heute ist morgen schon gestern. Gedichte aus dem Nachlaß. Hrsg.
und eingeleitet von Gisela Zoch-Westphal. Mit Federzeichnungen
von Horst Wolniak. arani, Berlin 1980 – Dto. Deutscher Taschenbuch Verlag (dtv), München 1983

Tag und Nacht Notizen. Gesammelt von Mascha Kaléko, hrsg. und mit einem Vorwort versehen von Gisela Zoch-Westphal. Eremiten-Presse, Düsseldorf 1981

Ich bin von anno dazumal. Chansons, Lieder, Gedichte (enthält auch ›Feine Pflänzchen‹, siehe dort). Hrsg. und mit einem Nachwort von Gisela Zoch-Westphal. Mit Federzeichnungen von Horst Wolniak und Notenbeispielen von Joachim Faber. arani, Berlin 1984 – Dto. Deutscher Taschenbuch Verlag (dtv), München 1987

Der Stern, auf dem wir leben. Verse für Zeitgenossen. Hrsg. von Gisela Zoch-Westphal. Mit Zeichnungen von Werner Klemke. Rowohlt, Reinbek bei Hamburg 1984

Mein Lied geht weiter. Hundert Gedichte. Hrsg. von Gisela Zoch-Westphal. Deutscher Taschenbuch Verlag (dtv), München 2007

Über Mascha Kaléko

Irene Astrid Wellershoff, Vertreibung aus dem »kleinen Glück«. Das lyrische Werk der Mascha Kaléko. Dissertation, Aachen 1982

Andreas Nolte, »Mir ist zuweilen so als ob das Herz in mir zerbrach«. Leben und Werk Mascha Kalékos im Spiegel ihrer sprichwörtlichen Dichtung. Peter Lang, Bern 2003

Jutta Rosenkranz, Mascha Kaléko. Biografie. Deutscher Taschenbuch Verlag (dtv), München 2007

Textnachweise

Gedichte Mascha Kalékos

Der Abdruck der Gedichte *Einmal sollte man* (S. 17), *Das Ende vom Lied* (S. 18), *Von den Jahreszeiten* (S. 24), *Krankgeschrieben* (S. 26), *Sehnsucht nach einer kleinen Stadt* (S. 30), *Betrifft: Erster Schnee* (S. 31) und *Dem »Heiligen Franziskus« vom Rowohlt Verlag anno dazumal* (S. 311) aus dem Band ›Das lyrische Stenogrammheft‹ erfolgt mit freundlicher Genehmigung des Rowohlt Verlages. © 1956 Rowohlt Verlag, Reinbek

Die Gedichte *Interview mit mir selbst* (S. 57), *Sozusagen ein Mailied* (S. 59) und *New Yorker Sonntagskantate* (S. 61) sind entnommen aus ›Verse für Zeitgenossen‹, erschienen im Rowohlt Verlag, Hamburg. © Gisela Zoch-Westphal

Die Gedichte *Auf einer Bank* (S. 60) und *Einer Negerin im Harlem-Expreß* (S. 60) sind dem Band ›In meinen Träumen läutet es Sturm‹ entnommen. © 1977 Deutscher Taschenbuch Verlag GmbH & Co. KG, München

Verzeichnis der in der Biographie zitierten Texte Mascha Kalékos

Die angegebenen Abkürzungen bedeuten:
ImTr: In meinen Träumen läutet es Sturm
HgrP: Das himmelgraue Poesie-Album der Mascha Kaléko
Him: Heute ist morgen schon gestern
Nachl: Aus dem Nachlaß
KV in HaszSch: Kasseler Vortrag in ›Hat alles seine zwei Schattenseiten‹
Aufbau: Zeitschrift ›Aufbau‹, New York
VfZ: Verse für Zeitgenossen
LyrSt: Das lyrische Stenogrammheft
VfZ USA: Verse für Zeitgenossen, Erstausgabe in den USA

Weitere Angaben zu den Werken in der Bibliographie, Seite 350 ff.

S. 210   *Das sechste Leben* ImTr
S. 219   *Die sogenannte Goldene Kinderzeit* HgrP
           Eine Schwester hatte ich wohl Him
           Schön wars allein im Walde HgrP
S. 220   *Früh schon gefiel mir das Anderswo* ImTr
           Lange Zeit gar nichts Nachl.
           Fernes Glockengeläut ImTr
S. 225   *Ausgesetzt* ImTr
S. 235 ff. *Nun, dieses dritte Jahrzehnt* KV in HaszSch
S. 242   *Vor fast vierzig Jahren* ImTr
S. 256   *Weil ich der Kinder Spiel* ImTr
S. 259   *Wie tief entbrannte über uns der Zorn* Aufbau
S. 261   *Gern schriebe ich weiter* ImTr
S. 263   *Du, den ich liebte* VfZ
S. 264   *Das lernt das Wörtchen »alien« buchstabieren* VfZ
S. 265 ff. *Abends von sieben bis neun* Aufbau
S. 292   *Vor meinem eignen Tod ist mir nicht bang* VfZ
S. 311 f.   *Als ich Europa wiedersah* VfZ
           Dem »Heiligen Franziskus« LyrSt
S. 317 f.   *Hoere, Teutschland* VfZ USA
S. 318   *Bittgesuch an eine Bombe* VfZ USA
S. 323   *Kein Lorbeerkranz vom Bund der Belletristen* VfZ
S. 332   *Ich und Du wir waren ein Paar* ImTr

Weitere Quellenhinweise

S. 339 ff. Horst Krüger: Meine Tage mit Mascha Kaléko.
           Mit freundlicher Genehmigung des Hoffmann und
           Campe Verlags, Hamburg – entnommen aus Horst
           Krüger ›Spötterdämmerung. Lob- und Klagelieder
           zur Zeit‹. © 1981 Hoffmann und Campe Verlag,
           Hamburg
S. 218   *Wir galten als reich: ...* Mit freundlicher Genehmigung
           des Radius-Verlags, Stuttgart – entnommen aus Barbara
           Just-Dahlmann ›Simon‹. © 1980 Radius-Verlag GmbH,
           Stuttgart
S. 232   *Eine ganz junge großstädtische Dichterin ...* Mit freund-
           licher Genehmigung des Suhrkamp Verlags, Frankfurt
           am Main – entnommen aus Hermann Hesse ›Sämtliche

S. 326 ff.   Briefe von Mascha Kaléko an die Literatur-Agentin Ruth Liepman. Mit freundlicher Genehmigung von Eva Koralnik, Agentur Liepman, Zürich

Die im Buch abgebildeten Dokumente und Fotografien entstammen dem Nachlaß Mascha Kalékos. Der Abdruck erfolgte mit freundlicher Genehmigung des Deutschen Literaturarchivs, Marbach.

Autorin und Verlag danken allen Rechteinhabern für die Abdruckgenehmigungen.

Alphabetisches Verzeichnis der Gedichte und Prosatexte von Mascha Kaléko

Abermals ein Jubiläum   20
Abzählverse   179
Advent   164
Affenliebe   137
Alpenblüten   203
Altes Rezept   53
Amaryllis   198
An mein Kind   32
Anemone & Wiesenklee   199
Angefangene Gedichte aus
    einem aufgehörten
    Leben   116
Ansprache eines
    Bücherwurms   89
Auf einer Bank   60
Aus Moishe wird »Milton«   66
Ausgleichende Gerechtigkeit   13
Autobiographisches   11

Bei Känguruhs   141
Bericht aus einer Kindheit   14
Berliner Version   53
Berlinische Lebensbetrach-
    tung   51
Betrifft: Erster Schnee   31
Bittgesuch an eine Bombe   318
Bohnen   205
Brutstätte der Genies   76
Butterblumen   201

Chinesische Legende   109
Chrysanthemen & Astern   202

Damals hieß das Backfisch   184
Damen unter sich   16
Das bißchen Ruhm   54
Das Einhorn und das Anderhorn
    95
Das Ende vom Lied   18
Das Kamel   148
Das Reh   139
Das Rind   145
Das Schwein   142
Das sechste Leben   210
Das Spiegelglas   43
Das Stachelschwein   146
Das (verzeihen Sie) Stinktier
    144
Das war damals   23
Das Zebra   142
Dem »Heiligen Franziskus«
    vom Rowohlt Verlag
    anno dazumal   311
… den Großen seiner Zeit genug
    getan   51
Den sagenwirmal »Liebes-
    pärchen«   49
Den Snobisten   44
Den Sonntag mag ein jeder
    gern   172
Den stolzen Besitzern eines Min-
    derwertigkeitskomplexes   51
Den Utopisten   50
Der Elefant   131
Der Esel   150
Der Fettnäpfchentreter   35

Der Flamingo 130
Der Floh 143
Der Frosch 150
Der Fuchs hingegen 138
Der goldene Mittelweg 52
Der Gott der kleinen
    Webefehler 63
Der Hühnerhof 130
Der Kater 134
Der König und die
    Nachtigall 87
Der leichtbeschwingte
    Papagei 132
Der Mann im Mond 163
Der Polarbär mit Schluß-
    gebet 149
Der Sauregurkenhund 146
Der Schakal 138
Der Schmutzfink 170
Der Schwan 151
Der sogenannte Boden der
    Tatsachen 42
Der Sternanzünder 101
Der Storch 140
Der Tausendfüßler 135
Der Tiger 137
Der Tintenfisch 139
Der Wolf 138
Der Zirkus 159
Die Ameisen 131
Die Bienen 130
Die Brillen-Eule bzw. der
    Kuckuck 136
Die Fische 143
Die Fledermaus 145
Die Fossilien 151
Die »fromme« Ecke, etwas Balkan
    und »Rooms for
    fifty cents« ... 70
Die frühen Jahre 225
Die Giraffen 129

Die Ich-Brille 50
Die Katze 134
Die Lorbeer-Züchter 203
Die Raupe 144
Die Schaben 142
Die Schildkröte 141
Die Schnecke 129
Die Spinne 148
Die Turteltaube 129
Die Vereinskrähe 141
Die vielgerühmte Einsamkeit 48
Die vier Jahreszeiten 166
Die Wassernixe 140
Die Zeit steht still 31
Doktor Vielfraß 174
Drei Kochrezepte kinderleicht
    175
Du denkst an eine andre 185
Durch die Blume 199

Eigenbrötlers Feriensolo 24
Ein seltsamer Vogel ...? 110
Ein welkes Blatt ... 37
Eine kleine Schwester 168
Eine Schwalbe macht noch keinen
    – – wie bitte? 99
Einem Naturtalent 42
Einer Lady mit Krallen 51
Einer Negerin im Harlem-Expreß
    60
Einmal sollte man 17
Einzug der Revoluzzer 74
Enkel Hiobs 259
Erbsen 207
Erika 200
Es regnet 158

Fahrt über Land 105
»Falscher Hase« 96
»Flach« 202
Flieder 200

Frau Wegerich   163
Freuden des Magens   78
Freunde in der Not   53
Für Chemjo zu Pessach
    1944   116

Gedichte machen ist wie
    angeln   111
Georginen   201
Glück und Unglück   48
Greenwich Village   73
Große Wäsche   161

Hat alles seine zwei Schatten-
    seiten   48
Hätte ich einen Vater
    gehabt ...   112
Heiligenscheinheilige   15
Heimweh, statistisch erfaßt   50
Herbstliches Lied   104
Herr Schnurrdiburr   173
Hippopotamus am Kärntner-
    ring   144
Hoere, Teutschland   317

Ich bin von anno
    dazumal ...   183
Ich möchte wieder   192
Ich schreib dir einen Liebes-
    brief   187
Ich und Du   333
Ich werde fortgehn im
    Herbst   117
Im Exil   28
Im Telegrammstil   49
Immergrün   198
In der Marmorhalle eines
    Luxushotels   52
Insektopathisches   133
Interview mit mir selbst   57

Jasmin & Orchideen   200
»Juden ohne Geld«   64
Junge Antike   80

Kaka-du und Kaka-sie   146
Karotten   207
Kein Kinderlied   29
Kein Neutöner   11
Klapperschlangen, Blind-
    schleichen und anderes
    Natterngezücht   140
Klatsch   103
Klavia-Tiere   136
Königlicher Einmarsch der
    Löwen   143
Kornblumen   201
Krankgeschrieben   26
Kraut   204
Krokodilemma   144

La condition humaine   49
Letztes Lied   114
Lied im Schnee   114
Lilien   197
Limericks   97
Limericks für Kinder   177
Lob des Nutzlosen   43
Lower Eastside   63

Maiglöckchen   197
Man sollte es kaum für möglich
    halten   94
Mariechen schreibt   98
Mein Epitaph   54
Merkspruch   104
Mimosaisches   201
Mister Chamäleon   27
Mit manchen Leuten   52
Monsieur Pängüän   149
Morgenländisches Liebes-
    lied   104

Nachdenkliches Pfingst-
gedicht 16
Neid der Besitzlosen 49
New Yorker Sonntagskan-
tate 61
Novemberbrief aus Ascona 117
Now's the time 194

Ode auf eine kalte Ente 139
Onkel Fritz 93
Opas Muschel 169
Opas Pille 170
Ornithologisches und
Unlogisches 135

Paradies der »koscheren«
Delikatessen 67
Philo(un)logisches 43
Pilze – sone und solche 206
Postkarten an Leute,
die man liebhat 102
Primeln 200

Qualverwandtschaft 13

Rezept 21
Rittersporn 198
Rosen 203

Saure Trauben 44
Schecks-Appeal 50
Schirmgespenster 92
Schlafliedchen 180
Schlechtwetterlied 162
Schneeglöckchen 198
Schwerer Fall von »Telefonitis«
93
Sehnsucht nach einer kleinen
Stadt 29
Selten vorkommende Küchen-
kräuter 204

Siebzehnter Geburtstag 191
Sonnenblume 199
Sozusagen ein Mailied 59
Spargel 205
Spinat 207
Sprichwörter und Redens-
unarten … 45
Stiefmütterchen 202
Straußenpolitik 149

Temporäres Testament 41
Theodor 167
Tomaten 206
Tränen 115
Twen-Blues 106

Unausgeschlafen gen Stuttgart
107
Unbescheidene Bescheidenheit
44
Unerledigtes auf dem Kalender
39
Ungereimtes über den Iltis
133

Veilchen 197
Verehrte Redaktion 87
Verspätetes Mailied 19
Vetter Klaus aus Altona 165
Vierfüßige Abc-Schützen 132
Vierundzwanzig Stunden täglich
186
Von den Jahreszeiten 24
Von Heiratsvermittlern,
Schmaltz-Hering und ähn-
lichen Spezialitäten 68
Von Montag früh bis
Wochenend 190
Vor Tische zu sagen 179
Vorsicht – vor der Vorsicht! 42

Wahre Freundschaft 52
Was die Rose im Winter tut 100
Was weiß der Fisch von
    Religion? 150
Welke Nelken 199
Wenn dumme Leute 49
Wenn ich eine Motte wäre 171
Wenn ich eine Wolke
    wäre 171
Wer kommt mit nach Alaska?
    160
Wie man Butter macht 91
Wie wäre es mit einem
    »Borschtsch«? 92

Wiedersehen mit Berlin 38
Wiedersehn mit Doktor Vielfraß
    90
Wie's auf dem Mond zugeht
    157
Wohlgemeinter Rat für Damen
    189

Zärtliche Epistel 34
Zoogespräch 96
Zu Gast bei feinen Leuten 33
Zum 30. Oktober 111
Zum Einschlafen 101
Zwiebeln 205

»Jeder Tag ist wie ein Tor,
das sich hinter mir schließt
und mich ausstößt.«
Ruth Klüger

dtv
Ruth Klüger
weiter leben
Eine Jugend

dtv
Ruth Klüger
unterwegs verloren
Erinnerungen

dtv
Ruth Klüger
Zerreißproben

dtv
Ruth Klüger
Frauen lesen anders

dtv
Ruth Klüger
Was Frauen schreiben

dtv
Ruth Klüger
Gemalte Fensterscheiben
Über Lyrik

ALLE LIEFERBAREN TITEL, INFORMATIONEN UND SPECIALS
FINDEN SIE ONLINE

www.dtv.de **dtv**

»Irene Dische besitzt einen Humor, der nicht den Zeigefinger hebt, sondern angelsächsisch lustig ein Zwinkern vorzieht.«

Rolf Michaelis in >Die Zeit<

»Ihre schriftstellerische
Anmut besteht darin,
dass sie schreibend spricht
oder sprechend schreibt.«
Luc Bondy

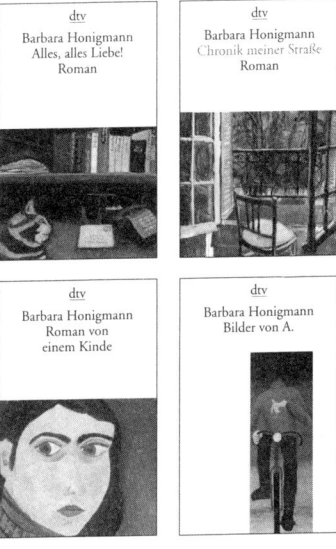

»BRIGITTE KRONAUER

ist die beste Prosa schreibende
Frau der Republik.«

Marcel Reich-Ranicki